Fritz Hönig

Wörterbuch der Kölner Mundart

Fritz Hönig
Wörterbuch der Kölner Mundart
ISBN/EAN: 9783743346901
Hergestellt in Europa, USA, Kanada, Australien, Japan
Cover: Foto ©ninafisch / pixelio.de

Fritz Hönig

Wörterbuch der Kölner Mundart

Fritz Hönig

Wörterbuch der Kölner Mundart

Wörterbuch
der
Kölner Mundart

von

Fritz Hönig

nebst

Einleitung

von

Dr. Fr. Wilh. Wahlenberg.

Köln, 1877.
Verlag von Friedrich Heyn.

Buchdruckerei der Kaiserl. Hof-Chocoladen-Fabrik, Gebr. Stollwerck in Köln.

Vörwoot.

E jedes Deil well singen A'fang han,
Dpröm och jedes Boch e Vörwoot kritt,
Wat Jedem, dä dpför Intressen hät,
Eesch üvver Zweck un Enhalt Opschloss gitt.

Su liggen ich jitz an derselven Bröh
Un kan us gode Gründ et nit ömgon,
Weil ich no ens dat Boch geschrevven han,
Och bär zo bun, wpröm ich et gedon.

We ich et alb em Allerhands*) gesaht,
Schrevv Jederein et Kölsch we't juss sich trpf,
Weil nirgends mer der kleinsten Anhalt hatt,
Dä uns bei Zwiefel goben Opschloss gov.

Un selvs em Allerhands, dp fung et sich,
Dat et Geschrevvs noch nit ganz richtig wor,
Un dpröm bräng' ich vum Geschräppels eesch
De zwette Oplag gegen't Engk vum Johr.

---

*) „Allerhands", II. Band der Humoresken von Fritz Hönig.

Ich selver schrevv, wat ich alb bröcke leet,
Su we be Kölschen et zick Johr gevvn,
Un noh'm Geschräppels*) wod et meer eesch klor,
Dat för et Kölsch och Regele bestohn.

Doch su, we ich ens zo dem Ensin kom,
Do wod e groß Register a'gelaht,
Un alle kölsche Wo͜ot, de ich no fung
Den A'fangslett're noh dorenn gebraht.

Ming Meinung wor, wat noch vum Kölsch besteit,
Eesch ens als Materjal op Hauf zo han,
Doch bei der Heidenarbeit fung ich baal,
Dat mer bat doch su ganz allein nit kan.

Ich baach: Vil Köpp, vil Senn! Vil Wöösch, vil Penn!
Woför bä Weul, verdeil de Arbeit jet,
He en der Stadt, do läv noch Mäncherein,
Dä och noch Freud am echte Kölschen hät.

Ich laht be Saach ens op en ander Kar,
Sook Helferschhelfer för mie Wöderboch,
Un we ich meer gebaach, su kom et och,
Ich fung en Kölle noch der Lück genog.

---

*) „Geschräppels", I. Band der Humoresken von Fritz Hönig.

Vun alle Sigge rähnte meer be Wopt,
We mänche Theeklatschang, dä laht met bei,
Un mänche Kaffemöhn, de denk bei sich:
Vun beer eß och en abig Deil därbei.

Selvs Lück, wovun kei Minsch et je geglov,
Han, wat se funge zo Papeer gebraht,
Un ohne dat se ville Möh därvun,
Meer boburch selvs des Frötzels vil gespa't.

Dann bä't nit selver süht, dä gläuv et nit,
Un ich geston et selvs, et eß zo doll,
Wat ich su vör un noh zosamme kräg,
Dat eß en große Wäschmang böbevoll.

Wann ich bat meer nir beer nir bröcke leet,
Dann reckten jo der Bäng en zwanzig nit,
Weil, we sich Jeder boch wahl benke kan,
Et brette Wopt of fufzig mol brenn litt.

Ich han Gott weiß we lang boran zo'teet,
Weil bat Stöck Arbeit blev meer nit geschenk,
Un bann noch üvverall därbei gesatz,
Wat mer op Huhbütsch sich borunger benk.

Als et su wick, hat et zum Dröck parat,
Do saht 'ne Fründ: „No üvveriel et nit,
Un sammel vöran noch e Johr of drei,
Bis dat do süßß, dat lantsam nir miß kütt."

Su Unrääch hatt dä nit, dat lööch meer en,
Ich selvs wöll jo dat Boch esu kumplet,
Dat Keiner, bä et zum Pläseer sich käuf,
Ist brenn vermess un bran zo nasen hät.

Dat ich em Böcherschrieven Dilettant
Un keine Sproch= un Faachgeleh'ten ben,
Schötz mich jo doch nit gege kobbe Klaaf,
Und grad besswege ging ich nit drop en.

Och hat bei all ben bausende vun Wort,
De ich zor Dröckerei gegovven han,
Nit mänches fehlt, ess jet wofför ich selvs
Nit enston well un nit kaveere kan.

Doch künt ich lang bes Duts gestorve sin,
Eh ich be faste Üvverzeugung hätt,
Dat ich op bä Puäng ens kumme wör,
Wo ich meer sagen dörf: Et ess kumplet!

Dat minge Fründ der Dichel no verlee't,
Un dat mien Boch och jet Kumpletes gitt,
Versprechen ich, wat meer gegovve wed,
Noch ziggig en 'ne „Gratis Nohdrag" kütt.

He eß der eeschten Deil, no seht in durch,
Un fingk Ehr Woot, be ich geschlabbert han,
Dann scheckt se meer su baal we müglich zo,
Domet ich mie Versprechen halde kan.

Ich danken hetzlich all den ville Lück,
De mich zick Johr un Dag met Woot beglöck,
Un danke Jedem och em Böruus alb,
Dä meer e Fäutzche noch zum Nohdrag scheck.

De kölsche Sproch stirv mih un mihter us,
Kei Mebbel se mih vun der Zehrung rett',
Dröm well ich dat noch All zosammen han,
Wat sich bis jitz bovun erhalden hät.

Domet der Wessenschaff och jet gebeent,
Kütt noch e klei „Tracktätche" bei dat Boch,
Dat schrevv mie Vetter Wilhelm Wahlenberg;
No böch mich, kritt Ehr för et Geld genog.

Ich schriev mie Kölsch nit su, we dä et meint,
Un su, we ich et eintlich mööt un künt,
Dann schrevv ich, we de Wessenschaff et wöll,
Kei Minsch dann mih sien eige Kölsch verstünd.

We Klocke klingen un der Vugel jingk,
Dat hät noch Keiner zo Papeer gebraht,
Su geit et och met unser kölsche Sproch,
Bei der ess Künstelei nit a'gebraht.

Ne Stäänen, dä am Stez vum Woot gebröck,
Bebück su vil als we: He stemmp et nit!
Mänch Woot, bat schrevv ich zum Verständniß falsch,
Un vil blos, bat et kein Verwehßlung gitt.

Wat ävver rackeweg un ohne Grund
Bis jitz noch luuter falsch geschrevve web,
Han ich en besche zo Fazung gebraht
Un namentlich de H's jet usranscheet;

Dogegen och zwei Lett'ren angefoh't,
Weil ohne be mer't Kölsche nit versteit,
En „ê", wat grab we ä gesproche web,
Un't „ô", als wann en a bran klevven beit.

Dann wigger hät mer och en Zoo't Vukal,
De jeder Kölsche richtig lesen deit,
Dat heisch, hä trick se jet, we't sich gehö't,
Ovschüns kein Extra=Zeichen drüvver steit.

Dem Frembbe, bä no kei Versteißbomich
Vum Kölsch, dem han ich et bequem gemaht,
Un op Vukal, de mer halvlang he sprich,
Em Wöderboch e Schrömchen *) a'gebraht.

Dat Schrömche gilt nor blos för't Wöderboch,
Em Allgemeine liet mer et dårvun,
Dann wann der Kölschen et och richtig liss,
För Frembbe moot ich alb jet Extras bun.

Un we et sich bei jeder Regel triff,
Su kütt et och, bat bis ehr Usnahm hät,
Noh der mer de Vukale kööter sprich,
Zum Beispil: „nit, it, bat, wat, met un jet."

Latingsch „ß", de Letter gitt et wahl,
Doch jeden Dröcker schaff se sich nit an,
Wer alsu op Lating jet bröcke well,
Es met de ß bis jitz noch üvvel bran.

―――――
*) ā, ǟ, ē, ī, ō, ȫ, ū, ǖ.

Ich han et zum Behelf esu gemaht:
En Wopt, wo ich partu „ß" well han,
Is gesatz, dat Mallig op de Wies
Et bubbel „s" och ungerscheide kan.

Em Kölsche sprich mer nämplich allgemein
ß vil weicher, we et Dubbel s,
Un wer dorüvver noch em Zwiefel eis,
Bewiesen et de Wöder: Greeß und Reis.*)

Em Dütsche bröck mer ju, we meer et schrieb,
„ß" we meer et luuter han gebon,
Un bubbel „s" am Engk vum Wopt: „ss",
Weil zwei su'n „s" zo unfazünglich ston.

Met Dem, wat sons för Üch noch wessenswäth,
Ich meine vun Vukal un Kunsenant,
Mäht Wahlenberg en singem Beihau noch
Durch allerhand Exempel Üch bekant

    Köln, 1877.

                       Fritz Hönig.

---

*) Grēfs, Greeß = Grieß. Ress, Reis = Rest.

Vorkommende Abkürzungen:

abj.	Eigenschaftswort
altd.	altdeutsch (700—1150)
Bgr.	Begriff
engl.	englisch
f.	weiblich (femininum)
frz.	französisch
gem. Rdw.	gemeine Redeweise
hd.	hochdeutsch
holl.	holländisch
iron.	ironisch
ital.	italienisch
Kdsp.	Kindersprache
lat.	lateinisch
m.	männlich (masculinum)
mhd.	mittelhochdeutsch (1150—1400.)
n.	sächlich (neutrum)
ndd.	niederdeutsch
nhd.	neuhochdeutsch
pl.	Mehrzahl (pluralis)
Rdst.	Redensart
f.	siehe
s.	Einzahl (singularis)
Schpfw.	Schimpfwort
span.	spanisch
wtl.	wörtlich
Ztw.	Zeitwort

Ueber die Laute der kölnischen Mundart und deren Bezeichnung,

als Einleitung zu „Fritz Hönig's Wörterbuch" von

Dr. Fr. W. Wahlenberg.

———•———

Der jetzt in der Stadt Köln gebräuchliche Volks=Dialekt, dessen Reichthum an eigenthümlichen Wörtern und Redensarten das vorliegende Wörterbuch aufzuweisen sucht, darf, wie das Alt=kölnische für die Zeit des Mittelalters, als der Hauptvertreter der jetzigen sogenannten niederrheinischen (sonst auch als nordrhein=fränkisch und von Anderen als mittelfränkisch bezeichneten) Sprache betrachtet werden, welche, obschon den Uebergang vom Nieder=deutschen zum Hochdeutschen vermittelnd, dennoch bereits an den vorzüglichsten Eigenthümlichkeiten des letztern in mehr oder minder weitem Umfange Theil nimmt. Was z. B. den Hauptunter=scheidungspunkt zwischen Nieder= und Hochdeutsch, nämlich das Verhalten der Laute K T P betrifft, so gestalten sich die über=haupt im Hochdeutschen zur Verschiebung in ch und ch, z und ß (= ſs), pf und f gelangenden Fälle bei diesen 3 Schlaglauten für die neukölnische Mundart in folgender Weise:

K:	k-	ck	nk	lk	rk	-ch
T:	z-	tz	nz	lz	rz	-ß (= ſs)
P:	p-	pp	mp	lp/lf	rp/rf	-f

wo k-, z- u. ſ. w. die Stellung im Anlaut und -ch, -ß u. ſ. w. die Stellung nach Vokalen, inlautend und auslautend, bezeichnet. Die perſönlichen Fürwörter der erſten und zweiten Perſon in der Mehrzahl lauten, den niederdeutſchen wi und ji oder gy gegen=über, meer und eer, altkölniſch (wie mittelhochdeutſch) wir und ir. Das Verhältniß der urſprünglich langen Vokale und Doppel=laute des Neukölniſchen zu den entſprechenden Lauten des Mittel=hochdeutſchen ergibt folgende Zuſammenſtellung:*)

Mhd.	Neuköln.	Mhd.	Neuköln.
â	oo	û	uu (oo ou u)
ae (æ)	öö î (ee, ää)	iu	üü (öö öü ii)
uo	oo	ie	ee
üe	öö	ou	ou
î	i (ee ei i)	öu	öü
ei	ei	ô	uu (oo)
ê	i (ee)	oe	üü (öö)

ſo daß alſo die alten ei und ê, ſowie ou und ô auch in den ſie vertretenden neukölniſchen Lauten nicht wieder zuſammengefallen ſind, während in den meiſten niederdeutſchen Mundarten eine derartige Scheidung der beiden alten Diphthonge ai und au nicht durchgeführt iſt.

---

*) Die hier cursiv gedruckten Laute treten vor r, die durch deutſche Druckſchrift ausgezeichneten im Stammauslaut ein.

Dagegen stehen die niederrheinischen Mundarten mit Einschluß des Kölnischen durch die hier so häufig eintretende Trübung des i in é, des u in ó und des ü in ö, sowie auf dem Gebiete des Consonantismus durch ihre vom Hochd. vielfach abweichende Behandlung der ursprünglichen G D B und der alten H Th F mehr im Einklange mit dem Niederdeutschen und besonders mit dem Niederländischen. Ein eigenthümliches Gepräge verleiht dem Niederrheinischen das unverschoben gebliebene T und P in den fast jeden Augenblick vorkommenden Wörtchen dat, et, wat und op, sowie der unter gewissen Bedingungen erfolgende Uebergang von d in gg und k, von nd und n in ng und nk, wiewohl ähnliche Erscheinungen vereinzelt sich ebenfalls in andern deutschen Mundarten und selbst auf weniger naheliegenden Sprachgebieten wahrnehmen lassen (z. B. in rhätoromanischen Dialekten crigda für crida Kreide u. s. w.).

Wir geben hier auf den folgenden Blättern als Einleitung zu dem Wörterbuche eine kurze Uebersicht über die Vokale und Consonanten des neukölnischen Dialektes und über deren gewöhnliche Bezeichnungsweise. Eine wissenschaftliche Grammatik dieser Mundart, eine ausführlichere Lautlehre, sowie die Formenlehre und die Grundzüge einer Syntax enthaltend, wird vorbereitet.

I. Vokale.

A, ä	Seite 16
E, ę ei	„ 17
J	„ 18
O, ǫ ö ǫ̈ ou au äu eu	„ 18
U, ü	„ 20

II. Consonanten.

K, ch	Seite 21	N	Seite 27
Q	„ 22	P	„ 28
G, ng	„ 22	B	„ 28
H	„ 23	F	„ 28
J	„ 24	V	„ 29
T	„ 24	W	„ 29
D	„ 25	M	„ 30
Z	„ 26	L	„ 30
S, ß (= ſz, ss), sch	„ 26	R	„ 30

A, ä.

Das kurze a entspricht in der Regel kurzem a des Altd. und Nhd.: appel, Apfel. Der Umlaut desselben ist ä, in ältern Formen auch ę: äppel, Äpfel, ęngel, Engel; auch in ärm arm, ärg arg und ähnlichen Wörtern.

Das lange (nicht wie ę zu sprechende) a (aa, zuweilen ah) ist in der Regel aus ursprünglichem kurzem a entstanden:

dåg (= daag) Tag, steht aber auch oft, wo im Nhd. die Kürze sich erhalten hat: manche machen, flahs Flachs, faass (oder faass) Faß u. s. w. Sein Umlaut ist langes ä (ää, äh) schlääg Schläge, und dieses pflegt in gewissen Fällen auch statt eines gedehnten e geschrieben zu werden: knääch Knecht, päärl Perle u. s. w.

E, ę, ei.

Das kurze e ist entweder geschlossen (franz. é), dem i sich nähernd, oder offen, ę (frz. è), wie it dem a näher liegend. Das erstere e (é) entspricht meist einem nhd. i: schwemme schwimmen, deck dick u. s. w., zuweilen noch einem mhd. ë, wo nhd. e oder ę: stelle stehlen, sterve sterben. Die Länge dieses Lautes (ee) entspringt besonders durch Dehnung aus ursprünglich kurzem i in ehr ihr, meer mir, geseech Gesicht, keesch (aus keersch) Kirsche, heen Hirn u. s. w., entspricht aber auch einem ältern l (nhd. ei): feere feiern, leer Leier, und einem nhd. ē in ehr Ehre, eh ehe (mhd. ēr); dann aber regelmäßig dem ältern Diphthong ie: beer Bier, leed Lieb, scheeße schießen u. s. w. Das kurze offene ę ist entweder durch Umlaut aus ursprünglichem a entstanden: ęngel Engel (s. unter A), oder aus einem ältern ë: hęlfe helfen, węrve werben, gęlde gelten. Aus der Dehnung dieser beiden Arten entstand die Länge ę̄, die besonders vor ch und ursprünglichem r durch ää bezeichnet zu werden pflegt: ääze Erbsen, kääl Kerl, knääch Knecht u. s. w. (s. ä unter A).

Der Diphthong ei entspricht in der Regel dem mhd. und nhd. ei: ei Ei, kleid Kleid, im Auslaut auch einem ursprünglichen l: bei bei, brei Brei, blei Blei u. s. w.

J.

Das kurze i ist ursprünglich in Wörtern wie: **singe** singen, **drinke** trinken, **ich** ich; auch in Fällen, wo das Nhd. gedehntes i (ie ih) hat: **rigel** Riegel (s. G 3) **vil** viel, **inne** ihnen, **kribbele** kribeln u. s. w. Von seinem Uebergang in e s. unter E.

Aus ursprünglicher Länge gekürzt in: **rich** reich, **krigge** (krige s. gg.) erhalten (holl. krijgen), **sin** sein, als Zeitwort, besonders in Wörtern mit **igg** aus id (s. unter D) und **ing** aus in (s. unter G.): **rigge** (s. G 3) reiten, **ming** mein, **ding** bein.

Langes i, meist ie oder ih geschrieben, entspricht:

1. dem mhd. langen i, nhd. ei: **wiev** Weib, **wiese** weisen. Vor r steht hier langes e: **feere** feiern, **leer** Leier, auch **leech** leicht; im Auslaut des Stammes steht ei, wie in der Regel nhd.: **bei** bei, **sei** (mhd. sî) s. unter E.
2. dem mhd. langen e (nhd. eh ee): **mih** mehr (mhd. mê), **siel** Seele; auch hierfür langes e vor r: **ehr** Ehre, **lehre** lehren.
3. dem mhd. æ, dem Umlaut des â, in älteren Formen, wo dieser Umlaut nicht mehr als solcher gefühlt wird, z. B. **zih** zähe, **sîe** (sihe) säen, **kies** Käse, auch noch in **schlief** schläft, **rieth** neben **rißst** (rißth) räth. Vor r: **scheer** Scheere. Vergl. ih unter O.

O, o, ö, ö, ou, au, äu, eu.

Der Vokal o ist, wie e, seiner Aussprache nach zweifach, entweder ein geschlossenes o (ó), dem u näher liegend, oder ein offenes ọ (ö), dem a sich nähernd. Umlaut des erstern o ist ö, des zweiten ö̈.

1. Das kurze o (ó) entspricht dem mhd. und dem zum Theil lang gewordenen nhd. o noch in Wörtern wie: wonne wohnen, kolle Kohlen, geholfe geholfen, gestorve gestorben; zuweilen dem mhd. und nhd. u, z. B. kromm krumm, botter Butter. Sein Umlaut ö erscheint z. B. in schlöſsel Schlüssel, köch Küche; auch in öm um, döff Duft, bösch Busch, dröcke drücken und drucken. Die Länge dieses Lautes, oo (óó) ist entweder a) Dehnung eines kurzen o (eines ursprünglichen u): wōd wurde, wooscli Wurst, looch Luft, oder b) die regelmäßige Vertretung des mhd. uo (nhd. u uh): gōt gut, dōch Tuch, klōg klug; c) zuweilen (vor r) entspricht es dem mhd. langen u, nhd. au; boor Bauer, lōre lauern, oder d) dem mhd. langen o, nhd. o, oh, oo, wie in: ohr Ohr, pastōr Pastor, Pfarrer; auch in grōß groß. Beispiele für den Umlaut dieser vier Fälle sind: a) böösch Bürste, dööschte bürsten, döör (dhöör) Thüre, b) dröv trübe, wööle (wöhle) wühlen, c) böörche Bäuerlein, und für den ursprünglichen mhd. Diphthong iu, nhd. eu: föör Feuer, ör euer, fööch feucht, lööchte leuchten, d) höre hören, gröötste größte.

2. Das kurze ọ entspricht dem mhd. und nhd. o, z. B. in: ọf oft, rọck Rock, knọpp Knopf; selten ist es Kürzung aus langen ọ, statt eines ursprünglichen langen a: gọn gehen, stọn stehen, gedọn gethan (älter gọhn, stọhn u. s. w., mhd. gān u. s. w.). Der Umlaut ist ö̈, z. B. in köpp Köpfe, röckelche kleiner Rock.

Langes ọ ist a) Dehnung des kurzen ọ, wie in: gewọde geworden, pọọz Pforte, wọọt Wort, họọn Horn; b) der regelmäßige Vertreter des mhd. und nhd. ā: hoor Haar, ool Kalb, bloo blau (mhd. blā). Der Umlaut öö ist somit a) Dehnung aus kurzem ö, z. B. in: döörner Dornen, pöörzer Pförtner, höörnche Hörnchen; b) Umlaut eines oo, b. h. eines ältern ā: wöre wären, jöhrche Jährchen, söhch sähe. Von den Fällen, wo dem mhd. æ im Kölnischen ein langes i entspricht, s. unter J (Vokal).

Der Diphthong ou, gewöhnlich au geschrieben, entspricht a) dem mhd. ou, ouw oder auch āw, nhd. au: loufe (laufe) laufen, frou Frau, klou Klaue; b) im Auslaute auch dem mhd. ū, nhd. au: sou Sau, bou Bau. Der Umlaut, eigentlich öü, geschrieben eu oder ün, ist demnach entweder der ersten Art, wie in: löüf (läuf) läuft, höü (heu) Heu, oder Umlaut von ursprünglichem ū, sowie Vertretung des mhd. Diphthongs iu, nhd. eu: söü Säue, nöü neu (vgl. jedoch Nü-maat Neumarkt).

U, ü.

Das kurze u, das sonst oft in o (ó) übergegangen ist, hat sich besonders vor m, n, ng, nk erhalten, z. B. frumm fromm, strump Strumpf, kunt konnte, uns uns, gedrunke getrunken; auch in kumme kommen, vuggel (vugel s. gg) Vogel; vun von, ist altköln. van; verkürzt aus langem u, nhd. au, in Wörtern wie: buch Bauch, bruche brauchen, sugge (suge s. gg) saugen, suffe saufen, und (s. unter D) in: kruck Kraut, und (s. unter G) in: brung braun; dun thun (ist verkürzt aus älterem doon). Der Umlaut dieses u ist ü: strümp Strümpfe, künt könnte, kümp (auch kütt) kommt, vüggel (vügel s. gg) Vogel, üvver über, küning König, büchelche Bäuchlein, süff säuft, lügge läuten; ü ist auch Verkürzung des langen ü, nhd. eu = mhd. Diphthong iu: nüng neun, üch euch, flüch (flûg) fleugt (fliegt). In stüfse stoßen ist ü durch Umlaut und Verkürzung aus ū (ū für langes o) entstanden; f. das Folgende.

Das lange u entspricht 1) dem mhd. û, nhd. au, z. B. huus Haus, (boor Bauer, f. unter O); 2) dem mhd. ō, nhd. langem o (oo, oh): truus Trost (ohr Ohr, f. unter O). Der Umlaut desselben ist üü: 1. schüme schäumen, hüser Häuser; auch dem mhd. Diphthonge iu, nhd. eu, entsprechend: verdrüüß verdreußt = verdrießt, düvel Teufel u. f. w.; 2. Umlaut des langen u aus ō: brüütche (brüdche) Brödchen, trüüste trösten; auch in ühm Oheim.

K, ch.

K entspricht in der Regel dem hochd. und niederd. k in Wörtern wie: kind Kind, denke denken, balke Balken, stark stark, und in der Verdoppelung ck: backe backen, während das nbd. einfache k nach Vocalen, wie nhd. zu ch, mit harter, gutturaler Aussprache, nach a o ǫ u au und mit weicher, palataler und dem sch naheliegender Aussprache nach e ę i ö ȫ ü ei äu, nach l r n und in der Verkleinerungssilbe chen geworden ist: maache machen, buch Bauch, rich reich, weich weich, männche Männchen u. f. w.

Unverschobenes k, einem hochd. ch gegenüber, noch zuweilen in Bōkweiße (neben bōchweiße) Buchweizen, sööke (neben söōche) suchen und einigen andern. Ueber k (ck, ngk) im Auslaut f. unter D und G.

Q.

Qu ist gleich = kw. Bemerkenswerth ist kodd (kott) = holl. kwaad böfe; vgl. kome aus älterem quome, quâmen kamen.

G. ng.

Der Buchstabe g dient mit Einschluß des g in ng zur Bezeichnung von vier Lauten:

1. g lautend wie j, entspricht dem hochd. g im Anlaut, dann im Inlaut nach den weichen Vokalen e ę (ä) i ö ÿ ü ei öü (eu oder äu) und nach l und r: geld Gelb, größ groß, lęge legen, morge morgen u. s. w. und nach kurzen Vokalen in ligge (lige wie lijje) liegen, krigge (krige) kriegen = erhalten, vüggel (vügel) Vögel (wie angedeutet gewöhnlich mit g geschrieben) u. s. w. Dieses g klingt im Auslaut wie das palatale ch (in „ich"): krĭg (oder kręech) erhielt, fleeg Fliege u. s. w.

2. g, der sanfte Laut zu dem harten, gutturalen ch (in „sprach" „machen"), entspricht dem hochd. g inlautend nach den harten Vokalen a o ǫ u und nach ou (au): sage (saghe) sagen, auge Augen, und nach kurzen Vokalen in sugge saugen, dugge taugen, vuggel Vogel (gewöhnlich mit g geschrieben) u. s. w. und klingt im Auslaut wie das harte ch, z. B. dăg Tag, sugg such saugt.

3. Die Verdoppelung gg, mit dem eigentlichen Laute der Media (frz. g in grand), ist entweder ursprünglich hochd. gg oder ck, wie in röggelche, südd. Röggelein, Art Brod, rögge Rüden, waggele wadeln, hęgge Hecken, oder ist in gewissen Fällen aus d (hochd. d u. t) entstanden: lügge läuten, schnigge

schneiden u. s. w. (s. unter D). Dieser Laut wird am Wortende zu k, ck: huck Hund, schnick schneidet. Nur das g der dritten Art wird in der Schrift verdoppelt, also: lügge = lücge läuten, ligge = liege liegen u. s. w. wie der sanfte k-Laut.

4. Die Buchstabenverbindung ng, ein einfacher Laut, der gutturale Nasenlaut, entspricht a) einem ursprünglichen und nhd. ng, wie in fange fangen, singe singen, b) vielfach einem ursprünglichen nd (nhd. nd und nt), wie in finge finden, hung (aus hung-e) Hunde, unger unter (s. unter D); ober sie entsteht c) aus n in den Wörtern mit in (nhd. meist ein) und ūn (nhd. aun) mit Vokalkürzung: ming mein, Tring Trine Katharine, sching Schein, brnng braun, kapung Kapaun; auch fazung, franz. façon, holl. fatsoen. Die beiden ersten Arten des ng werden auslautend, wenn kein e abgefallen ist, gewöhnlich zu ngk: a) jungk jung, langk lang, b) hungk Hund, blingk blind. Alle drei Arten werden zu ngk vor der Flexion t, welche dann in der Regel verstummt: a) hängk hängt, singk singt; b) fingk findet; c) schingk scheint, gringk greint, grinit u. s. w.

H.

H besteht als besonderer Laut nur im Wortanfange: hungk Hund; im In- und Auslaute ist ursprüngliches h meist spurlos ausgefallen: sin sehen, selten zu ch geworden: süch siehe; backes, braues, schlnachtes und ähnliche sind = Backhaus, Brauhaus, Schlachthaus u. s. w. Doch schreibt man gewöhnlich noch huh hoch, hohe, rih Reh und selbst nach nhd. Weise zur Bezeichnung der Länge: fahre fahren, besonders da, wo g oder ch vor s oder t ausfiel: sähs sagest, saht sagte, braht brachte, gemaht gemacht.

Beispiele von der Umwandlung des mhd. hs und ht (nhd. chs und cht) sind außerdem: **flahs** Flachs, **wahße** (mit scharfem s) wachsen, **ohs** Ochse, **daach** dachte, **knääch** Knecht, **frooch** Frucht, **gesooch** Gesicht u. s. w., sämmtlich mit Verlängerung des Vokals, (und zwar des i in ee, des u in oo, des ü in öö), auch **fööch** feucht; selten mit Belassung der Kürze, in: **fuss** Fuchs, **büss** Büchse, **nit** nicht.

J.

In deutschen Wörtern nur anlautend: **jo** ja, **jage** jagen, **jungk** jung. Bemerkenswerth ist **jęt** etwas (aus altem iet, ieht); ähnlichen Ursprung hat j in **jitz** jetzt, **jeder** u. a. m.

T.

T entspricht einem hochd. t in der Regel nur da, wo das Nbd. auch t hat, also in den Fällen: st, cht (mhd. ht) ft und zum Theil in der anlautenden Verbindung tr: **höste** husten, **fööchte** feuchter, **geftig** giftig (s. unter S H F) **trore** trauern; dagegen **drage** (holl. dragen) tragen (s. unter D); auch in: **luuter** lauter, und verdoppelt in: **botter** Butter und in mehreren andern; zum Theil neben älterem d, wie in **fatter** (vatter) neben **vader** Vater.

In Folge unterbliebener Verschiebung steht t, wie im nbd. einem hochd. ß (s) oder z gegenüber in: **wat** was, **dat** das (auch daß), **it** es, **schnuut** Schnauze, **schottel** (auch schössel) Schüssel, **leet** und **leeß** ließ, und in einigen andern Wörtern.

Im Auslaute entsteht t auch aus niederrheinischem d: **göt** gut, **gode** guter.

Auslautendes t, auch t der Flexion, fällt weg hinter p (bb), k, t, (d), f, (v), ch, (g), ß, s, z und sch: stöpp staubt, dröck drückt, of oft, lov lobt, knääch Knecht, flüüß fließt, truus Trost, setz sitzt, woosch Wurst. Aus ngt wird ngk (s. unter D H K N); aus mt entsteht mp (s. unter B und M).

Dagegen wird t in gewissen Fällen inlautend eingeschoben hinter s oder ß und sch, z. B. geißte (geiste) Geißen, pooschte Burschen, und insbesondere bei der Steigerung hinter langen Vokalen: hühter höher, hühtste höchste, mihter mehr, mihts meist (holl. meerder mehr, nader näher), nöhtste nächste.

D.

Das einfache d entspricht in der Regel einem nhd. d, d. h. einem nhd. d, sowie einem nhd. t oder th, wo dies aus einem gemeingermanischen d durch Verschiebung entstanden ist: do du, dāg Tag, deil Theil; im Auslaut wie t gesprochen: gōt (= goot) gut, blōt Blut. Doppeltes d nicht selten: rüdder Räder, ziddere zittern, wedder Wetter u. s. w.

In den Wörtern mit älterem īd, ūd, üd (nhd. eid und eit, aut eut und äut) entsteht hieraus mit Kürzung der Vokale: igg, ugg, ügg (mit hartem, gutturalem g): ligge leiden, rigge reiten, büggel Beutel, lügge läuten; im Auslaut ck: zick Zeit, kruck Kraut, hück heute, lück läutet u. s. w.

Viele Wörter mit nd verwandeln dieses in den Nasenlaut ng: binge binden, hung Hunde; im Auslaute nk, auch ngk geschrieben: hungk Hund, blingk blind, sowie in fingk findet, bingk bindet und ähnlichen (statt fingk-t, bingk-t).

Dh statt d wird zur Unterscheidung von gleichlautenden Wörtern geschrieben: Dheer Thier, aber deer dir.

Z.

Z (= tſz) ſteht 1) wie im Hochd., einem nied. t ent=
ſprechend, im Anlaut und in den Verbindungen nz, lz, rz und
pflegt verdoppelt (= nied. tt) tz geſchrieben zu werden: **zand**
Zahn, **münz** Münze, **holz** Holz, **hetz**, Herz, **setze** ſitzen; be=
merkenswerth: **pôz** Pforte. Zuweilen ſteht es auch nach langen
Vokalen und Diphth.: **munz** Mauſerzeit (Mauſer), **spreize**
ſpreizen und in einigen andern.

2) im Anlaut auch ſtatt des ſcharfen s fremder, beſonders
romaniſcher Wörter; ſo: **zupp** Suppe, **zopt** Sorte, **Zabel** Sä=
bel, **Zaldât** Soldat, **zint** Sanct (heilig) u. ſ. w.

Ueber z (ts) in **õzte** od. **êtste** erſten, **mihtsto** meiſten
u. ſ. w. (ſ. unter T.)

S, ſs (ß) sch.

Das einfache, ſowie das doppelte s iſt ſeiner Ausſprache
nach zweifach, ein ſanftes und ein ſcharfes s (holl. entw. z oder
s.); außerdem lautet es in gewiſſen Fällen wie das neuhd. sch.
Das einfache s iſt ſanft a) am Anfange der Wörter vor Vokalen:
singe ſingen, und b) inlautend, wenn es einem urſprünglichen
einfachen s entſpricht, zwiſchen Vokalen und nach l, m, n vor
einem Vokale: **wiese** weiſen, **linse** Linſen, **unse** unſer. Das
einfache s iſt ſcharf im Auslaute: **hnus** Haus; dann inlautend
in den Verbindungen st, sp, ps, ks, (x) und wo es aus chs,
mhd. hs, entſtanden iſt: **trüüste**, tröſten, **wahsse** (daher doppelt
oder mit ſs geſchrieben) wachſen; (ſ. unter H.) Im Auslaute
ſteht s, ſs oft ſtatt st: **trnnſs** Troſt, **hoçſs** Haſt; ſ. unter T.

Das ſanfte doppelte s (= engl. zz) ſteht inlautend nach
kurzen Vokalen, wo es einem urſprünglichen einfachen s des mhd.

entspricht, z. B. **gewesse** gewiesen, **quissél**, (holl. kwezel) Vet=
schwester; **düsselig** (holl. duizelig) schwindlig u. s. w.; doch
werden derartige Wörter gewöhnlich nur mit einem s geschrieben.

Das scharfe doppelte s, ss und oft fs geschrieben, steht,
wie im neuhd., inlautend und auslautend meist einem niedd. ein=
fachen t nach Vokalen gegenüber: **geefse** gießen, **geflosse** ge=
flossen, **moofs** Maß, selten einem ursprünglichen ss, wie in **gewesse** gewisser.

S erhält die Aussprache und oft auch die Schreibung sch
(mit dem einfachen Laute des hochd. sch in „Schiff"):

1) anlautend vor l, m, n, w, wie auch nhd.; dann vor
t und p: **schlofe** schlafen, **schton** (gewöhnlich ston geschrieben)
stehen, **spille** spielen. Ursprüngliches sk ist in deutschen Wör=
tern in allen Stellungen sch geworden: **schüme** schäumen,
wäsche waschen.

2) in= und auslautend nach r, welches in der Regel aus=
fällt (s. unter R.): **fäâsch** Ferse, **dööschte** bürsten, **nohberschlück**, Nachbar=s=leute; auch in den weiblichen Substantiven wie:
nihersch (holl. naaijersse) Nätherinn, **putzmachersch** Putz=
macherinn u. s. w. Im Auslaute steht alsdann sch auch für
scht, d. i. st, wie in **doosch** Durst. Ein sanftes sch, dem
Laute nach = franz. j, kommt fast nur im Inlaute von Fremd=
wörtern vor: **luscheere** logieren.

N.

In der Endung en fällt n vor Consonanten in der
Regel aus: se lovve mich, sie loben mich; se lovven in
sie loben ihn; auch oft in **mi** (mie) mein, **e** ein, **a** an und
ähnlichen Wörtchen.

Ueber **ng, ngk** f. unter D G.

N vor ursprünglichem k hat ebenfalls den Laut ng, z. B. in **denke** denken.

P.

P entspricht dem niederd. p und hochd. pf im Anlaut, verdoppelt im Inlaut, sodann in der Verbindung mp: **plöcke** pflücken, **stoppe** stopfen, **strump** Strumpf. In den Verbindungen lp und rp des Niedd. (= lf, rf im Neuhd.) zeigt sich noch ein Schwanken zwischen p und f: **scharf** und **schärp** scharf, **werfe** werfen, **worp** und **worf** Wurf, **helfe** helfen, **hölp** und **hölf** Hülfe, **kärp** Karpfe, **dörp** Dorf. Selten steht einfaches unverschobenes p nach Vokalen einem hochd. f gegenüber: **aap** Affe, **op** auf, **kniepe** kneifen (kneipen); dann in Wörtern wie: **kiep** Tragkorb u. s. w. Auslautend klingt b, bb wie p, pp: **krebb** (krepp) Krippe; **nimp** nimmt u. s. w. f. unter D und T.

B.

Das einfache b entspricht einem nhd. b in der Regel nur im Anlaut: **binge** binden, selten inlautend: **nabel** Nabel, **zabel** Säbel. Doppeltes b ist häufiger: **wibbele** sich unruhig hin und her bewegen, **bubbele** schwatzen u. s. w.

b eingeschaltet zwischen md (mt): **Frembde** Fremder; im Auslaut, wo d (t) hier wegbleibt, steht alsdann mb oder mp: **fremb** fremd, **hemb** Hemd, **nimp** nimmt, **kümp** kommt, **stemmp** stimmt u. s. w.

F.

F, der scharfe, und v, der sanfte Laut (die beiden labiodentalen Spiranten), entsprechen im Allgemeinen denselben Buchſtaben des Niederländiſchen. F wird anlautend zwar nach dem Nhd. geſchrieben in Wörtern wie: **fange** fangen, **befelle** befehlen, **finge** finden, **flege** fliegen, u. ſ. w., welche aber **vange**, **bevelle** u. ſ. w. lauten; es heißt jedoch **flink** flink, **fin** fein, **foppe** zum Beſten haben und ähnliche mit ſcharfem f. **Flege** pflegen, (holl.: plegen) iſt dem Hochd. entlehnt; auch heißt es: **emfelle** oder **empfelle** empfehlen, **emfange** empfangen; **fatter** (gebräuchlich: **vatter**) Vater neben dem alten **vader**, auch **vâr**.

F oder ff im Inlaut entſpricht mit wenigen Ausnahmen (**aap** Affe, **strnmp** Strumpf, **op** auf u. ſ. w.) einem einfachen niederd. p, hochd. f oder ff: **rofe** rufen, **loufe** (**laufe**) laufen, **paaf** Pfaffe, **kruffe** (holl. kruipen) kriechen, **suffe** ſaufen, **werfe** werfen, altköln. noch **werpen** (ſ. unter P.)

Im Auslaut iſt f außerdem das geſchärfte v, hochd. b, obwohl jetzt meiſt **av** (früher **af, aff**) ab, **stirv** ſtirbt u. ſ. w. geſchrieben wird.

V.

V (vergl. F) ſteht 1) ſtatt des mhd. v, wofür im An- und Auslaut meiſt, wie nhd., f geſchrieben wird,: **vinge** finden, **düvel** Teufel, **over** Ufer, und verdoppelt in: **stivvel** Stiefel, **ovve** Ofen; auslautend: **wolf** Wolf, **hoof** Huf. 2) ſtatt des einfachen hochd. b im Inlaute: **grave** graben, **halve** halber, **sterve** ſterben; nach kurzen Vok. verdoppelt: **gevve** geben, **geschrevve** geſchrieben, **lovve** loben, **üvver** über, klingt auslautend ebenfalls wie f: **liev** (**lif**,) Leib, **leev** lieb, **gov** gab.

W.

W iſt die ſanfte, rein labiale Spirans, wie im holl. und ſteht faſt nur anlautend vor Vokalen: **wage** Wagen, und in ben anlautenden Verbindungen schw, zw, kw (d. i. qu): schwatz schwarz, zwei zwei, quäle quälen. Dagegen frone (fraue), nhd. Frauen, aber mhd. frouwen; geele (gäle*) gelber, mhd. gëlwer.

M.

M statt w in meer wir. Ueber mb, mp, aus md, mt s. unter D und T.

L.

L wird oft zur Bezeichnung des kurzen Vokals verdoppelt: spille spielen, kolle Kohlen, stelle stehlen, zälle zählen u. s. w.

In ld fällt d (hochd. d oder t) zuweilen fort: aal alte, ale alter, heel hielt, goll galt, baal balb.

R.

Anlautend wie nhd.: rode rathen; inlautend nicht selten verdoppelt: werre wehren, geschworre geschworen, dhürre* Thüren u. s. w. Vor den Zahnlauten d, t, z, n, s, wie auch vor sch und l fällt r aus, wobei der vorhergehende Vokal in der Regel verlängert wird und i in ee, u in oo, ü in öö übergeht, wie in: gade Garten, maat Markt (altköln. murt), baat Bart, (hat hart, gaschtig garstig, schwatz ohne Dehnung); Määte Martin, bääsch Barsch; pääd (päd) Pferd, wäde werden, pääl Perle, kääl Kerl, gään gern, kääz Kerze (hetz Herz mit kurzem Vokal), fääsch Ferse; keesch Kirsche, wēd wird, heen Hirn, heez Hirsch (alt.: Hirz); woot Wort, zoot Sorte, wjder Wörter; woosch Wurst, poosch Bursche, dööschte bürsten. Nach ursprünglichen langen Vokalen: wääsch wärest,

lehſt, lehrt, verlȫsch (verlee'sch) verlierest, hö't höret. Noch
andere Beiſpiele ſ. unter den einzelnen Vokalen.

Das hier ausfallende r läßt ſchon in der nächſten Um=
gegend der Stadt, außer nach a ā, ein kurzes, dem Vokale nach=
klingendes ǫ oder ā zurück; z. B. wǫǫ·t (einſilbig) Wort. Eine
Verſetzung des r hat ſtattgefunden in: bǫsch (holl. borst)
Bruſt; koosch (holl. korst) Kruſte.

Weggefallen iſt r außerdem im Auslaute in: he hier,
mih mehr, dā der und in ähnlichen Fällen; bei nachläſſiger
Ausſprache ſelbſt in mǫ Mutter, vā Vater.

Kölner Wörterbuch.

A, ä; Ä, ü f. Einleitung Seite 16; ā, Ā, halblange Vocale f. S. 9.

Aach, f., Acht, Bann.
aach, acht.
Aach un Veeziger, Zinswucherer, im Allgemeinen alle Leute, welche sich auf unehrenhafte Weise Gewinn zu verschaffen suchen.
Aach un Kraach, zur genauen Noth.
aachte; aachs; aach; geaach, achten.
Aal, m., pl. Ale, Vater, auch alter Mann; f. Mutter.
aal, f.; āle, m.; ālt, n., alte; alter; altes.
Ääns,* m., Ernst, Wirklichkeit.
ääns,* ernst, wirklich.
Aap, f., pl. Aape, Affe.
aape; aaps; aap, äffen, nachäffen.
Aapefott, f., -föttche, n., wtl.: der Hintere eines Affen, Rbst. Verneinung, z. B. do kriss en -, Du erhältst nichts.
Aapeklōs, n., -klösche, n., ein bummer Mensch; ein kluges, naives Kind.
Äär n., en - gevve, (frz. se donner un air), sich ein Ansehen geben, breit thun, aufblähen.
Aasch; -gevatter; -gevattersch; - kerv, n., - ledder, Hintere; Pathe bei einem Mädchen; Pathin bei einem Jungen, auch Stellvertreter bei der Taufe; Arschlerbe; Lederbesatz am Hintertheile der Hose, auch Bergmanns=Hinterschurz.

Aat, Art; je nach Anwendung, m., oder f., z. B.: dä Aat vun Minsche, de Aat Minsche.
Ääz,* pl. Ääze, Erbse.
Ääzenbalg,* m., wtl.: Erbsenbalg, Spottname für Soldaten.
Ääzenbär,* m., eine mit Erbsenstroh umwickelte Figur beim Erndtefest, auch ein grimmiger Mensch.
Ääzezäller,* wtl.: Erbsenzähler; Begriff: Geizhals, Knauser.
Ääzgeck,* Erznarr, launiger Mensch.
A. B. Reuter, gewöhnlicher Tabak mit einem Reiter, Fabrikzeichen der Firma: Böninger.
Abelung m., auch Amelung, Begierde nach etwas haben.
abselut, absülemang (frz. absolument), durchaus, unter allen Umständen.
absent; sich - halde, (frz. absent), abwesend, sich zurück halten.
abstrack, abstoßend, grob.
Abtrettsbrell, m., abnehmbares Brett mit Ausschnitt auf Aborten.
abunneere; abunneesch; abunneet, abonniren.
Ack, Akt.
Ackeschpād,* Ackergaul.
Äd;* - appel, m., - Äppelsmehl, Erde; Erdapfel, Kartoffelmehl.
Addel, m., Jauche.
Addelskār, f., Jauchekarre.
āde,* irben.
adeere, zusammenzählen.

3*

Ädegeschärr, * n., -waar, f., Töpferwaare.
Adeleid, Abelheid.
adig, artig.
adjüs, (frz.: adieu), lebwohl.
Afgrunt, m.; (frz.: affront), Beleibigung, Schimpf.
afgrunteere, beleidigen, beschimpfen.
afreifslich, (frz.: affreux), schrecklich.
Ageer, m., lebhafte Bewegung mit den Armen beim Sprechen.
ageere, (frz.: agir), handeln, mit den Armen hin und her bewegen.
A'gestalt, f., Angestalt.
a'gewahfse, halberwachsen.
Ahn, n., Ahn sin, Querholz auf Kegelbahnen, um die Wurfstelle zu bezeichnen, überhaupt Antrittsstelle bei allen Spielen; der Erste beim Spiele sein b. h. der anwirft u. s. w., oder das Spiel beginnt.
Ahn, m., Ernbte, Herbst.
ahne, ahnde, ahnen.
Ahndung, Ahnung.
Ahs, pl. Ahfse, Achfe.
Ahfsemächer, Wagenschmied.
akedeere, (frz.: accorder), abdingen, abzwiden, harmoniren, zusammenpassen.
aklameere, (frz.: acclamer), beifällig anerkennen, zustimmen.
Aköd, m., Accord, Vereinbarung.
akumedeere, (frz.: accommoder), anrichten, bereitmachen, sich nach Andern richten, zu Statten kommen.
akurät, genau, sorgfältig.
Akuratess, Genauigkeit, Sorgfalt.
Alaaf Kölle! (span.: alaber, loben, preisen; engl.: aloft, hoch, oben, über). Trinkspruch, dem Sinne nach: Es lebe Köln! Köln geachtet, gelobt, gepriesen über Alles!
aläät, (frz.: alerte), behende, flink, fröhlich, munter, rasch, rege.

Aläütche, bünnes, schwaches, verbünntes Getränke.
Albes, altdeutsches Geldstück: Albus.
ald, bereits, schon.
Aldemaat, Altenmarkt: Kölner Gemüsemarkt.
Alderdum, Alterthum.
äldere f. äldre.
alderleevs, -kleins, -mehsch, -nihts; allerliebst,-kleinste,-meisten.
Ald he, Schon hier, Antwort auf: Wo he, und wo sin de Lück.
äldere auch **äldre, geäldert,** altern, gealtert.
Äldre, Eltern.
Ale, pl. von Aal, die Alten, in gemeiner Redeweise: Eltern.
äle, älen f. aal, alter.
Alegrave, Alewieversummer, wörtlich: Alter Graben (Straßenname,) ironisch: gemeines Zeug, alter Krempel; ferner: schöne Herbsttage, fliegende Spinngewebe.
äle Klore, alter Fruchtbranntwein.
Alex! kisch, kisch! Zuruf beim Hetzen der Hunde.
Alfter, f., en schäl, Weißfisch, ironisch: ein kurzsichtiger Mensch.
Aliaster, m., Oleander.
alledags, täglich.
Allejuchte, Kinderspiel mit 9 Klicker.
allekeerens, jedesmal.
allemasch (frz. allons marche), vorwärts marsch, frisch dran.
Allemolde, Alle zusammen.
allenthalve, allenfalls, allenthalben.
Allerhand, n., auch **Allerhands.** Allerlei.
allersicks, auch **allersiggen,** allerseits.
Allersielen, Allerseelentag.
allersiggen f. allersicks.
Allmallig, Allmänniglich, Jeder, ein Jeglicher.

allo (frz. allons), marsch, vorwärts.
Alteetche, n., e schön -, Kindersprache: eine sehenswerthe Kleinigkeit, namentlich kleiner Guckkasten.
altereere, aufregen, entsetzen.
altfränsch, altmodisch, antik.
Altrüüscher, Trödler.
Alung, Alaun.
amaljameere auch veraljameere, verbinden.
Ambass, m., ein stark vorstehender Rand an Eisentheilen.
Amberä, m., auch Amberaasch, f., (frz. embarras), Aufhebens, Umschweife.
Amelang, m. und n., kurze Zeit, (wie Amen in der Kirche).
Amelung, m., auch Abelung, Begierde, Lust, Gefallen an etwas haben.
amöhn, Verkürzung von angenehm.
Amp, Huh-, n., Amt, Hohe Messe an Sonn- und Festtagen.
Ampmann, Amtmann.
ampere, säuerlich schmecken.
amperig, (frz. amer), säuerlich.
Anberuume, anberuump, anberaumen.
Anbränge, angebraht, anbringen, anschwärzen, kuppeln.
Andeene, angedeent, anbieten, anbienen.
ander Ömstünd, andere Umstände, Schwangerschaft.
andersch, andeschter auch anderschter, anders.
Andive, Endiviensalat.
Andönlich, (holl. andoenlijk), aufbringlich, den Angenehmen spielen, zuvorkommend.
Andooch, (zusammenges. aus dem lat. aquaduct), überdeckte Rinne.
Andōre, ando't, angedō't, anbauern.
Andrage f. drage, anschwärzen, antragen, hinterbringen.

Andräger, m., Andrägersch, f., Anträger, Verläumber, Verläumberin.
Andrees, Andreas.
Andrevv, Antrieb.
Andügge, andücks, andück, angedück auch a'gedück, andeuten.
Andun f. dun, ankleiden, anthun.
anenein, aneinander.
Anhüh, Anhühde, Anhöhe.
Anhühe, anhöhen, aufschütten.
annejant (frz. ennuyant), langweilig.
annejeere (frz. ennuyer), langweilen.
Anfange, anfängs, anfängk, anfang, anfüng, anfing, angefange, auch mit Weglassung des n a'fange u. s. w., anfangen.
Angedrüch, angetrocknet.
Angel, Bienenstachel, Fischgeräthe, Ohrfeige.
Angenies, -brud, -kuletsch, Anis, -gebäcke, -lakritz.
Angenis, Agnes.
Angenitendag, m., Namensfeier von Agnes.
Angestalt f. auch A'gestalt, Gebahren, viel Aufhebens.
angetrocke f. träcke, angezogen.
Angevve f. gevve, angeben, anmelden, antragen.
Angewahfse, angewachsen, halb ausgewachsen.
Angewende, Angewohnheit.
Angon f. gon, sich nit angon losse, angehen, entzünden, sich nichts anmerken lassen.
Angs, Angst.
Anhangk, m., Anhang, Sippe in gutem und bösem Sinne.
ankascheere (frz. engager), verbindlich machen, engagiren, verpflichten.

Änkel, Fußknöchel.
Ankicke, anſehen, angaffen.
Anknigge, anknicks, anknick, angeknick, antreiben.
Anmaache, anrühren, z. B.: ben Teig; anmengen, anzünden.
anmödig, anmuthig.
Ann, Änn, n., Anna.
Annemme, annehmen, aneignen.
Anranze, Jemand plötzlich mit Vor= würfen überſchütten, anſprechen.
Anreech, f., Anrichtbrett in der Küche.
Ansching, Anſchein.
Anschingend, anſcheinend.
Anschlag, m., Anſchlag, Verſuch.
anschlägig; nen -e Kopp, pfiffig, ſchlau; ein geſcheibter Kopf.
Anschmirre ſ. schmirre, anſchmie= ren, betrügen, übervortheilen.
Anschnaue, grob anfahren, ſchimpfen.
Ansprōch, f., Anſprache.
Ausproch, m., Anſpruch, Nachfrage.
Anstivvele, anſtiften, zu etwas ver= leiten, bereben.
Anstricher, Anſtreicher.
Anstriche, antreiben, anſtreichen.
Anträcke ſ. träcke, ankleiden, an= ziehen.
Antun, Anton.
Antuniusföör, n., Rothlauf.
Antwoot, Antwort.
antwode, antwoots, antwoot, geantwoot, antworten.
Anwenne ſ. gewenne, angewöhnen.
Apaats, n., Apartes.
apaat, beſonders.
Aplekūs, Aprikoſe.
aplizeere (frz. appliquer), einen -; anheften, anlegen, auflegen; richtig anbringen, z. B. Küſſe, Ohrfeigen geben.
Appel, -drank, -kään*, f., -ketsch, f., -kumpott, n., -kruck, -taat,
-tiff, (holl. appelteef), -zien, Apfel, =wein, =kern, =kerngehäuſe, =mus, =kraut, =torte, Obſtkrämerin, Apfelſine.
Äppelche för der Doosch, etwas Willkommenes.
Aprelsgęck, Jemand, der am 1. April zum Narren gehalten wird.
Apteker auch Apeteker, Aps= theker.
Aptick, Appetit.
arangscheere (frz. arranger), ar= rangscheesch, arrangscheet, in Ordnung bringen, arrangiren.
Arangschemang, n., Anordnung, Aufſtellung, Vereinbarung.
Arend, Arnold.
Ärg, Arg, Argwohn.
ärg, arg, ſchlimm, ſehr.
Argeschante, nach unten weit offen fallende Frauenärmel.
Arm, pl. Arme, Arm.
Ärmsdeckte, -längde, Armsbicke, =länge.
Ärmedei, f., Bettelei, Armuth, Scheinglanz.
ǎrmeteere, in Armuth leben.
Ärmoth,* Armuth.
ärm Senn, üble Launen, trübe Gemüthsſtimmung.
ärmsillig, armſelig.
Äsch, Aſche.
Äschepuddel, m., ſchmutziges Frau= enzimmer.
asserant (frz. assurant), boshaft, trotzig, verwegen.
assimileere (frz. assimiler), ähn= lich machen.
atzele, eſſen, Kinder füttern.
Au, Äu, Auguſt.
Auge, zielen, auslugen.
Augefütter, -lid, -lidder, -trüfs, -trüsche, -trüster, -stüsser, m., Augenwimper, =lieb, =lieber,

=troſt; iron.: Taugenichts; =tröſter,
=Libelle, Waſſerjungfer (Inſekt).
Äugelche, n., Äuglein, Oeſe zum
  Einhaken.
Augesching, Augenſchein.
Anh auch Au, f., Mutterſchaf.
av un ün, ab und an, abwechſelnd,
  bisweilen, dann und wann.
av un zo, ab und zu.
avbängele, durchprügeln.
Avdeilung, Abtheilung.
uvdun f. dun, abgewöhnen, ab=
  hängen (Wäſche), abpflücken (Obſt),
  abthun, abziehen.
Avekat, Advokat.
Avent, Advent.
Aventöörche, n., Abenteuer, Vor=
  fall.
avesse, abeſſen; Bgf.: eine Krank=
  heit durch den Genuß geeigneter
  Speiſen kuriren.
avgedon f. dun, abgethan, abge=
  wöhnt.
avgeere, ſchräg abſchneiden.
avgehovve f. hevve, abgehoben.
avgeläv,* f. levve, abgelebt, verlebt.
avgemöht, abgemüht.
avgepass, abgepaßt.
avgeschmack, abgeſchmackt, bös=
  artig, auch durchgeprügelt, nieder=
  trächtig.
avgesin f. sin, abgeſehen.
avgetrocken Öhl, m., auch Ollig,
  gereinigtes, abgezogenes Rüböl.
avgon f. gon, abgehen, gut gelin=
  gen, thauen.
Avguns, f., Mißgunſt, Neid.
avgünstig, mißgünſtig, neidiſch.
avfahre, abfahren, Jemanden harte
  Vorwürfe machen.
avfalle, abfallen, abmagern.
avhäde f. häde, abhärten.
avhängig, abhängig, abſchüſſig.
Avhäner, ein ſcharfer Meißel oder

ſogenannter Schrotthammer zum
  Zerkleinern der Metalle.
avhelfe, abhelfen, Jemanden eine
  Traglaſt abnehmen.
avkaate, ablarten, abſprechen, heim=
  lich abmachen, verabreden.
avkamesijle, prügeln.
avkehre, ableiten, abwehren, ab=
  weiſen, abwenden.
avkicke, abgucken, abſehen.
avklänele, abknäueln, abwinden.
avklaveere, beurtheilen, entnehmen.
avknappe, abzwicken, abkürzen, mit
  Geräuſch abbrechen.
avknünele, abnagen.
avköhle, abkühlen.
avkööze, abkürzen.
avkratze, abkratzen, abreiſen, ſterben.
avkrige, abbekommen, beſeitigen.
avlievig, abgelebt.
avlore f. lore, ablauern.
avlüse f. lüse, ablöſen.
avluxe, abgaunern, abliſten.
avmöhe, abmühen.
avmole, abmalen, portraitiren.
avmurkse, gewaltſam umbringen.
Avnemme, n., Abnehmungskrank=
  heit, Schwindſucht.
avnemme f. nemme.
avpijle, abpfählen, durch Pfähle be=
  grenzen.
avquelle, abbrühen.
avraase, betaſten, gewaltſam ab=
  reißen, gemein ſchelten.
avruckere, abmühen.
avriesse f. riesse, abreißen, herbe
  Vorwürfe machen, prügeln.
avrüüme, avgerüümp, abräumen.
avschave, abſchaben.
avschinne, abquälen, abſchinden.
Avschlagskall, offene hölzerne
  Rinne zum Auslaſſen des friſch
  gebrauten Bieres.
avschlon f. schlon, abſchlagen.

avschmacke, avgeschmack, adj., durchprügeln, abgeschmadt.
avschmiefse f. schmiefse, ab=schmeißen, abwerfen.
avschmirre, prügeln.
avschödde, abschütten. abschütteln.
avschrabbe, abschaben.
Avschröder, m., scharfer Einsatz im Schmiede=Ambos zum Abhauen von Eisentheilen.
avschröme, mit Linien oder Strichen anzeichnen, abstechen.
Avschuum, Abschaum.
avschüüme, avgeschüümp, ab=schäumen.
avschuve, abschieben, abweisen.
avschwade, abschälen, durchprügeln.
avsegele, abreisen, absegeln, sterben.
avsicks, abseits.
avsin f. sin, absehen.
av sin, matt sein.

avspenstig, abwenbig.
avspiene, abgewöhnen, entwöhnen.
avspliefse, abspleißen, abspalten, absplittern, ersparen.
Avstand, m., Abstand, Verzicht=leistung, Unterschied.
avstKuve, abstauben.
avstrapezeere, abmühen.
avsträufe, abstreifen.
avstrigge, abstreiten.
avtakele, Jemand ausschelten, mit Redensarten abweisen, durch=prügeln.
avteute, abstützen, Umstechen des Weines.
avtrumpe, Jemand abweisen, mit Redensarten überführend zurück=weisen.
ävver, aber.
avzüngelich, insbesondere.
Ax, Art.

B, b f. Einleitung S. 26.

Baach, f., Bach.
baakes! Pfui! ekelhaft.
baal, balb, beinah, ungefähr.
Bääntche,* n., et gecke -; Vortänzer bei Maßken=Aufzügen; (ein Mann Namens Berntgen soll der erste Vortänzer gewesen sein; nach Anderen der letzte angestellte Schalksnarr der freien Reichs=stabt Köln.
Bäasch, Barsch, (Weißfisch).
Baat; -salv, Bart; =salbe.
baate, (holl.: baten), helfen, nutzen, Vortheil bringen.
Bäatbroder,* Frömmler, Schein=heiliger.
Baatel, Bartholomäus.
Bäätes,* Hubert.

Bäätschwester,* Frömmlerin, Bet=schwester.
Babäditzche, kleines Wickelkind; iron.: Jemand, der sich kindisch beträgt, beim Essen und Trinken beschmutzt 2c.
Bäbbel; Bäbbelsmuul, f. und n., -sschnüfs, f., Mund, Schwätzer, Schwätzerin, n., Schwatzmaul.
babbele, auch bäbbele, (holl.: babbelen), klatschen, schwätzen.
Babbeljöttche, n., (frz.: babillote), Haarwickel, iron.: eine Ohrfeige.
Back, m., Becken.
Backche, n., (holl.: bakje), Ober=tasse.
Backes, n., Bäckerei, Backhaus.
Backzant, pl., -zäng, Backenzahn.

Badbütt, Badewanne.
Bädel, m., ausgehechelte kurze Flachs- und Hanftheile.
Bagäsch, f., met der ganze -; Gepäck; iron.: mit der ganzen Familie, Gesellschaft ꝛc.
bägere, planlos arbeiten, in aller Frühe fleißig schaffen.
Bägergeifs, rastloser, unruhiger, unsteter Mensch, Quälgeist.
bäh, ekelhaft, pfui.
Bahn, f., ein Stück Zeug in Frauenrocklänge, Eisbahn; op de lang Bahn schuve, aufschieben.
balbeere, rasiren.
Balbutz, (von Bartputzen), Barbier.
Balg, pl. **Bällig**, Balg, auch ungezogene Kinder.
Balges, Schmeerbauch.
bälke, (holl.: balken), schreien, widerlich rufen, unmanierlich singen.
Bälkes, m., Schreimaul.
Balkung, Balkon.
Bällche, n., pl. **Bällcher**, Bällchen, Suppenfleischklöse.
Balligping, f., in gem. Rdw.: Leibschmerzen.
Bällig, pl. von Balg, Bälge.
Bälligtredder, Orgelbalgtreter.
Bällrūs, f., Geschwulst, Gesichtsrose, Rothlauf.
Ballstock, Einsatz zum Schmiedeamboß als Gegenstück zum Ballhammer, aber zu gleichem Zwecke dienend.
Ballung, Ballon.
Bältes, Baltus.
Balunster, m. (frz. balustre), Geländersäulchen.
Balzer, Balthasar.
bammele, baumeln.
bampele, baumeln, schlotterig hängen
bampelig, schlotternd, herunterhängend.

Band, m., pl. **Bäng**, Band, Reifen.
Bandmetz, Faßbinder-Schlagmesser.
Bäng, pl. von Band, Bände, Reifen.
Bängel, m., **Bängelche**, n., Bändel.
bängelich, ängstlich.
Bangendresser, Bangeschesser, banger, feiger Mensch.
Bangmächer, m., Schreckgestalt, Vogelscheuche.
Bankerottspott, -müll, Kaffeekanne, -mühle.
Bankknäilch, m., Schraubenzwinge an der Hobelbank.
banne, unablässig bitten, auch bändigen, beherrschen, bezwingen.
bannig, anhaltend bittend.
Bär, - op Söck, Bär, wörtlich: Bär auf Socken, Begriff: ein Mensch von unbeholfener Gangart.
Bārb, m., **Bärbel**, n., Barbara.
Bärbel, f., bauchige Steingut-Bierkanne.
Böreleider, m., Bärenführer, ironisch: tölpelhafter Mensch.
bārfofs, barfuß.
bārföfsig, barfüßig.
Bärm, m., pl. **Bärm**, (kurzes ä) Fruchtbarmen, Haufen, Menge.
bärme, aufbarmen, häufen.
Barung, Baron.
Barutsch, f., -efuh't, f., Wagen, -fahrt.
Bārv, m., Barbe, Bartfisch.
Bās, m., (altb. baz, holl. baas), der Beste, Erste, Meisterknecht.
Bās, Base.
basch, barsch.
Basch, Barst, Sprung in Glas ꝛc.
baschte, bersten, in gemeinem Sinne: sterben, verenden.
zo baschten arbeide, zu Tode abmühen.
Baselemanes, m., (span. besar los manos, verkürzt: besamanos),

Complimente, Handkuß, Umschweife, Verbeugungen.
Baselum, m., Baselümpche, n., (span. besar los lomos, verkürzt: besalomos), wörtlich: Lendenküsser, Arbeiter-Oberhemb, welches bis zu den Hüften reicht; die Spanier trugen selbe unter dem Panzer zur Schonung des Waffenrockes.
Baßgei, Baßgeige.
Basträng, m., (frz. bas train), Gelage, gemeines Volk.
Batalje, f., Kampf, Schlacht.
Bataljun, Bataillon.
bätsche, antragen, schwatzen, mit offenem Munde die Speisen hörbar zerbreien.
Bätschkaastemännche, Schwätzer.
Bätschmuul, f. und n., f. Schwätzer, Schwätzerin, n. Schwatzmaul.
Batist, m., Batist, Baptist.
Batze, m., -stöck, n., Hintertheil des menschlichen und thierischen Körpers, Schenkelstück beim Vieh.
batzig, frech, trotzig.
Bau, m., Böche, n., Bau, kleiner Bau.
Bäu, m., Wollenzeug.
bäue, wollener, wollenes.
Bäumann, m., Schreckgestalt für Kinder.
Baumollig, m., Olivenöl.
Bauwoll, Baumwolle.
bauze, weinen.
bäv,* bävs* f. bevve.
beäuge, besehen, besichtigen, revidiren.
Beche f. Bei, Bienchen.
Bechergasse-Gold, n., goldähnlicher Kupferschmuck, wie er meist in der Bechergasse feil geboten wurde.
bedanke, bedanken, auch: abweisen, etwas leid werden.

bedde,* bääts,* bäät,* bääte,* gebäät* auch gebett, beten.
bedde, bedds, bedd, gebedde, bitten.
Beddel, Bettel.
beddele, betteln.
Beddelei, Bettelei, Kleinigkeit.
Beddelstav, Bettelstab.
Beddelskrom, Bettelkram.
Bedder, pl. von Bett, Betten.
bēde, beets, beet, boot, bǟǟt, gebodde, bieten.
bedeene f. deene, bedienen.
bedeent sin, dienlich, passend.
Bedeente, Bediente.
Bedeentestuvv, Gesindestube.
bedöchte, bedünken.
bedōre f. dore, bedauern.
bedraht f. drage, betragen.
bedroge, bedrügs, bedrüg, bedrog, bedrög, bedroge, betrügen.
Bedressche, n., Betrügerei, Uebervortheilung.
bedresse f. bedriefse, betrogen, mit Excrementen beschmutzt.
bedresse Kääl,* -Ketz, -Riedig, in gem. Redeweise: erbärmlicher, feiger Mensch.
Bedrevv und Bedriev, m., Betrieb, Eifer, Eile, Emsigkeit.
bedriefse, betrügen, übervortheilen, sich mit Excrementen beschmutzen.
bedrieve f. drieve, betreiben.
Bedrog, Betrug.
bedrog f. drage, betrug.
bedröv, betrübt.
Bedrövniß, Betrübniß.
bedrövte Krom, armseliges Verhältniß, wörtlich: betrübter Kram.
Bedüggung, Bedeutung.
bedügge, bedücks, bedück, bedeuten.
bedump, beengt, betäubt, dumpf.
bedūs, bedächtig, sanftmüthig.

bedüüsch, betäubt.
Beer, n., Bier.
Beer, f., pl. Birre, Birne.
beerve, beerben.
beet, (frz. faire la bête), im Spiele matt sein, abgemattet, zahm, machtlos, auch bietet s. bede.
befelle, befils, befilt, befol, befol, berolle, befehlen.
Befsche, n., zwei weiße herabhängende Kragenläppchen bei Geistlichen, Gerichts-Herren u. s. w.
befinge f. finge, befinden.
befriddige, befriedigen.
befründe, befreunden.
Befnngk, m., Befund.
begüüne,* begegnen.
Begängknis, Begräbniß.
begehlich, filzig, geizig. habsüchtig.
begenne, beginnen.
begerre, begeh'sch, begeh't, begehren.
begevve f. gevve, begeben.
Beging, (frz. beguine), Nonne, ironisch: alte Jungfer, Betschwester.
begübbele, sich beim Erbrechen beschmutzen.
begon s. gon, begehen.
begüöze, schmeichelnd bedauern, verweichlichen.
begov s. gevve, begab.
Begovung, f., Convulsionen, Krämpfe.
begrave, begraben.
Begreff, Begriff.
begribbele, begrübelen, überlegen, besinnen.
begriefe s. griefe, begreifen.
behabbele, die Kleider beim Gehen mit Koth bespritzen.
behetzige, beherzigen.
beheuke, betrügen, hintergehen, auch: beschwichtigen, verzärteln.

Behof, m., (holl. behoef), Behuf, Nothdurft.
behofe, Bedürfniß befriedigen, bedürfen.
Behölf, Behelf.
behööke, berücken.
bei ov noh, nah und fern.
Bei, pl. Beie, (holl. bij), Biene.
Beiekorv, Bienenkorb.
Beidse, Beide.
beienein, bei einander, zusammen.
beiere, (holl. beijeren), Kirmesläuten mit Anschlagen der Glockenklöppel in einem bestimmten Ritmus.
Beihau, m., Beilage von Knochen zum Fleische.
beiholle f. holle, bei-, ein-, nachholen.
beibränge f. bränge, beibringen, mittheilen, unterrichten.
beikumme, beikommen, einholen, erreichen.
beisichtig (holl. bijziende), kurzsichtig.
bejohe, bejohsch, bejoht, bejahen.
Beißel, m., Meißel.
Bekanntschaff, - en faste, Liebesverhältniß mit Heirathsversprechen.
bekerre f. kerre, bekehren.
beklaafe, bereden, verleiten.
beklibbele f. kläbbele, bespritzen.
beklnldere (holl. bekladden), beschmutzen.
beknüsele (kurzes ü), beschmutzen.
bekrütte, überlegen, Bedenken tragen.
bekrüdde, eine Sache bezweifeln, überlegen.
bekusele (kurzes u), beschmutzen.
belämmere, betrügen, überlisten, übervortheilen.
Beldere, zahnlose Kiefer bei alten Leuten und Kindern.

Beleeve, n., Belieben.
beleeve, belieben.
Bell, n., Sibilla.
Bell, f., kugelförmiges Glöckchen.
Belöfs, m. auch f., (holl. belust), Begierbe, Lust, Lüsternheit.
belöste, gelüsten, lüstern sein.
beluustere, belauschen, horchen.
bemokele, betrügen.
ben, bess, ess, sin, sitt, bin, bist, ist, sind, seid.
benähchs auch benähks, beinah, fast
Benaudigkeit, Angst, Beklommenheit.
benaue (von nauen), beängstigen, beengen.
benäume s. nhume, benennen.
benaut (holl. benaauwd), beengt, schwül, beklommen.
benüut sin, etwas begehren, um etwas verlegen sein.
Bende, Uferwiese.
Benemme, Benehmen.
benemme, s. nemme, benehmen.
benevve, (holl.: beneven), nebenan.
benevvele, benebeln, sich betrinken.
benne, binnen, inwendig.
Bennekant, (holl.: bennekant), inwendige Seite.
benüde, benöthigen.
benüsele (kurzes ü), sich -, sich an Getränken berauschen.
beplatsche, sich mit Kothspritzen, oder Wasser beschmutzen.
beraafe, befühlen, betasten.
beredde, s. redde, bereben.
Berof, Beruf.
beruume, s. ruume, beraumen.
besche, bischen, wenig.
beschämp, beschämt.
Bescheid, m. und n., Auskunft, Bescheib, Kenntniß.
beschinge, s. schinge, bescheinen, auch bescheinigen.

beschlage, göt - sin, beschlagen, gut situirt sein, Kenntnisse besitzen.
beschlage Finster, durch Schwaben getrübte Fenster.
beschlofe, s. schlofe, beschlafen, in Erwägung ziehen, überlegen.
beschmuddele, beschmutzen.
beschnuddele, mit Nasenschleim beschmutzen.
beschnuve, beschnüffeln.
Beschoot; -riev, Muskatnuß, -reibe.
beschubbe, beschupps, beschupp, betrügen.
beschummele, betrügen, übervortheilen.
Beschüppche, n., Betrügerei.
Beschnut, s. Beschoot, Muskatnuß.
Beschütt, (holl.: beschuit), Kinder-Zwieback.
beseivere, Speichel aus dem Munde fließen lassen.
beseibele, sich beim Essen u. Trinken beschmutzen.
besenne, besinnen.
besöche, auch besöke, besuchen.
besöre, besoorsch, besoort, (holl.: bezuren), bereuen, büßen, wehmüthig gestimmt sein.
bess, s. ben, bist.
Bess, Biß, Bissen.
Bess, f., Großmutter (beste Mutter).
bess, besten.
Bessem, -sries, Besen, =reis.
bessig, bissig.
best'e, bist du.
Bestemo, -moder, (holl.: bestemoer, -moeder), Großmutter, gute Alte.
Bestevá, -vader, (holl.: bestevaar; -vader), Großvater, der gute Alte.
bestöre, besteuern.
beston, s. ston, bestehen.

bestrigge, bestricks, bestrett, bestredde, beftreiten.
bestrunze, lobend übertreiben.
beswiele, bisweilen.
betirme, (mhd.: betermen), be=
 ſtimmen.
Bętt, pl. Będder, Bett.
Bęttgading, -lad, -fläsch, -laake, -pulle, -secker, -statt, -zeeg, Bettgardine, =lade, =flaſche, =lein-tuch, =pfühl, =ſeicher, =geſtell, Kiſſenüberzug.
betuppe, (frz.: duper), betrügen.
Beuet, auch Benel, Rind, ironiſch: tölpelhafter Menſch; ein mannhaf=teß, kräftig gebautes, reſolutes Weib.
Beuggaffel, auch Bengklau, Schmiede=Werkzeug zum Biegen des Eiſens.
Beu'tschepper, (holl.: beurt-schipper), Rangſchiffer.
bevör, bevor, ehe.
Bęvvā, auch Bęvvär, alter Mann, Großvater, (beſter Vater).
bevve, bīvs,* bāv,* gebāv,* beben.
bewahfse, bewachſen, mit Krämpfen behaftet ſein.
bewoss, bewußt.
Bibelskenn, f., langes ſpitziges Kinn.
Bich, Beichte.
bichte, beichten.
Bieer, Eber, männliches Schwein.
Bies, n., (engl.: beast, holl.: beest), Schimpfnamen: Ferkel, gemeiner Menſch.
Biesterei, Gemeinheit, Schweinerei.
biefse, biefs, biefst, bess, gebesse, beißen.
biestig, (holl.: beestig), beſtialiſch, gemein, ſchmutzig, zotig, auch: ſehr groß ꝛc. als Verſtärkungsform, z. B.: en biestige Arbeit.
bihe, bihfs, biht, gebiht, bähen.
Biljar, Billard.

bimmele, mit kleinen Glöckchen läuten, langſam eſſen, mit zahnloſen Kiefern Speiſen zerbreien.
Bimmelschęll, kleine hellklingende Schelle.
bimsche, durchprügeln.
Bingband, m., auch Bingkband, Bindband, Geburts= und Namens-tags=Geſchenk.
binge, bings, bingk, bung, büng, gebunge, beſchenken bei Namens= und Geburtstagen, binden.
Bingkband, ſ. Bingband.
bingst'e, bindeſt du.
Binz, f., ein ganz kleiner Klicker.
Birre, plur., von Beer, Birnen.
Birrekruck, Birnenkraut.
Bise, f., (kurzes i) Märzſchauer, Regen mit Schnee oder Hagel vermiſcht.
Bitzerche, n., pl. Bitzercher, kaum hervorgetretene Zähne, bei Kindern.
bläck, bloß, nackt.
Blüdder, pl. von Blatt, Blätter.
blüddere, blättern.
Blader, ſ. Blüdder.
bladere, abblättern.
Blaffet, m., (holl.: blafferd), iron.: Mund, Maul, türkölniſche Münze.
Blaffetarius, m., auch Blaven-tarius, Schwätzer, großmäuliger Menſch, iron.: der Mund.
blagisch, läppiſch, kindiſch.
Blam, m., (frz.: blâme), Aufſehen erregendes Geſchwätz, Gerede.
Blünk, Glanz.
blünke, blinken, glänzen.
blünke gọn, mit Abſicht die Schule verſäumen.
Blünkeglinger, abſichtlicher Schul= verſäumer.
blünkig, blank, glänzend.
Blüres, (holl.: blaren), Schreier, iron.: läppiſcher Menſch.

Bläss, m., hellfarbiges, falbes Pferd, iron.: blondhaarig.
Blatt, pl. Blädder, Blatt.
Blattluus, Blattlaus.
Bläu, Bläue, blaue Waschfarbe; iron.: Prügel.
bläue, Wäsche blau färben; iron.: durchprügeln.
Blech bubbele, Unsinn schwätzen.
Bleche-Botz, f., wörtl.: blecherne Hose (Botz). Begriff: Kölner Civil-Gefängniß; Butz war der Baumeister des Gefängnisses und ein (Blechschläger) Klempner am Unternehmen betheiligt.
Blechschläger, Klempner.
blees s. blose, blies.
bleiche, bleichen; beim Spiel Partner sein.
Bleies, flaches Blei- oder Zinkbach.
Bleivche, n., kleines flaches Gemüsekörbchen ohne Deckel.
Blessor (frz. blessure), Wunde.
Bletz, Blitz.
bletze, blitzen.
bletzeblänk, spiegelblank.
bletzebloo, blendendblau, dunkelblau
Bletzpolver, n., Pulver, wie solches in Theatern 2c. zur Darstellung des Blitzes verwandt wird.
bletzig, aufbrausend, heftig.
blevv, s. blieve, blieb.
blies, s. blose, bläst.
blieve, blievs, bliov, blevv, geblevve, bleiben.
Blieves, Bleibens.
blievst'e, bleibst du.
Bling, m., der Blinde; Strohmann beim Spiele.
blingelings, blindlings.
Blingemömmes, m., (holl. blindemannetje), Blindekuhspieler, iron.: Kurzsichtiger.
blingk, blind.

Bloch, m. u. n , Schuster=Redleisten, auch kleines, sehr schweres Kind.
blodig, blutig.
blode, blöts, blöt, geblöt, bluten.
Blöder, f., (engl.: bladder), Hautwasserblase.
Blöff, m., Einschüchterung.
blöffe, blüffen, einschüchtern, in Verlegenheit bringen.
blöhe, blöhſs,* blöht,* geblöht,* blühen.
Blōm, pl. Blōme, Blume.
Blomemaat, -pott, -eſsm, -eſtöck, Blumenmarkt, =topf, =famen; Fleisch an der flachen Rippe des Rindviehs.
Blōm-Holla, f., auffallender Putz. grellfarbige Blume, geschmacklos in schreienden Farben gekleidetes Frauenzimmer.
Blōmche, n., Blümchen, Muskatblüthe.
bloo, -Hüüsche, -maache, -Zween, blau; blau geschlagenes Auge; Montag feiern; blauer Zwirn, iron.: Branntwein.
Blööche, pl. Blööcher, kleine blaue Kartoffel.
Blööche vörmaache, blauen Dunst vormachen, Jemanden hintergehen.
Blookopp, Schimpfnamen für Protestanten.
Blös, Blase, Papiertüte.
blose, bo bliefs, hä bliefs, bleefs, geblöse, blasen.
blöse, einem jet -, Verneinung: dem angeforderten Wunsche nicht entsprechen.
Blōt, -sdröppche, -hungk, -igel, -schwerre, -woosch, Blut, =ströpfchen, auch Fuchsia (Blume), =hund, auch Wucherer; =egel; =geschwür; =wurst.
blōtärm, -dööschtig, -röstig.

blotswinnig — Bomm.

-winnig, blutarm, =durftig, =rün=
stig, =wenig.
Blötfink, f., Dompfasse.
Blöth,* Blüthe.
Blötsch, (holl. blots), Einbeulung,
 Einbiegung.
blötsche, (holl. blotsen), einbeulen,
 eindrücken, einstoßen.
Blotsche, Holzschuhe.
blotze, blinken, glänzen.
blotzig, blitzig, glänzend, heftig.
blüd, blöde.
Blūs, f., (frz.: blouse), Kittel, lose
 Damenkleidertaille.
blūs, bluse, bloß, nackt.
blūskopps, unbedeckten Hauptes.
Bōch, f., Bōche, n., Buche, Buchenholz
Böbäu, m., -mann, Schreckgestalt
 für Kinder.
Bōch, pl. Bōcher, Buch.
Bōch Mottekopp, ein geheimniß=
 volles, altes, von den Motten zer=
 fressenes Buch von großem Format.
Bōche, n., kleiner Bau (kurzes ö).
Bōchelswaar, f., (kurzes ö), ordi=
 näre Holzmöbel, wie solche beson=
 ders auf dem Büchel (Straße)
 feil geboten werden.
Bōcherschriever, Gelehrter, Schrift=
 steller.
Bōchweize, auch -weiß, Buch=
 weizen.
Bock spring op, Knabenspiel:
 ein oder mehrere Knaben hinter=
 einander, stellen sich gebückt an
 die Wand und die Gegenpartei
 springt rittlings darauf.
Böckem, Bücking.
böckemsdrüch, so trocken wie ein
 Bücking.
Böcktoröck, m., Wachtel.
Bōd, f., Bōdche, n., Bürde, Bürd=
 chen, auch Gebund, z. B. en Bōdl=
 che Radiescher.

Bod, Bord, Brett.
Bod, m., Bund, Rand.
bodde, m. u. f., von bott, tölpel=
 hafter, ungeschickter.
Boddefrau, Botin.
Boddem, Boden.
böde, bürden.
bōde, einfassen.
bōdevoll, bōdig, bis zum Rande
 voll.
Bōdsel, n., Einfassungsbändchen.
Bōgstump, m., Fleischtheile am
 Vorderschenkel des Rindviehs.
Bōhr, m. auch n., Bohrer.
Bōhr, Bahre.
Bohrwing, f., Bohrwinde.
bōhsch, bōh't, s. borre.
Bōkweiß, üblicher Bōchweize,
 s. d.
bol, (holl.: bol), nen bolle Ton,
 aufgedunsen, dumpf, hohl, schwul=
 stig; ein dumpfer Ton.
boldere, (holl.: bulderen), geräusch=
 voll arbeiten, poltern, toben.
Bolderjān, auch Boldrijān, (holl.:
 bulderar), Polterer.
Bolderwage, (wie im holl.), gro=
 ßer Güterwagen.
Bōll, m., -aasch, m., dicker Mann,
 Mensch mit sehr dickem Hintern,
 dicke glänzende Fliege mit starkem
 Hinterleib.
Bolle, m., Hintertheil vom Vieh.
bolle, f. bol, hohler.
Böllemann, dicker kurzgedrungener
 Mensch.
bollere, kollern, rollen.
Bölles, dicker Mensch.
Bolster, Fruchthülse.
bolstere, enthülsen der Hülsenfrüchte
 beim Kochen.
Bölzche, n., versoffe -, Bölzchen,
 iron.: Saufbold.
Bomm, Bombe.

Bommelāsch, f., Golbgehänge an Uhrketten ꝛc.

Bömmelche, n., pl. **Bömmelcher**, auch **Bommele**, Ohrgehänge.

bommele, baumeln, bummeln.

Bōnhās, m., (holl.: beunhaas), Aftermeister, ungesetzlicher Agent, unvereidigter Makler.

Booerschmann, -lück, Landmann, -leute.

Bö͏̈jkes, m., Aufstoßen, Blähung.

bö͏̈jkse, aufstoßen, rülpsen.

Boor, pl. **Bore**, Bauer.

Boorband, m., Bauernverband, wie solcher, namentlich unter den Kölner Gemüsezüchtern, sogen.: **Kappesboro**, bestanden.

Boor, paß dem **Hären** op, Kinderspiel.

boorig, boorisch, bäuerisch.

Bö͏̈jsch, f., Börse, Geldbeutel.

Böösch, pl. **Böschte**, Bürste, auch Borsten.

bööschte, bürsten.

Bööschtenbinder, Bürstenbinder.

Borāsch, m., (frz. bourrache), Boretsch, als Gewürz und Salat dienendes Gartenkraut, mit behaarten Blättern und hellblauer Blüthe, Gurkenkraut.

Bǫrch, n., Barch, verschnittenes männliches Schwein.

borre, bǫhrsch,* auch bǫh'sch, bohrt auch bǫh't,* gebǫh't, bohren.

Bǫsch, f., pl. **Büsch**, **Böschche**, Brust, Brüstchen.

Bösch, Busch.

Bǫschkol, m., pl. -kolle, Holzkohle.

Bǫschkühl, -lappe, m., -latz, n., Brustkohl, Flanelllappen, welchen man zum Wärmen auf der Brust trägt, das Brusttheil der Schürze.

Bǫsse, m., nen - spille, einen Possen, Streich spielen, sich rächen.

bossele, auch bosele und busele, kleine Arbeiten verrichten, mit Geschick und Gebuld arbeiten.

bossig, lächerlich, possirlich, wunderlich.

bǫt, bö͏̈t, s. bede.

bott, bodde, bumm, tölplich, ungeschickt.

Bott auch **Bǫtt**, Bote.

Bottel, f., Hagebutte.

Botter, f., -blōm, f., -brüdche, n., -stölp, f., -vugel, m., Butter, -blume, -bröbchen, -stulpe, -vogel, (gelber Schmetterling).

Botteram, auch **Bottram**, f., (holl.: boterham), Butterbrod.

bottere, buttern.

Botz, f., Hose.

botze, stehlen.

Botzefell, n., -knǫpp, -mann, -schlader, selliger Milchrahm, Hosenknopf, kleiner Knabe, der Hose und Jacke an einem Stücke trägt, Hosenlatze, an Kinderhosen das abknöpfbare Hintertheil.

Botzenbein, -boddem, Hosenbein, -boden, (Sitztheil).

bovve, (holl.: boven) oben.

Bovvenmatpǫǫze, Obenmarspfortenstraße.

bovvenān, obenan.

bovvenop, obenauf.

Bö͏̈vveschte, m., f. und n., Oberste.

Brack, pl. **Bragge**, Seitentheil einer Lastkarre, iron.: steife hohe Halskragen.

Bragge, pl. von **Brack**.

braht, brüht, s. bränge.

brähtst'e, brächtest du.

Brand, m., auch **Gress**, n., Brennmaterial, besonders: Gemengsel von Kohlen, Lehm und Wasser.

Brandenburger, iron.: zu schwarze Schweißhitze des Eisens.
Brandewingsstjcherei, (holl.: Stokereij), Branntweinbrennerei.
Brandfuss, Brandfuchs, Mensch mit brandrothem Haar.
Brandkör, n., Feuerwehr-Corps.
Brandraspel, zweiräderige Brand=Alarmschnarre.
Bräng, f., (holl.: prang), Bedrängniß, Druck, Enge, Verlegenheit.
brüngo, brüngs, brüngk, braht, brüht, gebruht, bringen.
Brassel, m., Bettel, Haufen, große Arbeit, verschlissener Kram.
brassele, ohne Plan arbeiten.
Brüudigam, Bräutigam.
brane, brüuss, brüut, braut, gebraut, brauen.
Bräues, n., Brauhaus.
Brüneschpoosch, Braugeselle.
breche, brichs, brich. bröch, brüch, gebroche, brechen.
Brechmeddel, Brechmittel, iron.: eine unangenehme Person.
Breef, Brief.
Breefcheswing, etiquettirter Wein.
Bredulje, f., (frz. bredouille), Klemme, Noth, Verlegenheit.
Breide, Breite.
Breitlauv, n., Breitlauch.
Brell, m., Brille.
Brellemann, Brillenverkäufer.
Brellescheid, f., Brillengehäuse.
Brellenhüüsche, Brillengehäuse.
Bremms, f., Bremse, große Stechfliege.
Brennes, n., Branntweinbrennerei.
Brettfink, iron.: Schneider.
Bretzel, m., Bretzel.
bretzelig, ein sich zierendes Frauenzimmer, adj., in gleichem Sinne.
brichs, brich, s. breche.
Britz, f., Latten= auch Bretterverschlag, Holzschlafstelle, Britsche.

britze, durchprügeln.
Bröbünder, Brabänder.
Bröch, en de - gon, in die Brüche gehen, Vergehen, Geldbuße.
Broch, Bruch.
bröch, s. breche.
Bröch, m., -mond, Brache, =monat.
bröch, brach, unbeackert.
Brochband, Bruchband.
Brock, f., kleines Stück von gebranntem Zucker.
Bröck, f., pl. Brögge, Brücke, dickes Butterbrod.
Brode, Braten.
brode, briets, briet, breet, broot, gebrode, braten.
bröde, bröts, bröt, bröte, gebröt, brüten.
Broder, m., -münnche, n., -schaff, f., Bruder, zutraulich für lieber Bruder, =schaft, Congregation.
brodere, gesellschaftlich beibrudern.
Brögge, pl. von Bröck.
bröhwärm, brühwarm.
brölle, brüllen, schreien.
Brölles, Schreier.
Brönessel, Brennessel.
brooch, brööch, s. bruche.
Broomel, (holl. braambezië), Brombeere.
brizitsche, schmoren.
Brosch, (frz. broche), Vorstecknadel.
Bröt, Brut.
Brootnüthl,* iron.: schlechter Schmied.
Brootpann, Bratpfanne.
Brootwoosch, Bratwurst.
Bruch, m., Brauch, Gebrauch, Herkommen, Sitte.
bruche, bruchs, bruche; brooch, brööch, gebruch, brauche.
bruck, brucks, s. brugge.
Bruck, -kääz, -lück, -naach, Braut, =kerze, =leute, =nacht.
Brud, Brüdche, -grümmel, -korv,

4

-kroom, f., -schaaf, n., Brob, Bröbchen, Brosamen. Brobkruste, =korb, =krume, =schrank.
brudküns, -ärm, -winnig, wtl.: brobernst, Betheuerung im Sinne von wahrhaftig, wirklich, =arm, =wenig.
Bruddel, m., fehlerhafter Stich bei Handarbeiten, Zank, Zwist.
bruddele, (holl. broddelen), fehlerhaft arbeiten, verpfuschen.
Brudschnigger, m., Mauerspinne mit sehr langen Beinen.
brugge, brucks, bruck, gebruck, s. brunke, brautführen.
brumme, brummps, brummp, gebrummp, brummen.
Brummbär, ein brummiger Mensch.
Brummes, n., Schelte, Zurechtweisung, m., eine brummige übelgelaunte Person.
Brung, m., Brüngche, n., braunes Pferd, =Pferdchen.
brung, braun.
brunke, s. brugge, brautführen, im poetischen Sinne: drum herumschweifen.
Brünker, Brautführer.
Brünkesche, Brautführerin.
brüse, brüs, gebrüs, brausen.
Bubbelazius, Schwätzer.
Bübbelche, Kbsp., Küßchen.
bübbele, küssen.
Bubbelelster, f., (holl. babbelaarster), Plaubertasche, Schwätzer, Schwätzerin.
Büchelche, Bäuchlein.
Buchping, f., Leibschmerz.
buckellöstig, kreuzfidel.
Buddel, Schnapsflasche.
Büggel, Beutel.
büggele, beuteln, sieben.
Buhei, m., -maache, (holl. boha), Aufsehen, Umschweife machen.

Buheimächer, Lärmmacher.
Buhköhche,* Kbspr., Aufrülpsen.
Buhohs, m., Buhhösche, n., Kbspr. Rindvieh im Allgemeinen.
Bukett, n., (frz. bouquet), Blumenstrauß.
Bumbasien, m., Bombasin, Baumwollstoff.
bung, büng, s. binge.
Bunget, Baumgarten.
Bunepatt, -shöt, m., Bonaparte, Hut nach der Form des Hutes Napoleon I.
Bungsbrenner, m., conisches Runbeisen zum Aufbrennen der Faßspunblöcher.
bunk, bunkte, bunt, bunte, bunter.
Bunn, en de Bunne sin, Bohne, Begriff: auf dem Holzwege sein.
bünne, bielen, mit Holz belegen.
Bunnekruck, -rohm, -zupp, Bohnenkraut, =stange, =suppe.
Bunnes, m., Viehmagd.
Bünklammer, Klammer zum Antreiben der Bretter beim Legen der Fußböden.
Bünnähl,* Dielennagel, Spottname für Schreiner.
Bunsel, m., Bünselche, n., ein Kind, welches kaum gehen kann.
Burg, m., Haufen, Menge.
Burg, f., Burg, Schloß.
Bürgerschhuus, -lück, -koss, Bürgerhaus, einfache, schlichte Bürger; =kost.
buschör, (frz. bon jour), guten Tag.
Busel, (kurzes u) m., Büselche, n., kleines, bralles Kind.
busele, s. bosselle.
Büss, Büchse, Flinte.
Butäljo, (frz. bouteille), Flasche.
Bütt, f., pl. Büdde, Waschkübel, scherzweise Rednerstuhl bei Carnevalsfesten.

Butz, m., widder, (holl. bots), Kuß, Stoß, höhnisch: bir wie mir.
Bätzche, n., Küßchen.
bütze, (holl. botsen), küssen.
Butzekopp, Gegeneinanderstoßen zweier Köpfe, turbanartiger Kinderfallhut, um Beschädigungen des Kopfes zu verhüten.
Bützhängche, Kußhändchen.
Bützmüülche, n., Kdspr., Kuß.
Bützmuul, Jemand der gerne küßt.

Büül, Beule.
büüle, einbeulen.
büülig, gebeult.
Buul, m., Menge.
Buusch, s. Strüh, Bund, Strohgarbe.
Buusche han, Geld, Vermögen haben.
buufse, (holl. buiten), außen, auswendig.
Buvant, m., Schwal, Umschlagtuch.

C, c wird in der Kölner-Mundart nur in Verbindung mit h und k als: ch und ck gebraucht.

D, d s. Einleitung S. 25.

dä, der.
Daach, n., pl. Däächer, Dach, Kopf, auch großer, flacher Hut.
daach, dääch s. denke.
däät s. dun, thäte.
Dääts, Kopf.
däftig (holl.: deftig), echt, gediegen.
Dag, pl. Dage und Däge, alle Dags, Tag, aller Tage.
Dagedeev, Tagedieb.
Dagsleech, Tageslicht.
Daglühner, Tagelöhner.
Dagszick, pl. Dagszigge, Tageszeit.
Dahs, pl. Dahfse, Dachs.
Dahshungk, Dachshund.
Dahfsebein, s. und pl., Dachsbein, krumme Beine.
däjinnige,* derjenige.
da'moor, denn wir.
da'mer, denn man.
Dämes, gecken -, plackigen -, Damian, Schimpfwort: verrückter Kerl; Lump, Schuft.

Dammfink, s., Tannenfink.
Damp, em - sin, Dampf, betrunken sein.
dämpe, dampfen, bämpfen, iron.: stark Tabak rauchen.
dämpig, kurzathmig.
Dannähleche,* ganz kleines Weißfischchen.
Dann, pl., Danne, Tanne.
Dännebösch, Tannenbusch.
dänns, vun -, von dannen, von her.
Danz, Tanz.
danze, tanzen.
Danzboddem, -meister, -schoh, -schull, Tanzboden, -meister, iron.: Jemand, der eine gezierte Gangart hat, -schuhe, -schule.
Dänzersche, Tänzerin.
därbei, dabei.
darf, darfs s. dörfe.
därför, dafür.
därheim, daheim.
därkumme, s. kumme, auskommen, darkommen, hinkommen.

4*

därnevve, baneben.
därtęge, bagegen.
därtösche, bazwischen.
darve, barben.
därvör, bavor.
därvun, bavon.
däsęlve,* berselbe.
da'ss, bas ist.
dat, dat'e, bas, baß, baß er, auch als Verstärkung, z. B. hü leef un dat'e leef, er lief so schnell er nur immer konnte.
dat'e't, baß er es; dat'r, baß ihr.
dat's do, auch dat's de, baß bu.
dat't, baß es.
Dau (holl. douw), Schub, Stoß.
Däubroder, ein fauler, phlegmatischer Mensch.
däue, düuss, dänt, daut, gedaut, brüden, stoßen.
Dauf, Taufe.
däufe, taufen, Getränke mit Wasser verbünnen.
dauge, taugen.
Daugenix, Taugenichts.
Dünkär, f., breiträberige Schiebkarre.
Dün-mich-där, m., ein bumm-gutmüthiger, phlegmatischer Mensch.
Däumoder, Stiefmutter.
dauv, matt, ohne Glanz, taub.
Dauv, nen Dauve, Schwerhöriger
dauv Noss, hohle Nuß, iron.: tauber Mensch.
Dauvrijan, (tauber Johann), Begriff: tauber Mensch.
de, bie, biejenigen.
deck, bid.
deck dun, prahlend aufschneiben, sich auf etwas einbilben.
Decke, Dicker.
dęckele, Jemanb mit schlagenber Antwort bescheiben.
Dęckel, -strog, Deckel, iron.: Hut, Kohlenbecken.

Dęckels, auch Dęcksels, Gemenge von Kohlen, Lehm unb Wasser.
Deckigkeit, Beleibtheit.
decklievig, bidleibig.
Deckkopp, ein eigensinniger Mensch, Schimpfnamen für Protestanten.
Decksack, (holl.: dikzak), bider Mensch.
Deckte, Dicke.
deef, auch deep, - dren setze, tief; sehr verarmt, verschulbet sein, auch: sehr reich sein.
Deefte, auch Deepte, Tiefe.
Deens, Dienst.
Deensiever, Diensteifer.
Deenslück, Dienstboten.
Deensmäd, Dienstmagb.
deene, bienen.
deep, s. deef.
Deepte, s. Deefte.
deer, bir.
Dei, Theobor.
Deich, Teich.
Deielendames, m. (lat.: Deo laudamus), Kirchengesang; iron.: langweiliges Geschwätz.
Deig, -schöpp, Teig, Schüppe zum Abstechen bes Teiges.
dejinnige, biejenige.
Deil, m. unb n., e ganz -, Theil, eine große Menge, Zahl.
deile, theilen.
Deilung, Theilung.
deifs, deit, s. dun.
deifst'e, thuest bu.
Dęll, große Beule im Metall.
dęm, dęmjinnige, bem, bemjenigen.
dęnn', benen.
dęnjinnige, benjenigen.
dęnke, daach, dääch, gedaach, benken.
Dęnkmọl, Denkmal.
Dęnn, f., Tenne, Scheunenbiele.
dęnne, benen, benjenigen.

denne Weg, jenen Weg, dorthin, hierhin.
der, deren, derartigen, derjenigen, solcher.
deraatig, derartig.
derjinnige, derjenigen.
dernoh, hernach.
dernocher, hernach, nachher, später.
derohne, ohne dessen.
derwiele, derweilen.
Desch, Tisch.
Deschspreit, Tischdecke.
desgliche, desgleichen.
Deskamp lese, Jemanden Vorhaltungen machen, zur Rede stellen.
despekteerlich, geringschätzend, respectwidrig, verächtlich.
Destel, pl., Destle, Distel.
Destelsfink, f. Stieglitz.
destemih, destemihter, bestomehr.
Deuvel, auch Düvel, Teufel.
Deuker, den - och, dem Sinne nach: Teufel, den Teufel auch).
Deut; keinen - wäth,* kleine holländische Kupfermünze; Ausdruck der Geringschätzung.
Dhal,* Thal.
Dhaler,* auch Dhalder, (holl.: daalder), Thaler.
Dhat,* pl. Dhate, auch Dhot,* Dhote, That.
Dhau, m., Duft, Thau, thauartiger Ueberzug über Früchte.
dhaue,* auch dhüe, thauen.
Dheer, et - om Liev han,* Thier, seinen bösen Tag haben, unausstehlicher Laune sein.
Dhöör,* pl. Dhürre, Thür.
dhör,* theuer.
Dhürde,* Theuerung.
Dhörekauf,* Jemand, der theuer verkauft.
Dhot,* Dhat, That.
dhüe, auch dhaue, thauen.

Dhürre, s. Dhöör.
die, dien, auch ding, dein.
Different, auch Differenz, Meinungsverschiedenheit, Unterschied, Zank, Zwiespalt.
Digel, Tiegel.
diggelich, (holl. degelijk), brav, rundlich.
Dil, pl. Dill, m., Diele.
Diladütszche, n., auch Dillendütszche, Ohrfeige.
Dilje, n., Ottilie.
dille, dils, dilt, gedilt, bielen.
Dillendöppche, n., Glückskreisel beim Hazardspiele.
Dilleschanz, f., (frz. diligence), Eilwagen.
dingesgliche, deinesgleichen.
dingetwege, deinetwegen.
Dingsdag, Dienstag.
Dingskirche, m. und n., Dingskirchens, s., Bezeichnung für Alles, worauf man sich nicht sofort besinnen kann.
Dinselche, flinkes kleines Mädchen.
dinsele, flink hin und her bewegen, zierlich gehen.
direcktemang, (frz. directement), gleich, sofort.
dis, disem, diser, dismol, dies, diesem, dieser, diesmal.
Diskereer, m., Unterhaltung, -redung.
diskereere, (frz. discuter), unterhalten, besprechen.
Disköösch, m., (frz. discours), Besprechung, Unterhaltung.
dismol, s. dis.
disperaat, verzweifelt.
Disperazjon, (frz. désespération), Verzweiflung.
Dispetat, (frz. dispute), Zwist, Wortwechsel.

dispeteere, Worte wechseln, streiten, zanken.
dit un dat, dies und das.
Dittling, kleine Sorte Stockfisch.
Ditz, m., ne langen -, Wickelkind, iron.: eine sehr große, hagere Person.
Ditzche, kleines Kind.
Dō, Du.
do, damals.
dǫ, da.
Dǫbbel, Würfel.
döbbele, würfeln.
dǫbei, dabei.
Dōch, Tuch.
Dōch, zweierlei Dōch drage, zweierlei Tuch tragen: Soldat sein.
Dǫch, Docht.
dǫckes, (altd. duchten), oft, häufig, oftmals.
dǫcktere, in ärztlicher Behandlung sein.
Dǫckte'sch, Dǫcktersch, Dǫcktersche, Doktorin, iron.: superkluges Weib.
dǫcktrineere, vǫr-, etwas auseinandersetzen, erklären, vortragen.
Dodder, Eidotter.
diǫldere, schlendernd gehen.
dǫdurch, dadurch.
Döff, Duft, Nebel, Thau, übeler Geruch.
döffe, duften, nebeln, thauen.
döffig, duftig, nebelig.
dǫför, dafür.
döfte, duften, nebeln, thauen.
dǫheim, daheim.
Dolfes, Adolf.
dǫll, verrückt.
Döllche, n., Dohle.
Dǫlle, m., nen - maache Verrückter, wtl.: einen Tollen machen, Bgr.: sich an Gelagen, fröhlichen Festen ꝛc. ꝛc. betheiligen.

dǫlle, tollen, toben, wüthen, flǫ leichtsinniges Leben führen.
Dǫlle, m., auch Dǫll, f., Ruderpflock, Metallbolzen zum Verankern der Bausteine.
Dǫllmantel, Dollman, Husarenüberjacke.
Dülmes, dummer, wenig anstelliger Mensch.
dǫmet, damit.
dǫnevve, daneben.
dünn, kvver dönn, bünn, verneinende Rbst.: aber auch nicht.
Dünndress, Durchfall.
Donnerletsch, Donnerwetter.
Donnerkiel, Donnerkeil.
Donnerknespel, Donnerwetter.
dönnlievig, dünnleibig, den Durchfall haben.
Dōns, auch Gedōns, Gethue.
döōchte, däuchten.
Dǫchter, pl. Dü̈chter, Tochter.
Dǫchterschmann, Schwiegersohn.
Dǫǫn, pl. Dü̈ner, Dorn.
Dǫǫnhalfer, Spottname für Kölner Gemüsezüchter, (Kappesbore), weil deren kleines Ackerwesen meist mit einer Dornenhecke eingefaßt war.
Door, Dauer.
Dǫǫrche, n., Dorothea.
dǫre, doo'sch, do't; gedo't, dauern.
Doosch, Durst.
düōschtig, durstig.
Dǫpp. Holzkreisel, Wirbel am Oberschenkel.
Döppcheskicker, -lecker, ein Mann, der sich um Küchen- und Haushaltungs-Angelegenheiten bekümmert, Tellerlecker.
Döppchesspiller, Hazardspieler, auch solche, welche mit falschen Karten und Würfeln spielen.

Döppe, n., Topf, iron.: dummer Mensch, Tölpel.
döppe, (holl. doppen), Hülsenfrüchte abdampfen, Nietenköpfe schlagen, Spiegel-Eier backen.
Döppenbecker, Töpfer.
Döpper, m., Setzeisen zum Anziehen der Kesselnieten.
doran, daran.
dorenn, darin.
Dores, Theodor.
dörfe, darf, darfs, dorf, dörf, gedorf, dürfen.
dpröm, dröm, darum.
dorop, darauf.
Dörp, Dörpche, (holl. dorp), Dorf, Dörfchen.
dorunger, da unten, darunter, dazwischen.
dorüvver, darüber, gegenüber.
Dos, Dose.
döt'r, s. dun, thut ihr.
Dötsch, Dummkopf, tölpelhafter Mensch.
Dotz, m., pl. Dötz, Beule.
dötze, schlendern.
dovör, davor.
dovun, davon.
dozomol, dazumal.
dozwesche, dazwischen.
Dragbohr,* Tragbahre.
drage, drähfs, dräht, drog, drög, gedrage, tragen.
Drägersch, Lastträgerin.
Drägunder, s.**Träguner**, Dragoner.
drähfs, dräht, s., drage,
dränge, drängs, drängk, drang, drüng, gedrunge, bringen.
drangseleere, quälen, mit Bitten bestürmen.
Drank, m., Getränke.
Drau, Bohrwinde.
Drauf, Traufe.
Draum, Traum.
dräume, träumen.
Draut, auch **Drück**, n., Gertrud.
Dreck, m., Schmutz, auch Kleinigkeit.
Dreck am Schohn, verneinende Redensart.
Dreckfink, f., schmutzige Person.
Dreckhammel, m., schmutziger unordentlicher Mensch, Schmierfink.
dreckig, auch **drecklig**, -Wasser, schmutzig, Schimpfnamen für gemeine schmutzige Menschen.
Dreckmötz, richtiger **Träckmötz**, anliegende Mullmütze, mit getollter Rusche, wie sie früher von Frauen und Mädchen getragen wurde; ersteres iron.: Schmierfink.
Dreckschwaat, schmutziger Mensch.
dreesch, brach, unbeackert.
dreftig, triftig.
drege, drügs, drüg, gedroge, trügen.
Dreibidche, Dreibord, ganz schmaler Nachen aus 3 Bord gezimmert.
Dreierlingcher, Drillinge.
Dreit, zo-, zu Dreien.
dreite, auch **drette**, dritte, britter, brittes.
Dreitimp, altdeutscher, dreieckiger Hut.
drell, unbegreiflich, ungeduldig.
Dremsch, ein angewöhnter Husten.
dren, drenn', drenne, drein, darin, darinnen, drinnen.
drendun, s. dun, drin thuen.
drentaaste, drein tasten.
drenn', drenne, s. dren.
Dress, m., Durchfall, Excremente, Furz, Kleinigkeit.
Dress am Schohn, Abst. abwehrende, spöttische, verneinende Antwort.
Dresser, kleiner winziger Knabe, ein feiger Mensch.
dressig, breißig.
dressig, ängstlich, feige.

Dressius, banger feiger Mensch.
drette, auch dreite, britte, britter, brittes.
Drevv, m. Anregung, Lust, Neigung, Trieb.
Drickes, Heinrich.
Driefschesfeger, Nachtreiniger.
driesse, ich wilden deor jet -, scheissen, einen Bauchwind lassen, verneinende Rbst.: ich werde das nicht thun, was du wünschest.
Driefshüüsche, Abtritt.
Driefskitäl, erbärmlicher, feiger Mensch.
drieve, gedrevve, treiben.
drieve gon, wörtl.: treiben gehen, Begriff: hinfällig werden, sterben.
Driever, Treiber.
Drievhuus, Treibhaus.
Drievnähl,* Treibnagel.
Drievrigel, Treibriegel.
Drih, m., drehende Bewegung beim Gehen.
Drihbrett, Drehbrett.
drihe, drehen, wenden.
Drihiser, Schlosser-Wendeeisen.
Drihspien, s. u. pl., Drehspäne.
drinke, drunk, drünk, gedrunke, trinken.
Drock, Druck.
dröcke, drucken.
Dröcker, Blaufärber, Drucker.
Dröckholz, Bäckerei-Werkzeug zum Durchkerben der Bröbchen.
dröcklich, gutmüthig, zutraulich.
Drog, Trug.
drög, drög, s. drage.
dröm, doröm, darum.
Drömeröm, m., Anhang, Nahstehende, Umgebung, Umschweife.
drömeröm, drum herum.
drop, darauf.
drop gon, drauf gehen, sterben, hinfällig werden.

dropkumme, sich auf etwas besinnen.
dropsetze, Jemanden hinhalten, aufsetzen.
Dröppcheskrom, m., Schnapswirthschaft, iron.: Apotheke.
Dropp, m. Tropf.
dröppe, regnen, tröpfeln.
Droppe, Dröppche, Tropfen, Tröpfchen, auch ein Gläschen Branntwein.
dropschlappe, gute Kleidungsstücke rücksichtslos verderben, verschleißen.
dropsetze, draufsitzen, hinhalten.
Droth, ne goden Droth, Drath, Kringel im Seil, ein gutes Getränke.
Droth, sich op der - gevve, ausreisen, entlaufen.
Drothzang, Drathzange.
Dröv, n., trübe Flüssigkeit.
dröv, trüb.
Drövsack, Sack zum Durchsickern trüber Flüssigkeiten.
drüch, drüge, m. u. f., trocken, trockener, trockene.
drüch Geköchs, Hülsenfrüchte.
Drüchte, Trockenheit.
Drüchleech, n., trockener, einsilbiger Mensch.
Drück, n., Drückche, auch Draut, Drautche, Gertrud.
Drückzehn, dreizehn.
drüge, drüchs, drüch, gedrüch, trocknen.
drüge Pitter, s. drüch, ernster, trockner Mensch.
Drummsäg, ein langes schweres Sägeblatt mit Handhaben an beiden Enden.
drung, drüng, s. dränge.
drunger, darunter, da unten.
drunger un drüvver, brunter und brüber.

Drunk, m., Schluck, Trunk.
drunk, dränk, s. drinke.
drusdun, s. dun, heraushthun, =nehmen.
druslin, daraus, verwirrt sein.
Druve, m., -kopn, -stil, Traube, =korn, =stiel.
drüvver, do drüvver, brüber, ba brüben, gegenüber.
Du, pl., Due, Faßbaube.
Dubbeditzche, auch Stubbeditzche, kleines Kind.
dubbel, dubbelte, - Glidder, boppelt, boppelte, boppeltgliederig.
Dubbelkenn, f. u. n., Doppelkinn.
Dubbelzang, f., Schusterwerkzeug, Zange zum Spannen des Leders auf den Leisten.
düchtig, tüchtig.
duck schlon, Jemand zum Schweigen bringen.
ducke, bücken, tauchen.
dückele, sich zum Schlafen oder fröstelnd an Jemanden anschmiegen.
Duckmüser, Duckmäuser, stiller heimtückischer Mensch.
dücks, dück, s. dügge.
Duckstein, Schwemmstein.
dude, s. dut.
düde, morden, tödten.
Dudegräver, Todtengräber.
Dudelad, -kopp, Todtenlade, Todtenkopf, rothe Farbe.
dudele, leiern, schlechte Musik machen.
duge, (kurze u) dugs, daug, dppg, düög, gedopg, taugen.
Dugenix, (kurzes u) Taugenichts.
dügge, dücks, dück, deuten.
Düme, Daumen.
düme, dick anhäufen z. B. Butter baumdick auf's Brod schmieren.
du' meer, thue mir, thuen wir.
Dümeling, Däumling.
Dummel, leiser Schlaf.

dummelig, betäubt, schlaftrunken, schwindelig.
dump, bumpf.
Dun, all ein - un Döns, es ist Alles einerlei, Alles ein Thuen, so ober so, so wie so.
dnn, deiss, deit, dätt, gedon, thuen.
Dankes, m., falsche Vorspiegelung.
dunnemol, damals.
dun'r s. dnn, thue beren, welche.
durchdrevve, durchtrieben, heimtückisch, hinterlistig, raffinirt.
durchdun, etwas zu verstehen geben, zu wissen thuen, mittheilen, hinterbringen.
durchflutsche, durchgleiten, durchmachen.
Durchgänger, ein energischer Mensch, ein Pferd, welches häufig durchgeht.
durchgon, s. gon, ausreißen, ein Vorhaben mit Energie ausführen.
durchiesig, übersättigt.
Durchmarsch, Durchfall.
durchschwade, prügeln.
durchwahfse Fleisch, saftiges Fleisch mit Fettlagen.
Durchzog, m., Durchzug, Zugluft.
Dürpel, m., Dürpling, m., (holl.: dorpel), Thürschwelle.
Dürpeldräger, -sche, Zwischenträger, -in.
düs, düse, m. u. f., einfach, leise, sanft, sanfte, sanfter.
Düse, nen -, ein Sanfter, Stiller, Gemüthlicher.
Dusel, (holl.: daizel), (kurzes u), Dufel, trunkener Zustand.
duselig, (kurzes u), betäubt, betrunken.
Düselche, (kurzes ü), kleines zierliches Kind.
Duseldheer, (kurzes u), ein stumpfsinniger Mensch, Jemand der plan-

58 dusele — Eigendum.

los arbeitet, iron.: Jemand der über seine Kräfte arbeitet.
dusele, (kurzes u), planlos arbeiten, schlendernd gehen.
düselig, (holl.: duizelig), berauscht, schwindlich.
dusemang, (frz.: doucement), leise, sanft, vorsichtig.
dūt, dude, m. u. f., todt, todte, todter.
dūt gọn, geiſs do rein dut, todt gehen, Rdst.: zum Sterben.
dūtgōt, herzensgut.
Dütsch, Deutsch.

Dütschland, Deutschland.
dunsche, brummen, rauschen, säuseln.
Duv, pl., Duve, -künning, -schlag; -schlader, -sträuf, Taube, leidenschaftlicher Taubenliebhaber, -Haus; -Fangklappe.
Düvel, auch Deuvel und Denker, Teufel.
Düvelsdrẹck, Teufelsdreck.
Düvelsklan, ein breittheiliger Kloben mit Ring, Werkzeug zum Heben schwerer Steine.
Däx, Stadt Deutz.

E, e; E, ẹ f. Vorwort S. 17 und Einleitung S. 10.

e, n., en auch 'n f., ene, auch ne, m., Artikel: ein, eine, ein.
ẹch, echt.
Ẹche, kleines Ei.
Ẹcke, n., Kinder-Ballspiel.
ẹckesch, auch ẹckersch, (altd. eckert), nur, blos.
Eckschaaf, Eckschrank.
Edem, auch Eidem, Eidam.
eesch, auch eeschter, eben.
eez, eezte, erst, erste.
Eff, pl. Effte, Ulme.
Ẹffe, n., -blädder, Epheu, -blätter.
ẹffe, (holl. effen), eben, einfach, einfarbig, glatt, gleich, schlicht.
egebildt, auch enge-, eingebildet.
egedrüch, auch enge-, eingetrocknet.
egemaht, auch enge-, f. maache, eingemacht.
Egemahts, auch Enge-, Eingemachtes.
egepölt, auch enge-, eingekeilt, -mauert, -pfählt.
egeprẹmmp, auch enge-, eingezwängt.
egeschäpp, auch enge-, eingeschöpft.

egeschlọsse, auch enge-, f. schleefse, eingeschlossen.
egeschrevve, auch enge-, f. schrieve, eingeschrieben.
egetätsch, auch enge-, f. entätsche, eingebrubert.
egeweckelt, auch enge-, eingewickelt.
eh, ehder, auch ehter, (holl. eerder), ehe, eher.
ehr, f. u. n., ehre, m., ihre, ihr.
Ehr, Ehre.
ehre, eh'sch, eh't, geeh't, ehren.
ehre, ihre.
ehresgliche, ihresgleichen.
ehter, auch ender, eher, früher.
Ei, Ẹche, El, kleines Ei.
ei, n., ein, f., eine, m., Zahlwort: ein, eine, ein.
Eichhọọn, Eichhorn, iron.: Fuchs.
Eidem, auch Edem, Eidam.
Eierprumme, große gelbe Pflaumen.
Eierwichs, Eierweiß-Wichse.
eifäldig, einfältig.
eifel, echt, pur.
Eigendum, Eigenthum.

eigentümplich — engeschmeet.

eigentümplich, eigenthümlich.
eigesennig, -e Pen, eigensinnig, = er Mensch.
eilätzig, (holl. eenledig, mhb. einlützic), einzeln, aus einem Gliede bestehend, einfach.
eimōl, einmal.
ein, eine, eine, ein.
einigewęg, eineswegs, bennoch, gleichwohl, nichtsbestoweniger.
Einkick, m., mit starrem Blicke fortwährend auf einen Gegenstand sehen.
eins, einerlei, einig.
einswiele, einstweilen.
eintlich, eigentlich.
eipässig, einsilbig, einseitig.
Eiz, f., Eizche, n., kleines Eiterbläschen.
elans, auch lans, vorbei, längs.
Elder, Erle.
Elend, et besoffen - krige, Elend, im Trunke wehmüthig werden
elf, eilf.
Elsteraug, n., Hühnerauge.
em, im.
emaache, s. maache, einmachen.
emfelle, emfils, emfilt, emfol, emfōl, emfolle, empfehlen.
Emmer, Eimer.
emstig, emsig.
en, in.
en, enne, s. e, eine, einen, ein.
enä, auch nä, nein.
Enband, Einband.
enbläue, mit Gewalt Jemanden etwas beibringen, eintrichtern.
engebraht, s. bränge, eingebracht.
enbränge, s. bränge, einbringen, gewinnen, verdienen.
Enbroch, Einbruch.
enbrocke, Einem jet -, zusetzen, verlieren, Jemand etwas Unangenehmes bereiten.

endäue, s. däue, einbrüden.
endǫch, doch.
endrage, s. drage, eintragen, einbringen, einschreiben.
endrieve, s. drieve, eintreiben, = klopfen, = schlagen.
Endrock, Eindruck.
endröcke, einbrücken.
endrǜppe, s. drǜppe, eintröpfeln.
endrüge, s. drüge, eintrocknen.
endnn, s. dun, einthuen, auf Vorrath legen.
ene, s. e.
enenein, ineinander.
Enerschi, Energie.
enfoddere, s. foddere, einfordern, einberufen.
Eng, f., auch Engde, (holl.: engte), Bedrängniß, Enge, Engheit.
Eng, n., auch Engk, pl., Engde, Engche, Ende, Endchen, eine kurze Strecke.
engebraht, s. bränge, eingebracht.
engebildt, auch ege-, eingebildet.
engedrüch, auch ege-, s. drüge, eingetrocknet.
engefōh't, s. föhre, eingeführt.
engefunge, s. finge, eingefunden.
engegevve, s. gevve, eingegeben, um etwas eingekommen sein.
engeholt, s. holle, eingeholt.
engekęh't*, s. kerre, eingekehrt.
engekerv, eingekerbt.
engekumme, s. kumme, eingekommen, um etwas beworben haben.
engelaht, s. lęge, eingelegt.
engemaht, auch ege-, s. maache, eingemacht.
engenomme, s. nemme, eingenommen.
engeschleche, s. schliche, eingeschlichen.
engeschmeet, s. schmirre, eingeschmiert.

engeschnedde, f. schnigge, eingeschnitten.
engeschredde, f. schrigge, eingeschritten.
engeschrevve, auch ege -, f. schrieve, eingeschrieben.
engetrocke, f. trocke, eingefordert, eingezogen.
engetrodde, f. tredde, eingetreten.
Engk, Eng, et decke - kütt noh, Ende, das dicke Ende, b. h. die Hauptsache, Schwierigkeit, Unglück ic. kommt nach.
Enk, m., (mhd.: enke), jüngster Viehknecht.
Enkehr*, Einkehr.
enkel, auch inkel, enkele, enkelt, (holl.: enkel), einzeln, einzelne.
enkerre, f. kerre, einkehren.
enkerve, einkerben.
Enkomme, Einkommen.
enlivvere, einliefern.
ennig, innig.
Ennung, m., (engl.: nooning), Mittagsschläfchen, ein Uhr-Schläfchen.
ennunge, nach Tisch schlafen.
enodeme, einathmen.
enpenne, einfergen, einstiften.
enpöle, einrammen.
enpremme, einschnüren, einpressen, einkeilen.
enquateere, einquartiren.
Enquateernng, Einquartirung.
ens, (holl.: eens), einmal, ein einzigmal.
ens, einst, einstmal.
ens sin, mal sehen, abwarten.
Ensatz, m., Einsatz, Speisetragekorb.
Enschrevv, Inschrift.
enschrieve, f. schrieve, einschreiben, eintragen, sich durch Unterschrift verbindlich machen.
Ensin, Einsehen.

enspireere, begeisternde Gedanken eingeben, inspiriren.
Ensproch, Einspruch.
Enstand, Einstand.
enstivvele, einframen.
enston, f. ston, einstehen.
ensufään*, insofern.
ensuwick, insoweit.
entätsche, einbrubern, einbrängen, beim Spiele, Essen, Trinken u. f. w., nachträglich betheiligen.
Entefott, im geit de Muul we'n -, der Hintere einer Ente, Rdst.: Jemand der immerfort plaudert.
entgemein, insgemein.
Entraach, Einigkeit, Eintracht.
entreechtere, einrichtern.
enviteere, einladen.
enwefään*, in wiefern.
Enwonner, Einwohner.
eppe, Feuchtigkeit absondern.
Eppwündche, -rüffche, eine Feuchtigkeit absondernde kleine Wunde.
erav, herab, herunter, hinab.
Erbel, Erbelekaschal, -kalscholl, Erdbeere, Erdbeerenkaltschale.
erenn, herein.
erengeschleche, f. schliche, hereingeschlichen.
Erk, aufgethürmtes Holz.
erköhne, erkühnen, wagen.
erkrige, erholen.
erläv, f. levve, erlebt.
ermeddele, ermitteln.
erläv*, f. levve, erlebt.
erüm, herum.
erömhaspele, herumschleppen, janken.
erop, herauf.
erunder, herunter.
erus, auch ernus, (je nach Anwendung des Wortes u kurz oder gedehnt), heraus.
Ervdeil, Erbtheil.

erve, erben.
Esel, (furzes E) Esel, Kupferschläger=
   werkzeug zum Abhämmern, flaches
   Brett mit Stiel zum Häufeln der
   Gerste.
Eselskeesch, saure Glaskirsche.
ess, s. ben, ist.
Ess, f., Esse, Malzdarre, Schmiede=
   feuer.
ess'e, ist er.
esse, do iss, hä iss, ess, ŏss,
   gegesse, essen.
estimeere, (frz. estimer), achten,
   werthschätzen.
esu, esu'ne, so, ein solcher, solch ein.
et, es, das.
Etsch, Empfindungswort des Aus=
   spottens.
Etsch! kis! kis! auch Etsch!
   Schrabbemöhrche! höhnender
   Spottruf mit Fingerpantomine.
Ev, n., Eva.
Everad, Eberhard.

evvegōt, eben gut.
evven esu, eben so.
evvendröm, ebendrum.
evvens, eben.
evvevil, ebenviel, gleichviel, gleich=
   gültig.
evve wahl, eben so wohl.
eweg, fort, auf Seite, hinweg.
eweg, jet flöck - han, etwas rasch
   begreifen, merken.
existeere, bestehen.
Exküs, f., (frz. excuse), Entschul=
   bigung, Vorwand.
Explizeer, Erklärung, Angabe, Er=
   läuterung, iron.: überflüssige un=
   nütze Redensarten.
explizeere, angeben, erklären, wort=
   streiten.
expres, auch express, absichtlich,
   ausdrücklich, eigends.
extere, kleinlich quälend necken,
   zanken.
ezunt, jetzt.

F, f s. Einleitung S. 28.

Faach, Fach, Gefach.
fään*, fern.
Fään*, Fäände, Ferne.
Fääsch*, -tegeld, Ferse, =ngelb.
Fäschtekicker, iron.: Bediente.
Faafs, Fääfsche, auch Fäfsche,
   Faß, Fäßchen.
Faafs, Fastenzeit.
Faaste, -zick, Fasten, =zeit.
faaste, fasten.
fackele, fackeln, vorher planen.
Faddem, Faden.
fäddeme, einfädeln.
Fädenand*, Ferdinand.
fahl, bleich, böse, fahl, farblos,
   heimtückisch.

fahre, füh'sch, füh't, fohr, föhr,
   gefahre, fahren.
Fah't, Fahrt.
falle, feel, gefalle, fallen.
fallende Krankheit, auch
   Kränkde, Epilepsie.
familjär, (frz. familier) vertraulich.
Familje, Familie.
Fändel, Kirmesbanner, iron.: ein
   Taschentuch welches lang aus der
   Tasche hängt, sehr groß ober
   bunt ist.
Fänderich, Fähnrich, iron.: ein
   strammes, großes Frauenzimmer.
fange, fängs, fängk, fung, füng,
   gefange, fangen.

Fantaſs, auch **Flantaſs**, Fantaſi.
Färv, -döppe, n., Farbe, -topf.
färve, färben, auch lügenhaft, mit Ausschmückung erzählen.
Färver, Färber.
faſs, faſte, feſt, feſte.
faſspremme, feſtſchnüren, ſtopfen.
Fastelovend, Faſtenabend, Faſtnacht.
Fau, auch **Puhahn**, Pfau.
fäuste, ſich beſchmutzen.
Faut, f., **Fäutche**, (frz. faute), Fehler, Fehlerchen.
Fäuzche, n., ein Geringes, Kleinigkeit.
Fazung, n., Form, Gestalt.
fazünglich, anſtändig, gebildet, hübſch, niedlich, manierlich.
Fedder, pl. **Feddere**, Feder.
Federbüss, -pulle, -scheid, -veh, Federbüchſe, -keilkiſſen, -ſchiebbüchſe, -vieh.
feddere, federn, elaſtiſch ſein.
fedderleech, federleicht.
feeke, liſtig weghaſchen.
feel, ſ. **falle**, fiel.
Feerdāg, Feiertag.
feere, feersch, fee'sch, feert, fee't, gefeert, feiern.
Feer, Feier, ein beſtimmtes Pensum.
Feerovend, Feierabend.
Fee'sch, f., Dachrücken, Firſte.
Feg, (holl. veeg), **Feger**, m., böſes freches Frauenzimmer, Mannweib, ein kräftiger koloſſaler Mensch.
Fegmetz, Stoßmeſſer zum Beſchneiben der Hufe.
Fei, n., Sophie.
Feis, f., ſchäbiger Hut.
Feizche, n., Kleinigkeit.
Feldblom; -duv, -ratz, Feldblume; -taube, -ratte.
Felz, Filz.
Ferke, Ferkel, Schwein.

ferkes, gemein, ſäuiſch, ſchmutzig.
Ferkeserei, Gemeinheit, Sauerei, ſchmutzige Geſchichte.
Ferkes-Jogesaht, Hm! in ſummendem Tone bejahen.
Ferkesstecher, Winkelabvokat. -
ferm, (frz.: ferme), feſt, muthig, ſtandhaft.
Fesch, Fiſch.
Feschband, -iser, Fiſchband, Charnier, an Fenſtern, Thüren u. ſ. w., Stemmeiſen zum Einſetzen derſelben.
Feschblos, Fiſchblaſe.
Feschkaar, auch **-kaasch**, Fiſchbehälter.
fespele, liſpeln, leiſe ſprechen.
Fess, Feſt.
Festäng, (frz.: festin), Feſtgelage.
Festivität, Feſtlichkeit.
Fett, n., sie - krige, Fett, iron.: ſeinen Lohn, ſeine Strafe, Vergeltung erhalten.
Fettmännche, altkölniſche Münze, ca. 4 Pfg.
Fetz, grober, gemeiner, Händel ſuchender Mensch.
feukele, herzen, liebkoſen, verhätſcheln, verwöhnen.
fex, fix.
Fex, ein kleiner Hund.
Fickmüll, Doppelmühle beim Mühlenspiele.
fiddele, fiedeln, an einem Gegenſtand kleine Stückchen abſchneiden.
Fidell, ne nacke -, armer Teufel.
Fiddelor, n., e geck -, ein fibeler, verrückter, witziger Mensch.
fidija, pfui.
Fiduuz, m., Neigung, Anregung zu Etwas haben.
Fiel, -klovve, Feile, -kloben.
fiele, feilen.
Fielsel, n., Feilſpäne.

Fielspien, Feilspäne.
Fien, n., Josephine.
fies, (holl.: vies), belifat im Essen, efelhaft, widrig.
Fies, lautloser Darmwind.
fieste, lautlos Winde gehen lassen.
Fig, pl., **Fige,** (furzes i) Feige.
Filu, (frz.: filou), Heimtücker.
filüisch, heimtückisch.
Fimm, Ohrfeige.
fimmele, faseln, träumen, Unsinn reden.
Fimpche, n., Fibibus, Holzspan.
fimpsche, übelriechen.
fimpschig Fleisch, übelriechend angefaultes Fleisch.
fing, fein.
finge, fings, fingk, fung, füng, gefunge, finden.
fingereere, mit den Fingern Zeichen machen.
Finjel, auch **Finijel,** Fenchel.
Finnekicker, Viehbeschauer, iron.: Jemand der Alles ängstlich, grundlich, vorsichtig besieht.
Finster, n. u. f., Fenster.
Finsterkrüz, n., Fensterkreuz.
Fippche, n., leichtes, lüsternes, gemeines Frauenzimmer.
fippig, lüstern, auffallend angezogen.
Firmbängel, m., Stirnband, welches Kinder früher am Tage der Firmung trugen, iron.: Ohrfeige.
firmele, ohrfeigen.
Fisel, m., (furzes i), ein Fetzen, Kleinigkeit, Stückchen.
fisele, (furzes i), staubartig regnen oder schneien.
Fiseltusch, Hohntusch mit Musif.
Fisimatäntcher,(ital. fisima, Grille) Förmlichkeiten, Umschweife.
fispele, lispeln.
fisternölle, befühlen, betasten, kleine Gegenstände mit Gedult fertigen.

Fitschbunn, Schneidbohne.
fitsche, Bohnen fitzen.
Fitschmüll, Bohnen=Mahlmühle.
Fitzche, n., Kleinigkeit.
Fixfaxerei, Kleinigkeit, Tändelei, Vorspiegelungen, werthlose Gegenstände, Windbeutelei.
Fixföör, n., Streichholz.
Flääch, Flechte.
fläächte, flechten.
Flaaster, flatterhaftes Frauenzimmer
flaastere, flattern, herumschwirren.
Fläbes, m., Gesicht, Schleier, Maske.
Flabines, ne gecke -, läppischer, verrückter Mensch.
Fläch, f., Steinhauerhammer mit zwei konisch zulaufenden Flächen.
Flade, m., flacher Kirmesfuchen mit Obstlatwerg.
fladdere, flattern, schwätzen.
Flader, Rothhaufen von Rindvieh.
Fladermuus, pl. **Fladermüs,** Fledermaus.
Flag, f., Anfall von Verrücktheit, böse Laune, auch guter Einfall, Scherz, Wiß.
fläge*, pflegen.
Flahs, Flachs.
Flahsfink, f., grauer Hänfling.
Flahshor, hellblondes, flachsähnliches Haar.
Flahsknodde, Flachsknoten, Samenfapfel.
flahfse, flächsen, flachsfarbig.
Flambau, f., (frz. flambeau), Fackel, tragbarer Kerzenstock, wie solche bei kirchlichen Aufzügen gebraucht werden.
flämme, schießen.
flämme, flämmps, flämmp, geflämmp, Federvieh 2c. abbrennen, sengen.
flankeere, (frz. flaner), schlendern, umherschweifen.

flankewęg, frei heraus, offen, unumwunden.
Flantaſs, auch Fantaſs, Fantaſt.
Flanz, Flänzche, Pflanze, Pflänzchen, leichtsinniger, leichtlebiger Mensch.
Flapp, m., eine leichte Ohrfeige.
flappe, mit der flachen Hand schlagen.
Flappohr, n., läppischer Mensch, außergewöhnlich langes Ohr.
Flasch, auch Fläsch, pl. **Fläsche,** Flasch.
Fläschewing, Flaschenwein.
Flatsch, f., eine schwatzhafte Person.
flatsche, schwätzen.
flätsche, schießen.
Flatschmuul, n., Schwatzmaul, f., schwatzhafte Person.
flateere, flatiren, schmeicheln.
Flatūs, f., Flatuse, Schmeichelei, Schmeichelrede.
Flaus, f., komischer, verrückter Einfall, Lächerlichkeit, Laune, wolliges Quäſtchen.
Flaut, auch Fläut, Flöte.
fläute, flöten, pfeifen.
Fläutebein, dünne Beine.
Fläutekies, frischer Milchkäse.
Fleck, Fischgarn.
Flecke, Fliden.
Flęcke, Flecken.
flecke, fliden.
flęcke, flecken.
Fleckschnieder, Flickschneider.
Fleeme, Flähme, Weichtheil zwischen Rippe und Schenkel, bei Fischen hinter den Kiemen, auch Flosse.
Fleere, Flieder.
fleeſse, do flüüfs, hä flüüfs, floss, flöſs, geflosse, fließen.
Flęg, f., Fliege, iron.: liederlicher, leichtsinniger Mensch.
flęge, flügs, flüg, flog, flög, getflpge, fliegen.

Flęgel, Flegel, Lümmel.
flegende Hetz, f., Blutwallung.
Flęger, breiter, kurzer Nachen.
Flęgeschaaf, Drahtgitterschrank, zur Aufbewahrung von Speisen ꝛc.
Fleischhiiuer, Fleischer.
Fleischhäuerschgangk, m., vergebliche Bemühung.
Flętt, (span.: fleta), Nelke.
Flich, Pflicht.
fliedig, eselhaft, häßlich, schmutzig.
Flieſs, Fleiß.
flieſsig, fleißig.
Flitsch, f., **Flitschche,** n., Dirne.
Flitschbǫge, Flitzbogen.
Flitschbüfs, f., Hollunderholz-Knallbüchse, auch zum Wasserspritzen.
Flitter schlǫn, iron.: salliren; ein Tanzschritt, bei welchem die Beine mit großer Schnelligkeit aneinander geschlagen werden.
Floch, m., Fluch.
floche, fluchen.
flöck, (von flügge), behende, rasch, schnell.
Flog, m., en einer -, Flug, Vogelflug, f., in einer graden Linie.
flog, flög, ſ. **flęge.**
Flöösch, f., der Hintere.
Flöpp, ein gutmüthiger, harmloser, unselbstständiger Mensch; auch ein Stück Wurst.
flöppe, rauchen.
flofs, flöss, ſ. **fleeſse.**
Flofs, m., Fluß, auch leichte, rheumathische Erkältung, namentlich an den Augen.
Flor, m., em-sin, Krepp, Trauerabzeichen, Blüthe, sich wohlbefinden, gute Geschäfte machen.
Flöre-Katung, (v. frz.: fleur), geblümter Kattun.
floreere, floreesch, floreet, floriren.
fludderig, zerfetzt, zerlumpt.

Flügop, ein schnell gereizter, leicht-sinniger, dünkelhafter Mensch.
flügs, flüg, s. flege.
Fluh, f., Floh.
fluhe, Flöhe fangen, auch stehlen, wegnehmen.
Flümm, Flümmche, n., erste flaumige Barthaare, zartes Wollquästchen.
flunkere, glänzen, vorspiegeln, iron.: mit Ausschmückung erzählen, Jemanden etwas aufbinden.
flutsche, gleiten, durchschlüpfen.
flutschig, glitschig, schlüpfrig.
Flüüm, Flaumfederchen, federartige Faser an Gewächsen, weiches Wollquästchen.
flüüfs, s. fleefse.
Flüz, f., Floß.
Flüzche, n., Wollflocke, molliges Quästchen.
flüze, flößen.
Flüzenholz, Floß-Stammholz.
Foch, f., Ofenrohrklappe.
foche, wehen, Feuer anblasen.
foddere, betteln, fordern.
Fodderung, Forderung.
Foder, Fuder, Futter.
fodere, futtern, auch füttern.
Fog, f., Fug, auch Fuge.
föge, fügen.
föhle, fohlt, föhlt, gefohlt, fühlen.
Föhn, m., durchtriebener Mensch.
fohr, föhr, s. fahre.
Fohr, Fuhre.
Föll, Fülle.
Fölle, Füllen.
Föllsel, n., Füllwein, Füllsel, Haare, Seegras, Merg zc. zum Polstern.
Fooch, Furche.
fööch, feucht.
föchte, befeuchten.
Föüchtigkeit, Feuchtigkeit.

Föör, n., Feuer, weld -, n., rother Haut-Ausschlag.
föörig, feurig.
Föörmann, ruth we'ne -, Feuermann, Schreckgestalt für Kinder, sehr roth im Gesicht sein.
föörruth*, feuerroth.
Föörstohl, Stahl zum Anschlagen des Feuersteines.
Föösch, Fürst.
foosch, foot, absichtlich, durchaus, mit Gewalt, unter allen Umständen.
foosch, fooschte, handfest, kräftig, kerngesund, stark.
Foosch, Busch, Forst, Wald.
Fööschter, Förster.
foot, s. foosch.
fotän, fortan.
Fooz, Bauchwind.
fooze, auch **futze,** farzen, einen Bauchwind lassen.
Föppche, n., Lieblingskind, auch geweichtes süßes Backwerk in Leinen gebunden zum Lutschen für Säuglinge.
för, für.
Förbedd, Fürbitte.
förleev, fürlieb.
foscheere, (frz.: forçer), erzwingen, rastlos, stark arbeiten.
Föfs, -engk, -fäll, -patt, -tappe, Fuß, -ende, sogenannte Heiligenhäuschen der 14 Stationen bei Bittgängen, -pfad, -stapfen.
Fofs bei Mohl halde, sich nach den Verhältnissen richten.
Föfsche kräuele, Jemand schmeicheln, durch freundliches Zureden zu etwas zu bewegen suchen.
Fott, f., (mhd.: vut), der Hintere.
fott, auch **futt,** fort.
Fott-Angenis, en hellige -, Spottname für eine scheinheilige Betschwester, Frömmlerin.

Föttchesföhler, Jemand der die Gewohnheit hat, Andere zu beraffen.
fottdun, wegbringen, weglegen.
Fottenhäuer, iron.: Schulmeister.
Fottestipper, eine Vorrichtung um Damenkleider hinten aufzubauschen.
fottgon, s. gon, fortgehen.
Fottkamesölche, n., kurze Jacke, Joppe.
fottschuve, fortschieben.
Fraach, Fracht.
Fraanzbrüdche, französisches Milchbrödchen.
Fraanzbrandewing, Weinhefe = Branntwein.
Frängel, m., dicker Prügel, großer starker Mensch).
Franje, f., (holl.: franje), Franse.
Fränz, Franz, auch Franziska.
Fratze, stark muskulös gebauter Mensch, auch eine freche ungezogene Person.
fratzig, frech, ungezogen.
Fraulück, pl. v. Frauenzimmer.
Frauminsch, n., im gemeinen Sinne, Frauenzimmer.
Frechsack, m., eine freche Person.
freere, do freesch, früüſs, hä freet; fror; frör; gefrore, frieren.
Freese, n., kaltes Fieber, Freisam.
Freier, op -schföſse ston, Freier, Brautwerber, an der Decke hängendes Spinngewebe, auf die Brautschau gehen.
Freieräsch, f., Freierei, Liebesverhältniß.
Freiersche, Geliebte.
freimödig, freimüthig.
Freiſsem, m., Kopf= u. Gesichtausschlag, vorz. b. Kindern.
fremb, fremd.

Frembche, n., Fremde, iron.: eine unbekannte Dirne, auch eine Taube, die sich auf einem fremden Taubenschlag niederläßt.
Frembde, f., Fremde, Weite (von der Heimath weg.)
Frembde, m., Fremder.
fresch, frisch.
frescheere, aufputzen, erquicken, reinigen.
Freſs, f., das Maul.
Freſsalles, -balg, -burges, -sack, Nimmersatt, Vielfraß.
fresse, do friss, hä friss; fröſs, früſs; gefresse, fressen.
freue, freuſs, freut; fraut; fräut; gefraut, freuen.
Fridde, Frieden.
Friedag, Freitag.
Friedes, Friedrich, auch Gottfried.
Frikadell, f., Fleischkloß.
frikaseere, in die Mache nehmen, malträtiren.
Frishör, Friseur.
Frisör, Frisur.
friss, s. fresse.
Fröche, n., kleine Frau, Frauchen.
Frog, Frage.
froge, froht, gefrog, fragen.
früh, früh.
Fröhmeſs, Frühmesse.
Fröhchte, auch Fröhde, (holl.: vroegte), Frühe.
froht, fröht, s. froge.
fröhter, fröhts, fröhtste, früher, frühesten.
Fröling, f., auch n., Fräulein.
Frooch, Frucht.
Fross, Frost.
fröſs, fröſs, s. fresse.
Fröſs, m., Fraß, Essen in gemeinem Sinne.
Fröfsel, m., große Wühlerei, viele Arbeit.

fröfsele, wühlen, rastlos arbeiten.
Fründ, Freund.
fründlich, freundlich.
Fründschaff, Freundschaft, auch als vertrauliche Anrede an fremde Personen.
Frändschaffsstöck, n., iron.: ein Schabernack.
früüfs, s. freere.
Fubbel, m., Fetzen, fadenscheiniges verschlissenes Kleid.
fubbelig, fadenscheinig (Stoff) unordentlich, zerrissen.
Fuck, m., Talent, natürliche Anlage für Etwas haben.
Fuck, f., ganz kurzer gestrickter Wollunterrock für Frauen.
fucke, auch **fumpe**, gelingen, gerathen, nach Wunsch gehen.
Fuddel, m., Lappen, Lumpen.
fuddelig, dünn, lose, lumpicht.
Fudderäsch, f., (frz.: fourage), Futter, Essenswaare, Mahlzeit.
fufzehn, fufzig, fünfzehn, fünfzig.
fukackig, (von fuul-käckig), faul-gelblich, adj. im Sinne von angefault, namentlich bei Kernobst.
fummele, (holl.: fommele), durchtasten, befühlen, an Kleinigkeiten arbeiten.
Fummelei, f., schlechte nachlässige Arbeit, Befühlung, Betastung.
fumpe, auch **fucke**, gelingen, gerathen, nach Wunsch gehen.
fung, füng, s. finge.
funge sin, fähig sein, für etwas geeignet sein.
Fungk, Fund.
Funk, Funken, altkölnischer Stadtsoldat; so benannt nach den 11 Flammenfunken im Stadtwappen.

funkelnagelneu, ganz neu.
Funtain, Fontaine.
Funternell, f., Fontanelle.
fuppdich, rasch, auf einmal, plötzlich.
fuppe, hüpfen, schnellend bewegen, sehr schnell nähen, indem man mehrere Stiche zugleich auf die Nadel nimmt, ehe man den Faden durchzieht.
Furnüüfs, n., (frz.: fournaise), Küchenofen.
Fusch, Pfusch.
fusche, pfuschen.
Fusel, m., (kurzes u), schlechter Branntwein, Luchfaser.
fuselig, (kurzes u), gefasert, zerfetzt.
Fuss, Fuchs, eine alte Jülich-Bergische Kupfermünze.
fussig, fuchsfarbig, röthlich, auch vergilbt, verschossen.
futsch, todt, verschwunden, weg.
futt, auch **fott**, fort.
futtere, (frz.: foudroyer), schelten, schimpfen.
futtü, verloren, fort.
futze, auch **fooze**, farzen, einen Bauchwind lassen.
fuul, faul.
Fuulenzer, Faulenzer.
Fuulhauf, Faulhaufen.
fuulig, fauler Mensch.
Fuufs, pl., **Füüfs**, Faust.
Füüfsche, Fäustchen.
fuufsdeck, faustdick.
Funstekies, kleiner Handkäse.
Funfspand, Faustpfand.
fuutele, betrügen, falsch spielen, fuschen.
Fuutelhungk, Betrüger, falscher Spieler.
fuxe, quälen, fuchsen.

5*

G, s. Einleitung S. 22.

gääl, gelb.
gääl Fårv, Gelbsucht.
gääl Güösch, f., (frz.: gorge), gelber Hänfling, grauer Vogel mit gelber Kehle, iron.: Schimpfname für Personen von gelber Gesichtsfarbe.
gääl Hør, gelbe, sehnige Fleischtheile vom Genick des Rindviehs.
Gääle, n., Kartenspiel.
gääle, Jemanden mit Redensarten ärgern.
Gaan, Garn, bloo -, Schnaps.
Gaan- un Lindlade, m., Kurzwaaren-Geschäft.
gään,* gäänter, gääntste, gern, lieb, lieber, liebsten.
Gääsch, -temehl, -tekoon; -teweich, Gerste, -nmehl, -nkorn, Behälter zum Weichen der Biergerste.
Gabb, Gabriel.
Gabbeck, m., Gaffer, Kopf an Uhren, der beim Uhrenschlag den Mund bewegt.
Gaddam, auch Gaddem, und Gaddum, n., richtig Gaden, n., in alter Zeit, der an einem großen Hause vorgebaute kleine Kramladen, später wurden alle kleine einstöckigen Kramläden so benannt.
Gadderob, Garderobe.
Gaddum, s. Gaddam,
Gäde, -moor, -püzche, -stankett, n., Garten, -mauer, -pförtchen, -einfassung.
Gäden, n., s. Galdam.
Gadenäd,* Gartenerbe, -huus, -haus.
Gädeneerer, Gärtner.
Gäder, Gatterthüre.
Gading, Garbine.
Gaffel, Gabel, Innung, Zunft.

Gaffelbott, Leichenbitter, Zunftbote, (die alten Kölner Zünfte hießen Gaffel).
Galgepën, pl. -penn, Mohrrübe.
gäng, flink, rasch, schnell.
Gang, auch Gangk, pl. Gäng, Gang, Haus- und Zimmerflur; en Gang bränge, in Gang bringen; zo Gang maache, zurecht machen.
gängele, langsam spazieren gehen, Kinder gehen lernen, einen schweren Gegenstand von rechts nach links kantend fortbewegen.
Gangk, s. Gang.
Gangkaat, Gangart.
Gangkbød, n., Gangbrett, Laufbiel.
gappe, gaffen, gähnen, klaffen, offen stehen.
Gappstock, Maulaffe, Jemand der anhaltend gähnt.
Garv, Garbe.
gaschtig, garstig, häßlich, unartig, unschmackhaft, verdorben.
Gasleech, Gaslicht.
Gaste, n., Kartenspiel.
Gät, f., Gerte, Weidenzweig.
Gatt, n., der Hintere.
Gattegang, m., abseitsgehen, um gewisse Bedürfnisse zu befriedigen.
gatz, bitter, theuer.
gau, rasch, eilig.
gauchele, höhnen, schikaniren.
Gaudeev, abgefeimter Spitzbube.
Gauigkeit, Eile, Schnelligkeit.
Gav, Gabe.
gebäät,* s. bedde, gebetet.
Gebägersch, n., fortwährende Unruhe, unstetes Wesen.
Gebälks, n., Holz-Gebälke, wirres Geschrei, widerlicher Gesang.

gebaschte, geborsten.
gebäv, s. bevve, gebebt.
gebee'sch, gebee't, s. geberre.
Gebeiersch, n., Kirmesläuten, öftere Wiederholung von etwas Gesagtem.
geberre, gebee'sch, gebee't; gebor; gebör; gebore, gebären.
Gebess, Gebiß.
gebesse, s. biefse, gebissen.
Gebętt, n., Gebet, en et - nemme, in's Gebet nehmen, ausfragen, verhören.
Gebimmels, Geläute mit kleinen Glocken.
geblevve, s. blieve, geblieben.
geblingk, geblendet, erblindet.
geblömb, geblümt.
Geblöts, Geblüte.
Gebǫds, n., Banbeinfassung.
gebodde, s. bede, geboten.
Geböhr,* s., Antheil, Gebühr, Genüge, Pflichttheil, Verbindlichkeit, Zukommniß.
geböhre,* gebühren.
Gebolderseh, n., Geräusch, Getöse.
Gebommels, n., herunterhangender Zierrath.
Geboo't, Geburt.
gebüü'tig, gebürtig.
Gebött, (mhd.: gebut), Eingeweide.
gebraht, s. bränge, gebracht.
Gebrass, n., Schmauserei.
Gebrässel, n., alter Hausrath.
Gebreifsels, m., Absud von Hirschhorn zur Klärung von Getränken.
Gebrölls, Gebrülle.
Gebrüstche, n., en Ärm -, ein schwächlicher Mensch.
Gebrǫots, n., Braten, Gebratenes.
Gebrüttsch, n., iron.: fortwährende Kocherei.
Gebruch, Gebrauch.
gebruch, s. bruche, gebraucht.

Gebruddels, n., Fehlstiche beim Striden u. s. w., Verwirrung.
Gebüngche, Gebungk, Gebunb.
gebunge, s. binge, gebunben.
Gebünn, n., Holzbebielung.
Gebütz, n., Küsserei.
Gęck, Narr.
Gęck, m., Maß-Kerbholz, welches die Dachbecker beim Annageln ber Pfannenlatten gebrauchen, auch Holzgestell wie solches die Maurer 2c. verwenden, um Lastkörbe, Kalkspeisebecken u. s. w. auf Schulterhöhe aufstellen zu können.
Gęck, der -schüdde; der -dran gefrẹssen han; nervöses Schütteln bes Körpers; ben Narren baran gefressen haben.
gecke Männcher, Possen, Narrenstreiche.
gecke Tön, -n Ditz, bummes Zeug, Spottruf: verrückter Mensch.
Gęckenn, Närrin.
gedaach, s. denke, gedacht.
Gedeech, Gebicht.
gedilt, s. dille, gebielt.
Gedǫcktersch, n., fortwährende Behanblung bes Arztes.
Gedold, Gebulb.
gedölde, gebulben.
gedöldig, gebulbig.
Gedommesfaass, Faß zur Aufnahme bes Abfallbieres.
gedǫn, s. dun, gethan.
gedǫn han, gethan haben, abgethan, fertig, verloren sein.
Gedöns, n., (holl. Gedoen), Gethue, Lärm, Umstände.
Gedoor, n., Behagen, Lust, Neigung.
gedorf, s. dörfe, geburft.
gedore, s. dore, (holl. geduren), abwarten, aushalten, behaglich fühlen, gebulben, leiben mögen.
gedo't, s. dore, gebauert.

Gedräg, n., eine zum Tragen abgepaßte Last.
gedraht, s. drage, getragen.
Gedresse, n., Menschen- und Thierkoth.
gedrevve, s. drieve, getrieben.
Gedröcks, n., bedrucktes Gewebe, gedruckte Schrift.
Gedudels, Geleier.
Geduusch, auch **Gedüüsch**, dumpfes summendes Geräusch.
Geech, Gicht, ale Geechtebroch, wtl.: alter Gichtbrüchiger, wird aber nur iron. angewandt; alter steifer Mensch.
Geer, f., keilförmig geschnittener Stoff.
Geer, f., Gier.
Geerdrück, auch **Drant** und **Drück**, Gertrub.
geerig, habsüchtig, gierig.
Geerkammer, Sakristei.
Geermöfs, m., Maß für stumpfe und spitze Winkel zu bilden.
Geefs, Gießkanne.
geefse, do güüfs, hä güüfs; goss; göss; gegosse, gießen.
Gefähr, Fuhrwerk.
gefenkelt, verzärtelt.
Geff, Gift.
Gefisels, n., (kurzes i), feiner Schnee und Staubregen.
Gefispels, Geflüster.
Geflaastersch, Geflatter.
Gefladdersch, n., Geflatter, Geschwätz.
geflämmp, abgebrannt, gesengt, geschossen.
geflämmp, adj., Stoff mit flammenartigem Muster.
geflapp, launig, nicht recht gescheidt, verrückt.
Geflatsch, Gerede, Geschwätz.
Gefloch, n., Geflecht, lymphatische Entzündung der Brustdrüse.

Geflunkersch, n., Großthuerei, unwahrscheinliche Vorspiegelung.
gefohlt, s. föhle, gefühlt.
Gefrüfs, n., schlechtes Essen, in gem. Rdw.: das Maul.
gefraut, s. freue, gefreut.
Gefrecks, n., Fleischabfälle.
gefrog, gefragt.
goftig, böse, giftig.
gefunge, s. finge, gefunden.
gefunge Fresse, willkommener Fund.
Gefusels, n., (kurzes u), faserige Gewebetheile.
gegölz, verschnitten, namentlich für Schweine gebräuchlich.
Gegendeil, Gegentheil.
Gegepaar, Gegenstück, Seitenstück.
Gegiefels, n., Gekicher.
Gegitter, Gitter.
gegloov, s. gläuve, geglaubt.
gegolde, s. gelde, gegolten.
Gegrauz, anhaltendes Weinen.
gegreffe, s. griefe, gegriffen.
gegrummp, s. grumme.
Gegrummps, n., Vorwürfe, Zurechtweisungen.
gegunt, s. günne, gegönnt.
gehäät, s. häde, gehärtet.
Gehacks, n., gehacktes Fleisch.
Gehaggels, n., Gezänke, Gewebe welches zackig b. h. nicht dem Faden nach, unordentlich geschnitten ist.
gehalde, gehalten.
gehämmsch, geräuspert.
gehan, sich -, sich in irgend einem Zustande befinden und benehmen.
gehatt, s. han, gehabt.
gehaut, s. haue, gehauen.
Geheen, auch **Geheens**, Gehirn.
Geheimnifskriemer, Geheimnißkrämer.
Geheisch, n., Befehl, Geheiß.
Gehög, n., Gehege, Behausung.

gehoo't, auch gehö't, s. höre, gehört.
Gehöpps, Gehüpfe.
Gehorks, schleimiger Auswurf.
gehört, enthaart.
gehöt, s. höde, gehütet.
gehovve, s. hevve, gehoben.
gehück, s. hügge, gehäutet.
Gehuddels, n., fehlerhafte Arbeit.
gehüült, s. hüle, geheult.
gejöck, ich han et -, gejuckt, malträtirt; ich habe schnell gearbeitet.
Gejöcks, Gejucke.
Gejömersch, n., Gejammer, Gestöhne, Gewimmer.
Gejugax, n., Vergnügen und Balgereien mit lautem Freudengeschrei.
Gejuhz, Gejauchze.
Gejunkersch, n., Geheule, Gewinsel.
gejunkert, geheult, gewinselt.
Geifs, f., Ziege.
Geifs, m., Geist.
geifs, geit, s. gon.
Geistekicker, m., Geisterseher.
Geistenbaat, Ziegenbart, iron.: Knebelbart.
geit'e, s. gon, geht er.
Gekaakels, Gegacker.
Gekächs, Geleuchte.
Gekacks, n., Excremente.
Gekläbbels, n., Schmutz von Straßenkoth an den Kanten der Kleidungsstücke.
geklemmp, s. klemme, stehlen.
geklepp, s. kleppe, mit dem Klöppel an die Glocke anschlagen, et hät geklepp, Rbst.: es geht zur Neige, es ist am Ende, rührt vom Armsünderglöckchen her, welches beim Gange nach dem Richtplatze geläutet wurde.
geklomme, s. klemme, gestiegen.

Geknäbbels, n., Zänkerei.
Geknöchs, verbrießliches Gemurmel.
Geknoosch, n., knorpeliges Fleisch.
Geknottersch, n., Schelten, Vorwürfe.
Geköch, n., eine zum Kochen abgemessene Partie von Gemüse, Kartoffeln u. s. w.
Geköökels, Gegacker.
Gekööz, n., wiefs -, fettes Rindfleisch zwischen Rippen und Bauch.
Geköfts, Gebettel.
Gekraabels, n., auch Gekrabbels, Gekrieche, Kitzeln, schlechte unleserliche Schrift.
gekrüge, s. krige, bekommen.
gekreuzelt, geziert, aufgeputzt.
Gekribbels, n., unleserliche Schrift, nervöses Jucken am Körper.
Gekrih, Gekrähe, Geschrei.
gekringelt, s. kringele, geringelt.
gekroffe, s. kruffe, gekrochen.
Gekrofs, n., Durcheinander, Haufen Arbeit.
Gekrünkels, n., Zerknitterung.
gekrünkelt, s. krünkele, zerknittert.
Gekrüüsels, n., eingefränseltes Zeug, Krause.
Gekugacks, s. Gejugax.
Gekusels, n., (kurzes u), unordentliche, unsaubere Arbeit, namentlich bei Küchenarbeit.
Gelülüsch, n., Gelage, auch Sippschaft.
gelaht, s. lege, gelegt.
Geläufs, Gerenne, Laufen.
gelüv,* s. levve, gelebt.
gelde, gilts, gilt, goll, göll, gegolde, gelten, kaufen.
Gelecks. n., Gelecke, iron.: übermäßiges Küssen.
geledde, s. ligge, gelitten.
gelege, s. lige, gelegen.
geleh't, s. lehre, gelernt, gelehrt.

Geless, auch Geleste, Lift.
gelestig, geliftig.
geliemp, f. lieme, angeführt, geleimt.
Gelies, n., Geleise, die gewohnte Bahn.
gelivvert, geliefert, verloren.
gelöcke, glücken.
Gelog, n., Gelage, Lärm.
Gelöss, n., Gelüste, Begierde.
gelöfse, f. lofse, gelassen.
gelo't, f. lore, gelauert, überliftet.
gelöv, f. lovve, gelobt.
gelovve, geloben.
gelt? nicht wahr?
geluck, f. lugge, gegreint, geheult, geweint.
Gelücks, Geläute.
gelück, f. lügge, geläutet.
gelnus, f. luse, gelauft.
gelüs, f. lüse, gelöft.
gelütt, gestohlen, weggenommen.
Gölz, f., sehr mageres Frauenzimmer: Ohrfeige, verschnittenes weibliches Schwein.
gölze, ärgern, Verschneiden der weiblichen Thiere.
Gemaach, n., Gemach, met -, ohne Anstrengung.
Gemaach, auch Gemäch, Geschlechtstheile, Magengrube.
gemaach, bequem, gemach.
Gemächs, n., f. Gemaach.
gemaht, f. maache, gemacht.
gemaht Bett, n., wrtl.: gemachtes Bett, Vgr.: gute bereitliegende Vermögensverhältnisse.
gemangk, f. menge, gemengt.
Gemangkbrud, n., ein aus Korn- und Weizenmehl gemischtes Brod.
Gematsch, n., ekeleregendes Vermengen von Getränken und Speisen.
gemengeleet, gemischt.
gemess, gemistet.
gemöff, gestunken.

Gemölsch, Gemisch von Flüssigkeiten ꝛc.
gemolt, gemalt.
gemooch, f. müge, gemocht.
Gemöörsch, n., Gemäuer.
gemoofs, gemoot, f. müsse, gemußt.
gemoot, f. müsse, gemußt.
gemo't, f. more, gemauert.
gemöps, getödtet, umgebracht.
Gemös, Gemüse.
Gemöth, Gemüth.
gemöthlich, gemüthlich.
gemungk, f. munge, gemunden.
Genaggels, Gezänke.
genäs, bekrittelt.
geneefse, do genüüfs, hä genüüfs, genoss, genöss, genosse, genießen.
geneefs, f. neeste, geniestet.
genog, genug.
genöglich, behaglich, vergnügt, zufrieden.
Genögte, f., Befriedigung, Genüge, Gemüthlichkeit, Zufriedenheit.
genöört, f. nööre, geschlummert.
Genoss, Genuß.
Genöttels, mürrisches, unverständliches Gebrumme, Widerrede.
genüdig, aufgenöthigt, zum Ueberfluß, genöthigt.
genünnt, von ennunge, geschlafen, geschlummert.
Genüsels, n., (kurzes ü), Kleinigkeiten, kleine Speisereste, Ueberbleibsel.
geodeneet, angeordnet.
geodemp, f. odeme, geathmet.
geodent, f. odene, geordnet.
geödt, Absätze unter Schuhzeug gemacht.
Gepatte, Papierbrache.
gepeffe, gelogen, gepfifsen, willkommen.

Gepiepsch, n., eintöniges Pfeifen, namentlich von jungen Vögeln, Mäusen ꝛc.
geplänt, s. pläne, geplant.
geplant, geplanz, planze, gepflanzt.
Geplätsch, Geplatsche.
Geplaudersch, n., Geplauder, Plauberei.
Gepölversch, fortwährendes Einnehmen von Medicamenten.
Gepöz, häufiges Aus- und Eingehen.
Gepöttels, n., Abklauberei mit den Fingern.
gepottluht, mit Gravit geschwärzt.
Gepötts, n., anhaltendes Trinken.
geprempp, festgeschnürt, vollgestopft.
Geprõttels, n., anhaltendes Schelten, Zurechtweisen.
gepüngelt, sich - drage, auf unordentliche Weise mehrere Kleidungsstücke übereinander anziehen.
gepupp, Kdspr.: hörbar gebläht.
Gequiddels, n., unverständliches Gerede, Zwitschern junger Vögel.
Gerämpels, n., werthloser Hausrath.
Gerämsch, n., Gerippe, sehr magere, knochige Person.
Gerappels, Geräusch.
geräump, s. räume und rüüme.
gerant, reue, gereut.
geredde, s. rigge, geritten.
geredt, s. redde, geredet.
gereformeet, reformirt,
gerepp, bewegt.
gerepp, gerippt, gestreift.
geresse, s. riefse, gerissen.
gereth*, s. gerode, gerieth.
gerevve, s. rieve, gerieben.
Geriffels, n., ausgezupftes Zeug, Charpie.

gerith*, s. gerode, geräth.
Geroch, Geruch.
gerode, geriths*, gerith*, geräth*, geröth*, gerathen, glücken.
Gerofs, Gerufe.
geroh't, s. röhre, gerührt.
Gerölz, fröhliche Balgerei, Tummelei.
Geros, n., Balgerei, Gerase, Spektakel.
Geröss, Baugerüste.
geröss, gerüst, kräftig, rüstig.
geröth, s. gerode, geräth.
gerötsch, gerückt, gerutscht.
Geruffels, n., Rauferei.
Gerummels, n., Lärm, Gepolter, Getöse, Rumoren im Leibe.
Gerumpels, n., alter Plunder.
gerüümig, geräumig.
gerüump, s. rüüme.
gerüümp, s. räume und rüüme, geräumt auch gereimt.
Gernusch, auch Gerüüsch, Gesumme, dumpfes Getöse, Geräusch.
gerve, gerben.
Gerver, Gerber.
Gesäfs, n., der Hintere.
Gesahts, Geschwätz.
gesamp, gesammt, zusammen.
Gesangk, Gesang.
gesatz, s. setze und setze, gesetzt.
gesatz, kurz gebrungen, untersetzt.
geschandt, s. schänge, geschimpft.
Geschängs, Geschimpfe, Zurechtweisung.
Geschärr, Geschirr und Werkzeug jeder Art zum Gebrauche.
Geschärr, domm, eklig -, Schpsw.: dumme, unangenehme Person.
gescheht, geschehen.
Geschöls, Rindfleisch auf den Rippen.

Geschlääch, Geschlecht.
Geschläbbersch, n., bünne Brühe, verbünntes Getränke.
geschlage Stund, eine volle Stunde.
Geschlämps, n., schlechte Suppe.
Geschläpps, n., bünne Brühe, verbünntes Getränke.
Geschlingks, n., Thierschluub mit Lunge, Leber und Herz.
geschloche, s. schluche, erschlichen.
Geschlottersch, n., Menage-Abfälle aus großen Anstalten, welche zur Schweinefütterung verwandt werden.
Geschluddersch, n., Weichtheile von Fisch, Fleisch ꝛc. ꝛc.
Geschmuddels, n., Gemengsel von Stockfisch, Kartoffeln und gebratenen Zwiebeln.
Geschnaks, n., harmloser Scherz.
geschnedde, s. schnigge, geschnitten.
Geschniffels, n., feiner Regen und Schnee.
Geschnorks, Geschnarche.
Geschnörkels, auch **Geschnürkels,** n., Schnörkelei.
Geschnuddels, n., Nasenschleim.
geschnupp, s. schnuppe, genascht; iron.: Beim Kartenspiele einen Stich irrthümlich an sich nehmen, der zum eigenen Nachtheile zählt.
Geschnupps, n., Nascherei, Naschwerk.
geschoh, auch **geschohch,** geschah.
geschohraspelt, durchgeprügelt, geschuhriegelt.
geschorre, s. scherre, geschoren.
gescho't, s. schore, gescheuert auch, geprügelt.
geschott, s. schödde, geschüttelt.
Geschraatels, n., lautes verworrenes Geschwätz.

Geschräppels, n., (holl. schrapsel), Abfälle, namentlich von Backwerk, auch: Etwas von Allem, Kleinigkeiten.
geschredde, s. schrigge, geschritten.
geschrevve. s. schrieve, geschrieben.
Geschrevvs, Geschriebenes.
geschrupp, s. schrubbe, gescheuert.
geschüch, geschieht.
geschunge, s. schinge, geschienen.
Geschüngels, n., kleine Betrügerei.
geschupp, s. schubbe.
Geschurvels, hörbares Schieben oder Rutschen über einen Gegenstand.
geschüümp, s. schüüme, geschäumt.
geschwige, (kurzes i), geschweige.
Geschwols, m., Geschwulst.
Geschwör, Geschwür.
geschwore, s. schwöre, geschworen, vereibet.
geschworre, s. schwerre, geeitert, geschworen.
Geseech, n., Gesicht, Maske.
gesennt, gesinnt, gesonnen.
gesesse Stohl, m., gute Vermögensverhältnisse, en'ne - kumme, einen geordneten Hausstand, ein gutes Geschäft übernehmen.
gesollt, versohlt.
gesolt, s. solle, gesollt.
gesooch, auch **gesööch,** s. söche, gesucht.
Gesöhms, n., Allerlei Durcheinander, eine Menge kleiner Kinder, viele Kleinigkeiten, kleine Weißfischchen: Maipierchen.
gespaa't, s. spare, gespart.
Gespann, n., Gespann, e nett -, iron.: ein nettes Paar in entgegengesetztem Sinne.
gespaut, s. speie, gespuckt.

Gespeis, Gespucke.
Gespens, Gespenst.
Gespens, Gespinst.
gespetz, gespitzt.
Gespōks, n., Gespuke.
Gespōls, n., Branntwein=Brennerei=Spülicht, Abfälle.
gespolt, f. spole, gespult.
gespoolt, f. spöle, gespült.
gespoo't f. spüre, gespürt.
Gesprattels, n., Zappelei.
gespranz, f. spränze, mit dem Munde staubartig genäßt.
gestalt, f. stelle, gestellt.
gesteiweg sin, an etwas Absonderliches gewöhnt sein.
gestolle, f. stelle, gestohlen.
gestoo't, auch gestö't, f. störe, gestört.
gestö't, f. störe, gesteuert.
gestö't, auch gestoo't, f. störe.
gestorve, f. sterve, gestorben.
gestraut, f. streue, gestraut.
gestreche, f. striche, gebügelt, gestreichelt, gestrichen.
gestredde, f. strigge, gestritten.
Gestrüch, Gesträuch.
gestunken un geloge, erstunken und erlogen, verabscheuungswürdig gelogen.
Gestuvs, n., (holl.: Stoving) geschmorte Speise.
Getifftels, n., Klügelei, gebulverfordernde, langsame, umständliche Arbeit.
getippelt, getupft.
Geträntels, n., Zögerung.
geträntelt, gezögert.
getrocke, f. träcke, gezogen.
getrodde, f. tredde, getreten.
getrūfs, getrost,
getruufs, f. trüüste, getröstet.
geuchele, verhöhnen, durch Redensarten reizen.

Genuz, Gesoppe.
geveedelt, geviertheilt.
gevve, giss, gitt, gŏv, gŏv, gegevve, geben.
gewaat, f. wade, gewartet.
gewāde lōfse, gewähren lassen.
gewādig, gewärtig.
Gewaggels, Gewadel.
gewandt, f. wenge, umgewendet.
Gewaschels, n., unbeutliches, unverständliches Gerede.
Gewürms, Aufgewärmtes.
gewās, gewesen.
Gewatt, n., Gewohnheit, Uebung, en't - kumme, in Gang kommen.
gewäv, f. wevve, gewebt.
geweche, f. wiche, gewichen.
Geweech, Gewicht.
gewellt, gewillt.
Gewende, Gewohnheit.
gewenne, gewenns, gewennt, gewonn, gewönn, gewonne, gewinnen.
gewenne, gewens, gewent, gewont, gewöhnen.
Gewerv, n., Gelenk, Gewerbe, Scharnier.
gewese, f. (kurze e), wiese, gewiesen.
gewoss, f. wesse, gewußt.
gewesse, gewisse, gewisser.
gewiefs, f. wiefse, getüncht.
Gewirks, n., gewirktes gewebtes Zeug.
Gewölv, Gewölbe.
gewont, f. gewenne, gewöhnt.
Gewööz, Gewürz.
geworve, f. werve, geworben.
gewoss, f. wesse, gewußt.
gewüth, f. wöde, gewüthet.
gewurmp, gewurmt.
gezaut, f. zaue, geeilt.
gezeert, auch gezee't, f. zeere, geziert.

gezęhrt, auch **gezęh't,** f. zerre, gezehrt.
Gezölversch, n., langsames, ungeschicktes Essen und Trinken, bei welchem man sich beschüttet oder beschmutzt.
Gick, zweiräderiger Wagen, de- schlage, falliren.
giefele, kichern, verstedt lachen.
Giefelsmuul, f. und n., Lachmaul.
Giefer, Eifer, Geifer.
Gießer, m., **Gießesche,** f., eine Person, die immer kichert und hohnlächelt.
Gilles, auch **Gilgen,** Aegidius.
gils, gilt, f. gęlde.
Ging, f., Ohrfeige, Kinder = Untermütze von Barchent oder Kattun.
Gipsch, Gips.
gipsche, haschen, sehnen, trachten.
Girad, auch **Grades** und **Girret,** Gerhard.
Girjan, Zint -, Sankt Gereonskirche.
Girjanskess, f., wtl.: Gereonskiste. Bgrf.: Convent für altersschwache Frauen in der Pfarre St. Gereon.
Girret, Girad und **Grades,** Gerhard.
giss, f. gevve, giebst.
gist'e, giebst du.
git, richtiger: **gitt,** f. gevve.
Gitsch, Spritze.
gitsche, spritzen.
gitt, auch **git,** f. gevve.
Gitta, Guittarre.
gitt'e, giebt er.
gitt'r, giebt deren, gebt ihr.
Givvel, Giebel.
glaserig, glasartig, bei Kartoffeln, welche an der Kellermauer liegen.
Glauve, Glauben.
gläuve, glōv, glōv, geglōv, glauben.

glich, gleich, sofort.
gliche, glichs, glich, glech, gegleche, gleichen.
glicherzick, gleichzeitig.
Gliches, singes -, seines Gleichen.
glichevil, gleichgültig.
glichvil, gleichviel.
glichziggig, glicherzicks, gleichzeitig.
Glidd, pl. **Glidder,** Glied.
Glidderpopp, Gliederpuppe.
glimplich, gelassen, glimpflich.
glöcksillig, glückselig.
glödig auch **glöndig,** glühend.
glöhe, glühen.
glöndig, auch **glödig,** glühend.
Gloth, Gluth, f. glödig.
glŏv. glŏv, f. gläuve.
Gnick, auch **Nick,** Genick.
Göbbelche met Fläntcher, altkölnisches Weizengebäcke: eine Reihe kleiner länglich gewundener Weißbrode, an jedem einzelnen Theile ein kleines Thonpfeifchen eingebacken.
göbbele, sich erbrechen.
Goddesdrag, f., auch **Gottsdrag,** f. d. Kirchweihfest.
Goddesgav, Gottesgabe.
Goddesluhn, m., Gotteslohn, Vergeltung.
gode, f. gūt, guter.
Godekauf, m., wohlfeiler Kauf.
Göddel, Gürtel, Tragband mit Haken zum Tragen der Fässer bei Kellerarbeiten.
gödig, gütig.
Göhr, Gährung.
goht*, f. gon, gehet.
golde, golden, aber auch kostbar, köstlich, wunderbar.
Goldmäul, f., Goldamsel.
Goldstętzche, n., kleine Birne von goldgelber Farbe.

goll, göll, f. gelde.
Gölpsch, m., Aufstoßen, Blähung, Rülps.
gülpsche, aufstoßen, blähen, rülpsen.
go'meer, gehen wir.
gon, geiß, geit,* ehr goht, gingk, se gingke, güng, güngke, gangk, gegange, gehen.
Gööz, f., empfindliche, stets klagende Person.
gööze, verzärteln, verhätscheln.
Güözenich, m., Gürzenich: altkölnisches Festlokal.
güözig, empfindsam, zimperlich.
Güösch, f., (frz.: gorge), ein kleiner graugelber Hänfling, en gääl -, iron.: ein Frauenzimmer von sehr gelber Hautfarbe.
Göpädche, Kdspr.: ein kleines Pferd.
Görres, auch Görgel, u. Schorsch, Georg, Zint -, Sankt Georg.
Got, n., Gut, Rahm von der Malztrever.
got, gut.
godgedon, gutgethan.
Gotheit, Güte.
gotmaache, gutmachen, vergelten.
gotmödig, gutmüthig.
gotsage, gutsprechen.
gotspreche, verbürgen.
Gottsdrag, auch Goldesdrag, (Herumtragen Gottes), Kirchenfest mit feierlichen Aufzügen.
Gottsedank, Gott sei gedankt.
Gottsheller, m., Handgeld bei Verkäufen, Vermiethungen ꝛc.
gottsjämmerlich, überaus jämmerlich.
Gottwahls, zu Gottesehren.
Gottswelle, üm - dun, um Gotteslohn arbeiten, umsonst thuen, zu billig arbeiten.
gotwellig, gutwillig.
gov, göv, f. gevve.

Graane, f., Granne, Bart an Korn-, Gerste- und Weizenähren, Fischgräte, Holztheile in Flachs und Hanf.
Grades, auch Girad, und Girret, Gerhard.
Graduus, m., Jemand der unverhohlen seine Meinung sagt.
graduus, gerade aus.
gramm, heiser.
Grand, m., Behälter zur Aufnahme der Malzwürze.
Grüne, f., Migräne.
Graneerung, Garnirung.
graneere, garniren.
grängele, greinen, anhaltend mit näselndem Tone weinen.
Grängeler, m., ein weinerlicher, stets unzufriedener Mensch.
grappe, hastig abreißen, greifen, erhaschen, wegnehmen.
gräsöhrig, unwohl sein in Folge von Schwelgerei, übermäßigem Genusse von Getränken, Nachtwachen ꝛc.
gratsche, mit Nerven erregendem Geräusche über etwas rutschen, schaben, schieben ꝛc.
grüulich, furchtbar, groß, massenhaft, schrecklich.
grauze, greinen, weinen.
Grave, Graben.
grave, graben.
graveerlich, arg, großartig, grauenerregend, übertrieben.
Greev, Greffe.
Greff, Griff.
greff, f. griefe, griff.
Greffel, m., Griffel von Schieferstein.
Greffelscheid, Schulbüchse zum Aufbewahren der Griffeln.
greifslich, gräßlich.
Gress, -back, -breefche, -korv, -läffel, -menger, -schöpp,

-trog, Geriß, kleine Kohlen, Gemenge von Kohlen und Lehm, -beden, -abfolgeschein, -korb, -löffel, -mischer, -schüppe, -kasten.
Gröfs, m., Grieß
Gröfsmehl, Grießmehl.
Greve, auch **Grieve**, Griebe, ausgebratene Fettwürfel.
gribbele, grübeln, nachdenken.
Gribbelegraps, en der - werfe, (holl. grabbel werpen), Raffstelle, in die Greife werfen, z. B.: Geld zum Auframen unter die Leute werfen.
griefe, griefs, grief, greff, gegreffe, greifen.
grielache, hohnlachen.
Grielächer, Spötter.
griemele, hohnlächeln, kichern, versteckt spielen.
Griemeler, Spötter.
Gries, m., Greis, auch zur Bezeichnung für Personen mit flachsweißem Haare.
gries, flachsartig, grau, greis, schimmelich.
Griet, n., Margaretha.
Grieve, auch **Greve**, ausgebrannte Fettknoten.
gringe, greinen, weinen, Gesichterschneiden.
Gringkopp, m., grinsendes Gesicht, Greinkopf, geschnitzter, feststehender oder ausschiebbarer Balken an der Giebelspitze zum Aufziehen von Lasten ꝛc.
grippe, auch **grippsche**, (frz. gripper), listig stehlen, rasch wegnehmen.
Grips, Verstand.
Grisel, m., (kurzes i), Frösteln, Schauder, Schrecken.
grisele, (kurzes i), grausen, gruseln, fieberartig kalt überlaufen, schaudern

griselich, (kurzes i), geronnen bei Flüssigkeiten, schauerlich, schrecklich, schauderhaft.
grön, frisch, grün, einem nit - sin, Jemand übel wollen, nicht leiden mögen.
Grönfleisch, frisches Suppenfleisch.
Gröns, n., Grünes, Laub, Suppenkraut, frisches Viehfutter.
Gröns belöste, wtl. Grünes belüsten; Begriff: auf eine Sache nicht eingehen, keine Neigung zu etwas haben, entgegengesetzter Ansicht sein u. s. w.
Grönsels, Grünzeug.
groo, grau, gröölich, gräulich.
Gröfs, Gruß.
Gröfs-, auch **Befs** und **Bestemoder**, Großmutter.
gröfs, gröfser, gröter, gröfste, grötste, groß, größer, größten.
gröfs besin, verwunderungsvoll besehen.
gröfse, gröfs, gegröfs, gegröfs, grüßen.
Gröfsmuul, n., Großmaul.
Gröste, f., Größe.
Gröt, pl. Gröt, Grat.
gröter, s. grofs, größer.
grötzte, s. grofs, größten.
Gröthubbel, Grathobel.
grov, grob.
Grovianes, Grobian.
Grovschmidt, Grobschmied.
Grummbär, ein mißvergnügter, stets zum Schelten geneigter Mensch.
grumme, brummen, murren, schelten.
Grümmel, Brobsamen.
grümmele, Brob zerreiben.
grümmelig, krümelig.
Grummes, s. **Gegrummps** und **Grummbär**.
grummp, murrt, s. **grumme**
grusele, (kurzes u), fieberhaft über-

laufen. grauen, graufen, fchaubern.
gruselich, (kurzes u), f. griselich,
  grauenhaft, fchauberhaft, fchrecklich.
Grütt, (engl.: grit), Grütze.
gudde, guten.
güdde Mörgelche, Kbfpr.: guten
  Morgen.
Gunda, Kunigunde.
güng, güngk, f, gon, ging, ginge.
Gunn, Günn, auch Gunda, Kuni=
  gunde.

günne, gunt, gegunt, gönnen.
Guss, August, Auguste.
Gustes, m., auch Gusto, Vorliebe,
  Geschmack.
Gutsch, f., richtiger Jutsch, Weiden=
  ruthe.
Gütsche, Kbfpr.: Zuckergebäcke.
güüfs, f. geefse, gießt.
Guv. f., richtiger Juv, Grünbling,
  kleiner Weißfisch.

H f. Einleitung S. 23.

hä un sei, er und fie.
Haach, f., Gefängniß.
Hääd,* m., Heerd, Küchenofen.
Haanappel, m., kleine rothe Frucht,
  welche an Hecken wächst.
Hääschel, Hirfe.
haat, hart, harte, hade, harte, harter.
häät, hääts, f. hüde.
Hantmond, Januar.
Hältstöck, m., Feuereifen zum
  Auswerfen der Schmiedefeuer=
  schlacken.
habbele, schnell und unbeutlich
  sprechen.
habbig, habgierig.
Habillius, m., ne gecken -, (frz.:
  habile), ein verrückter Mensch,
  Jemand der läppische Späße macht.
Habitche, n.,(frz.: habit), Kleib, Rock
Hackepack, Mischmasch, Pöpel.
hackepauz drage, Jemand ritt=
  lings auf dem Rücken tragen.
Hackettner, m., Spottnamen für
  westphälische Solbaten, bedeutet:
  Hade tau! Schlag zu.
Hackklotz, Hackblock.
Hackmetz, n., Hackmeffer, iron.:
  böfes Frauenzimmer.

hade, f. haat, harte, harter.
Häd,* Heerbe, Menge.
hüde, hääts, hüät, gehäät, härten.
hader, häder, härter.
hädewiefs,* heerdenweife.
hagelwiefs, hagelweiß.
haggele, ungleichmäßig schneiben.
haggelig, ungleichmäßig.
Haggemack, -pack, Mischmasch,
  Pöbel.
Hahnebosch, wrtl.: Hahnenbrust,
  Begriff: stark vorstehender Brust=
  kasten.
Hahneklau, Hahnenpfote.
Hahnepeck, Hahnestech, m.,
  Hahnentritt im Ei.
Hahnestetz, Hahnenschwanz.
hahnflüchtig wilde, durchgehen,
  scheu werden der Pferde.
halde, häls, hült, heel, gehalde,
  halten.
Halfer, Pächter.
Halfersch, Pächterin.
Halferschhof, Pachtgut (auf Halb=
  part).
Häll, auch Höll, Hölle.
hüls, hült, f. halde.
Halv, Halbes.

Hälvche, ein halb Quart.
halv, halb.
halve Kopp, halber Kopf, meist gebräuchlich zur Bezeichnung eines der Länge nach durchgeschnittenen Schweinekopfes.
halv ming! halb mein! Halbpart.
Halvscheid, Hälfte.
halvschärp, halbscharf, schräge.
Hame, m., Halsjoch der Zugthiere.
ha'meer, haben wir.
Hämfelche, n., Handvoll, so viel wie man mit der Hand fassen kann.
Hämmächer, Sattler.
Hämmche, n., (holl.: ham) das Knöchelende des Schinken, Schweineknöchel.
hämsche, hüsteln, räuspern.
han, häss, hät, hatt, hätt, gehatt, haben.
Hand, pl., Häng, Hand.
handfass, handfest, kräftig.
Händsche, Handschuh.
Häng pl. von Hand.
Hängche, Händchen; e - vun han, eine besondere Geschicklichkeit für etwas haben.
hange, hängs, hängk; hung; hüng; gehange, hängen.
Hängen, unger - han, unter Händen haben, mit etwas beschäftigt sein.
Hanges, n., Wandbrett mit Knöpfen oder Haken zum Aufhängen von Kleidungsstücken rc.
hängk, s. hange.
Hangkorv, Wandkorb.
hängs, s. hange.
Hangstüvvche, Zwischen - Stockwerks-Stübchen.
Hann, n., Hannche, Johanna.
Hannes, Johann.
Hännesche, Johännchen, Hänschen, iron.: Allerhands - Spaßmacher;

stehende Figur im Kölner Puppentheater.
Hunsmuff, Knecht Ruprecht, des h. Nikolaus. (Zinter Klos), als Beschenker der Kinder.
Hanswoosch, Hanswurst.
han't, haben es, auch haben deren.
Hanteer, m., Art und Weise zu arbeiten, Handhabung.
hanteere, handhaben.
hanteerlich, lenksam, handhablich.
hapere, fehlen, mangeln, scheitern, stocken.
Happe, m., Biß, Mundvoll.
happe, schnappen, hastig zugreifen.
happig, gierig.
happsche, wegschnappen.
här, Zuruf für Zugthiere: links, gewöhnlich die Haarseite bei Pferden.
Här, pl. Häre, Herr.
Härekoss, f., mil.: Herrenkost, Begriff: feines Essen, ausgewählte Speisen.
Här Broder, der Bruder geistlichen Standes.
Harfelische, Harfenmädchen, allgemeine Benennung für vagirende Musikerinnen.
Harnisch, em - sin, in Zorn gerathen sein.
Häs, Hase.
Hasäätche, n., (frz. hasard), fröhliche Fahrt, tolles Vergnügen.
Hasenbrud, n., außergewöhnliches Brod, welches man Kindern als vom Hasen kommend, anpreist.
Haseleer, m., Verschwendung.
haseleere, (frz. hasarder), verbringen, vergeuden, verschwenden, verthuen.
Hasenoss, Haselnuß.
Hasepütche, Hasenpfote.
Haseschade, Fehler an der menschlichen Oberlippe, so daß selbe ent-

Hass — **Heez.**

weber theilweise gespalten ober doch stark vernarbt erscheint.
Hass, Hast.
häss, s. han, hast.
häst'e nit gesin, hast du nicht gesehen, eilig schnell.
hät, s. han.
hät'e, hat er.
hät'erer, s. han, hat deren, ober solche, welche.
hat'r, habt ihr.
hät'r, hat deren, ober solche, welche.
hatt, hart; hade, harter; häder, härter.
hatt, Verstärkungswort: sehr, z. B. hatt gesalze.
hatt, hätt, s. han, hatte, hätte.
hatt op gon, sauer werden, d. h. hart anstrengen, was Einem schwer fällt auszuführen.
hatt op hatt gon, durchaus nöthig sein, wenn's drängt, wenn Noth da ist.
hatt op laache, hell auf lachen.
hatthetzig, hartherzig.
Hatthetzigkeit, Hartherzigkeit.
hatthörig, taub, schwerhörig, unfolgsam.
hattlievig, eigensinnig, hartleibig, verstopft, zähe.
Hattlievigkeit, Eigensinn, Hartleibigkeit, Verstopfung.
hatt'r? habt ihr?
hatt'ste? hattest du?
hätt'r? s. han, hättet ihr?
hätt'ste, hättest du.
Hatz, auch **Hetz,** Hatze, Hetze.
Hau, f., Hacke.
Hau, m., Höche, n., Schlag, Hieb, Witz, Scherz.
Hau, nen - eweg han, nen - sott han, halb verrückt, nicht bei Sinne sein.
Hau un Schnau, Bezeichnung für

barsches Wesen, abgeleitet von hauen und schnauen.
Haudege, Haubegen, iron.: ein handfestes Frauenzimmer.
haue, do häuss, hü häut, ehr haut; haute; häut auch heech; gehaue auch **gehaut,** hauen.
Häuer, großer Zahn.
Häuf, f., Hefensatz.
häufele, anhäufen.
Haukling, Hufschmiedewerkzeug zum Abhauen vorstehender Huftheile vor dem Beschlag.
Hanklötsch, Hackklotz.
Haupsaach, Hauptsache.
Haupstöck, Hauptstück; Abschnitt aus dem Katechismus, wie solcher mit Fragen und Antworten früher in der Christenlehre von 2 Kindern (opgesaht) auswendig hergesagt wurde.
Haupwaach, Hauptwache.
häuss, haut, hänt, s. haue.
Häuv, pl. Häuv u. **Hänvter,** Haupt.
Häv un Göt, Hab und Gut.
Haver, m., Hafer, -güöt, -grütze, -kitt, -speer, -korn.
he, hier.
he dann, vun -, von hier aus.
Hech, Hecht, iron.: Taugenichts.
hechle, hecheln, schikaniren.
Heck, f., Vogel-Brutkorb.
Heck, pl. Hegge, Hecke.
hecke, Paaren der Vögel.
Heckkorv, Vogel-Brutkorb.
Hecksels, auch **Hexel,** klein geschnittenes Stroh.
Heckziek, Vogel-Brutzeit.
heel, s. halde, hielt.
Heen, pl. Heene, Hirn, im pl. z. B. vör be Heene schlon.
Heet, Hirte.
Heez, Hirsch, iron.: kleiner, flinker Mensch.

Hęff, f., Hefe.
Hęff, n., pl. Hęffter, Heft.
Hęffplöster, Heftpflaster.
heför, hierfür.
Hęgge, pl. von Hęck, Hecken.
Hęggenavekat, Winkelabvokat.
Hęggetaatsch, f., graue Grasmücke, welche in Hecken nistet.
hehär, hierhin.
hehin, hierhin.
Hei, f., Mammbär.
Heidenarbeit, beschwerliche, langwierige, kolossale Arbeit.
heie, einrammen.
Heija, f., Kdspr.: Bettchen, Wiege.
heilen Dag, den ganzen Tag.
Heim, Heimath, Behausung; op - an, auf Hause zu.
Heimblieveskärche, wtl.: Daheimbleibenskarre, Vgl. in der Kdspr.: bu must zu Hause bleiben.
Heimermüüsche, n., Hausgrille, Heinchen.
heische, heesch, geheische, heißen.
Heizemann, m., Heinzelmann, -männche, iron.: ganz kleiner Mensch.
Hęld, Helb, Hęldenblot, Helbenblut, -döt, -that, -moth, -muth.
hell'ge Mann, heiliger Mann, St. Nikolas als Bescheerer der Kinder.
hellig, heilig.
hellig Botter, f., bitteres Arzeneiextract.
Helligdum, Heiligthum.
hellige Fott Angenis, Frömmlerin, Scheinheilige.
Hellige, Heiliger.
Helligenbildche, Heiligenbild.
Helligenhüüsche, n., Häuschen ob. Mauernische, in welcher ein Heiliger oder Heiligenbild steht oder hängt.
Helligeknächte, -mädcher, Vorlänger bei feierlichen Aufzügen, jetzt noch bei Maskenzügen in Cöln.
Helligesching, m., Heiligenschein, Strahlenkrone.
Helmes, Wilhelm.
Help, f., Hosenträger, Karrentragband.
Hemb, pl. Hembder, Hemb.
Hembderknopp, auch Hembsknopp, Hembenknopf.
Hembsbödche, Hembborb an Hals und Aermel.
Hembsmau, f., Hembsmäuche, Hembsmöche, Hembärmel, Hembärmelchen, iron.: eine kleine, enge Straße in Cöln, welche die Biegung eines Aermels hat.
Hembsschlepp, m., - timp, f., Hembzipfel.
Hen, Henderich, Heinrich.
Hęngs, Hengst.
Hęnk, f., Henkel.
Hęnkekann, f., Henkelkanne.
Hęnkemann, m., ein Steinkrug in Form der menschlichen Figur; iron.: Jemand der die Arme in die Seite stemmt.
Henkemang, f., - mängche, n., Henkelkorb.
Hęrrgott, Herrgott; we'nen hölzen - do ston, wie ein bummer, hölzerner Mensch da stehen.
Hęrrgöttche, et - kiev, Kdspr.: es donnert.
Herrgotts-Dagedeev, Herrgottstagedieb.
Hęrrgottsfröh, in aller Frühe.
Hęrrgottsgrieläcker, Jemand der über Alles spöttelt.
Herrgotts-Längde, f., lange, schmale Person; ein 5 Fuß 3 Zoll langer Papierstreifen mit Gebeten bedruckt, wie solcher früher als Schutzmittel gegen diverse Uebel

verkauft wurde. Zu Anfang der Gebete stand: Gewisse und wahrhafte Länge unseres lieben Herrn Jesus Christus u. s. w.
herv, herbe.
Hervs, m., Herbst, -zick, f., =zeit.
Hetz, pl. Hetzer, Herz.
Hetz, et - leef im üvver, er machte seinem Herzen Luft.
Hetz, auch Hetzte, Hitze.
Hetzblättche, n., Herzblättchen, Bgf.: Liebling, Herzliebchen.
Hetzbloder, Hitzblase, =blatter.
Hetzblöt, Herzblut.
Hetzbrenner, seiger Mensch, Hasenfuß.
hetze, auch hetze, (wtl.: hitzen und hetzen) antreiben, aufwiegeln, bereden, hetzen.
hetze, herzen, hetzen.
hetze, Stiefel halb vorschuhen.
Hetzeküülche, n., Herzgrube.
Hetzensdeovche, vertraulich: Geliebte, wtl.: Herzensdiebin.
Hetzer, Vorschuhe an Fußgeschirr.
Hetzer, pl. von Hetz, Herzen.
Hetzeras, im Kartenspiele: Herzaß -küning, =könig, -nüng, =neun, -sibbe, =sieben.
hetzhaff, herzhaft.
Hetzjag, f., Hetze, eine eilige Reise, Hetzjagd.
hetzig, aufbrausend, hitzig.
Hetzkloppe, Herzklopfen.
hetzlich, herzlich, stark gesalzen, kräftig gewürzt.
Hetzleevche, Herzliebchen.
Hetzte, auch Hetz, Hitze.
heukele, lieblosend an sich drücken, an sich schmiegen, verzärteln.
Heuphs, Heuochse, Dummkopf.
Hexel, s. Hecksel.
Hexemächer, m., Herenmeister, Zauberer.

Hexeschoss, m., plötzlicher und starker rheumatischer Schmerz im Kreuze.
Hevvamm, Hebamme.
hevve, hivvs, hivv, hōv, hŏv, gehovve, heben.
Hevver, Heber.
Himmel un Äd, wtl.: Himmel und Erde, Bgrf.: Aepfel und Kartoffelbrei.
Himmelangs usston, sehr große Angst ausstehen.
himmele, sterben, die Augen schwärmerisch gen Himmel schlagen.
Himmelrich, Himmelreich.
Himmelsbrud, n., iron.: trockene Speise.
Himmelstäknekränk, -zackerment, fluchender Ausdruck.
hingeneruvver, hintenüber, hinweisend: dort herüber.
hingenoh, hinten nach.
hinger, hinten.
hinger we vör, hinten wie vorne, vor wie nach, es bleibt sich gleich, so wie so.
hinger widder sin, abgemattet, muthlos, in zerrütteten Verhältnissen sein.
hingerdrenn, hinterher, =drein.
hingerein, hintereinander.
hingerenein, hintereinander.
hingerlestig, hinterlistig.
hinger'm, hinter dem.
Hingerpooz, Hinterpforte.
Hingerquatcer, n., Hintervierter, der Hintere.
hingerröcks, hinterrücks.
Hingerveedel, n., Hinterviertel.
Hingesch, n., der Hintere.
Hingeschengk, das hintere Ende.
hingewidder opston, Thüren, Fenster ꝛc., welche so weit wie möglich offen stehen.

hingewidder sin, abgemattet, erschöpft, außer Athem sein, auch in schlechten Verhältnissen leben.
hinge zo, nach hinten zu.
Hipp, f., Ziege.
hippele, hinken.
Hippelepipp, m., alter verlebter Mensch, der nicht fest auf den Beinen ist.
Hippenbaat, Ziegenbart, iron.: Knebelbart.
Hirring, Häring.
Hirringsschlot, n., Häringssalat.
Hirringssiel, wtl.: Häringsseele, wirklich: die Luftblase des Fisches.
Hitza! Zuruf beim Niesten.
hivv, hivvs, s. hevve.
Höche, s. Hau.
höde, höts, höt, hoot, gehoot, hüten.
Höf, Huf.
höfe, häufen, nutzen.
höfe, (holl. hoeven), benöthigen.
Hoff, Hof.
Höff, pl. Hüffte, Hüfte.
Hoffschlot, n., Hofsalat.
Höfiser, Hufeisen.
Höfschmidt, Hufschmied, iron.: auch Grobschmied.
Hüffte, s. Höff, Hüften.
Hohn, pl. Hohnder und Höhner, Huhn.
Hohnderdreck, Hühnermist.
Hohnderkau, -köche, s. Höhnerkau.
Hohndersch, n., Hühnerhaus.
Hohnerhatze, eine große Art von Kirschen.
Höhnerföttche, wtl.: Hühnerhintere, iron.: zusammengeschrumpfte Haut am Ellenbogen.
Höhnerbuck krige, Hühnerhaut, graulich schaudern, gruseln, kalt überlaufen.

Höhnerkau, f., -köche, Korb zur Aufbewahrung und Versendung des Federviehs.
Hohnerklau, -klöche, Hühnerpfote, mem Hohnerklöche krige, Rdst.: Etwas auf eine feine Weise erreichen.
Hohnerplöckersch, Geflügelhändlerin.
Hokespokes, m., Blendwerk, Gaukelei.
hol, holle, hohl, hohler.
Hölde, auch Hülde, Höhlung.
Holder de Bolder, Hals über Kopf.
Höll auch Häll, Hölle.
Höll un Föll, Hülle und Fülle.
Hüll, Hülle, steife hüllenartige Kopfbedeckung der Klosterfrauen bestimmter Orden; früher allgemeine Tracht für Kinder zum Schutze gegen die Sonne.
Holl üvver! Zuruf für Fahrschiffer zum Uebersetzen.
holle, hol, hohl.
hölle, hüllen.
holle, höls, hölt; holt; hölt; geholt, holen.
Hölp, Hülfe.
hölzen Herrgott, m., Rdst.: steifer Mensch.
hönn, Zuruf für Vieh: seitwärts zu gehen.
Hooch, auch Hook, Haken, Schifferstaken.
Höödche, n., Hürde, Fenstervorsatz.
Hook, s. Hooch.
Höömerich, auch Höömet, m., dummer einfältiger, tölpeliger Mensch.
Hoon, pl. Höönder und Höoner, Horn, auch harte Schwielen z. B. an der Ferse, Händen, Leichdorn ic., auch Spottname für dumme Menschen.

hŏŏnbott, ochſig dumm, wenig anſtellig.
Höönche, Hörnchen, coniſcher Einſatz zum Schmiedeamboß, um kleine Ringe zu ſchweißen.
Hoonlänfer, wtl.: Hornläufer, Begr. Jemand der ſchiefgetretene, zerriſſene Fußbekleidung trägt, kommt von barfuß, auf hornartigen Schwielen laufen.
Hoonüül, Horneule, iron.: dummer wenig anſtelliger Menſch.
Hoonveh, n., Hornvieh.
Höörkutscher, (holl.: huurder), Hauberer, Miethkutſcher.
Höörpäd, (holl.: huurpaard), Miethpferd.
Höörwage, Miethwagen.
höörsch, ſ. höre.
Hööſch, m., nen ärmen-, banger, friedlicher, ſtiller Menſch.
hööſch, (engl.: hush), ſtille, leiſe.
hoot, hööt, ſ. höde.
Hoppe, m., Hopfen.
höppe, hüpfen.
höppele, hinken.
Höppeling, m., Froſch, Heuſchrecke.
Höppemötzche, Kbrſp.: einen Stein auf einem Fuße hüpfend, durch einen auf die Erde gezeichneten mehrtheiligen Bezirk derart mit dem Fuße fortſchieben, daß der Spielende keinen der Bezirkſtriche berührt.
Hoppestang, Hopfenſtange, iron.: großes mageres Frauenzimmer.
Hör, pl. Höre, Haar.
Hör en der Botter, Rbſt.: die Sache hat ihr Bedenken.
Hör, pl. Höre, Hure.
Hörböösch, Haarbürſte.
Hörbösch, m., Haarbuſch.
höre, hörsch, hört, hörte, gehört, haaren, Haare laſſen.

höre, hö'sch auch höörsch, hö't; hoo't; höö't; gehoo't, hören.
hore, huren.
Horeminsch, Hure.
Horenhuus, Hurenhaus.
hörig, haarig, ſtark behaart.
Horkes, m., ſchleimiger Auswurf.
hörklein, ganz ausführlich.
hörkse, Schleim ausſpucken.
Hörschnigger, Haarſchneider.
hö'sch, ſ. höre.
Hosenbängel, (kurzes o), Hoſen- u. Strumpfbändel.
Hoss, f., pl. Hose, (kurzes o), Hoſe, Strumpf.
höste, huſten.
Hūſs, m., Huſten.
Hōſs, f., Haſt.
hōſtig, haſtig.
hōſs, bald, beinah, faſt.
Hōt, f., Obhut.
Hōt, pl. Hōt, Hut, Helm eines Brennereigeſchirres, Seiboden des Bierwürzbehälters.
hoo't, höö't, ſ. höre.
hōts, ſ. höde.
Hotschel, Obſtſchnitzel; iron.: eine kleine, verwachſene Perſon.
Hött, Hütte, Bude, Ecke.
hott! Zuruf für Zugthiere: rechts, gewöhnlich die Hautſeite bei Pferden.
Hottepädche, Kbrſpr.: Reitpferd.
hotteweg, ſ. hott.
Hötzucker, m., Melißzucker.
hōv, hōv, ſ. hevve.
Howiel, (holl.: houweil), Haue, Hacke.
Hubäät*, Hubert.
Hubbel, m., Hobel, Erhöhung des Bodens.
hubbele, hobeln.
hubbelig, uneben, eine durch unregelmäßige Erhöhungen unterbrochene Fläche.

Hubbelspien, s. und pl., Hobelspan.
Hubejisa, Hautboist.
Huche, Hader, op de - setze, sich niederkauern.
huche, s. hucke.
Huck, pl. Hück, Haut.
hück, heute, mit van - sin, nicht unerfahren, kein Neuling sein.
hück, hücks, s. hügge.
hucke, auch buche, ducken, lauern, niederkauern.
Huckeparumm, Kinderspiel, bei welchem man sich niederkauert.
huddele, schlecht, unsauber arbeiten, zwei Eier zur Wette, welches das Stärkere, mit den Langseiten aneinander schlagen.
huddelig, nachlässig, ungleichmäßig.
Huddelskrom, schlechte Wirthschaft, unhaltbar gearbeitetes Geräthe ꝛc.
Hofaat, Hoffart.
huffdig, hoffärtig.
hufeere, hochschätzen, mit Auszeichnung behandeln, schmeicheln.
hüggiges, heutigen.
hügge, hücks, hück, gehück, häuten.
hüh! Zuruf für die Zugthiere: Halt!
Hüh, Hühde u. Hühchto, Höhe.
Hüh, m., nen - han, em - sin, eine verrückte oder heftige Laune haben, erregt sein.
huh, hühder, hühter, hühkste und hühtste, hoch, höher, höchsten.
Huhaltar, Hochaltar.
Huhamp, n., Hochmesse.
huhberühmp, hochberühmt.
Hühchte, s. Hüh, Höhe.
Hühde, s. Hüh.
hühder, s. huh.
Huhdütsch, Hochdeutsch.
hühe, anhöhen, höhen, erhöhen.
huhgegivvelt, dummstolz, hochgegiebelt.

huhgeleh't, hochgelehrt.
huhgeschöös, hochgeschürzt.
huhgestoch, hochräumig.
Hubkant, hohe Kante eines flachen Gegenstandes; op de - lege, Hochkant legen, auch als Ersparniß bei Seite legen.
hubkant, hochkantig.
Huhkopp, Canarienvogel mit Federholle.
hühkste, s. huh.
huhmödig, hochmüthig.
huhnödig, hochnöthig.
Huhpooz, Hochpfortenstraße in Cöln.
hühter u. hühtste, s. huh.
Huhzick, Hochzeit.
huhziggig, hochzeitig.
hüle, gehüllt, heulen.
Humm, Hummel; en - dren kumme, Rdrt.: Es stimmt nicht mehr so recht, ein unangenehmer Zwischenfall.
Humpel, f., Himbeere.
humpele, hinken.
Hüng, s. Hungk.
hung, hüng, s. hange.
Hungk, pl., Hung, Hüng, Hund.
Hungsfott, f., Hintere des Hundes, do kriss en -, Verneinung im Sinne: Du bekommst nichts.
Hungsköttel, Hundekoth.
Hungsmadam, f., ein ärmlich oder altmodisch gekleidetes Frauenzimmer, auch Hundeliebhaberin.
Hunnig, Honig.
Huuulgtiäg, auch Bei und Imm, Biene.
hunze, quälen.
Huppet, m., der Hintere.
Huppet, m., der - flahe, Jemanden die Wahrheit sagen, den Hinteren schlagen.
Huppet-Huhhöt, ein unförmlich hoher Damenhut; dem Volksmunde

nach Kobold, dessen Sitz in einem alten Patrizierhause gewesen sein sollte, so benannt nach seinem stolzpernden Gange: Hobbebehopp, Hobbebehopp.

Huppes spille, (frz.: haut-bas), kleine Kinder spielend hochheben und niedersetzen.

hürkele, liebkosend an sich drücken, anschmiegen, umfassen.

hüse, hausen, zosammen -, sparsam leben, zusammen wohnen, haushalten.

huseere, hausiren.

Huseerer, Hausirer.

Hüsuje, (holl.: huisier), Gerichtsvollzieher.

hutsche, hocken, lauernd niedersetzen, lange auf einer Stelle lauern.

Hutschpott, kleiner Kohlenbehälter mit Henkel, Wärmtopf wie die Marktweiber solche zum Wärmen der Beine unter die Kleider setzen.

Hüülbeer, Bier, welches durch Spiel oder Wetten gewonnen worden und gemeinschaftlich getrunken wird.

Hüüldopp, Brummkreisel.

Hüüles, m., Warmbier.

Hüüp, Jauchebehälter, -ofaaß, faß, -ekär, karre.

Huus, pl. Hüüser, je nach Anwendung, auch kürzer: Hus, Hant.

Hüüsche, Abtritt, Häuschen, en blpp -, ein blaues b. h. blutunterlaufenes Auge.

Huusdöör', Hausthüre.

Huushäldersch, Haushälterin.

Huusknäkch, Hausknecht.

Huuskrüz, (kurzes ü), Hauskreuz.

Huusküche, Jemand der nicht gerne ausgeht, Stubenhocker.

Huuslauv, Hauslauch, (Pflanze).

hüüslich, häuslich.

Huuslück, Hausleute.

Huusmannskoss, bürgerliches Essen.

Huusschlüssel, Hausschlüssel.

Hävvel, Hügel, em - han, stolz sein.

I, s. Einleitung S. 18.

I no jo, Ei nun ja, bekräftigender Ausruf.

Iefer, Eifer.

iefere, eifern.

iefrig, eifrig.

Iel, Eile.

iele, geielt, eilen.

ielig, eilig.

Iepekrätzer, zänkischer, unverträglicher Mensch, auch ein solcher der bei Raufereien kratzt.

Ies, Eis.

Iesdopp, conischer Holzkreisel.

iesgroo, eisgrau.

Iespol, m., Frostregen.

iespole, regnen bei Frostwetter, so daß die Tropfen gefroren niederfallen oder niederfallend gleich zu Eis erstarren.

Iesscholl, auch -schülp, Eisscholle.

Ieszappe, Eiszapfen.

Igel, (kurzes I), Igel.

Iggel, m., Hast, Ungeduld.

iggelich, hastig, ungeduldig.

Ija, ja, jawohl.

Ilex, m., Pflanze mit Stachellaub.

Im, Ihm.

Imm, pl., Imme, Biene, -korv, -korb.

Immes, auch **Ümmes,** Jemand.
In, Ihn.
Ingenaz, Ignatz.
Ink, m., auch **Unk,** Dinte.
Inkel auch **enkel,** einzeln.
Inne, inne, Ihnen, ihnen.
inspireere, (frz.: inspirer) begeistern, einflößen.
Irm, n., **Irmche,** ärmliches, verkommenes, auch schlechtes Frauenzimmer; Irmgard.

**Iser, Eisen, -droth, -drath, -fleesol, -fciifspåne, -klör, -farbe, -krom, -loben, -spion, -span.
Iserbåhner, m., Eisenbahnbeamter.
Isere, eiserne, eiserner, eisernes.
Iss, s. esse.
It, Es, it, es, das.
Italije, auch **Italje,** Italien.
itzig, jetzt.
Itzig, Spottname für Juden.
Iwigkeit, Ewigkeit.

J, s. Einleitung S. 18.

Jag, Jagd.
Jkaa, Jänneche, n., Marianne.
Jannsbrud, Johannisbrod.
Jampetatsch, einfältiger, schlenbernd gehender Mensch.
Jan, Johann, Zint -, Sanct Johann.
Jan, un dem - sin, 33 Jahre alt sein, im Kartenspiele Sechs und Sechszig bereits über 33 zählen.
Janhagel, m., Pöbel.
Jannsdruve, schwarze Johannisbeeren, auch rothe und weiße Johannisträubchen.
Jases (kurzes a) s. Jöses.
Jawolja, jawohl.
Jedermallig, Jedermänniglich.
Jelängerjeleever, n., Stiefmütterchen.
Joses (kurzes e) s. Jöses.
jet, (holl. jet), etwas, wenig.
Jett, Henriette.
jeuchele, hohulachen, witzeln, spötteln, auch **gäuchele** und **jäuchele.**
jib, jäh, steil.
Jihdüt, jäher Tod.
Jihdoouch, Reiz zum Trinken.

jibhhastig, jähzornig.
Jihhpss, Jähzorn.
Jihhunger, Heißhunger.
jihlig, jihligs, eilig, hastig, jähe.
Jihligkeit, Hastigkeit.
jihlings, jählings.
Jises (kurzes i) s. Jöses.
jitz, jetzt.
jo, ja.
Jö! Zuruf für Zugthiere zum Anziehen: Marsch.
Johroder, Jahruber, Beipflichter.
jicke, juden, zum Kratzen neigenden Nervenreiz haben, Jemanden malträtiren, schnell arbeiten.
Joddemöhn, f., alte Pathin, namentlich Tante als Pathin.
Johannesföörche, früher Feuer von Kräuterbüscheln zur Verbannung böser Geister.
Johr°, Jahr.
Johrestuhn, m., Jahreslohn.
jöhrig, jährig, **jöhrlich,** jährlich.
Johrsch, könn -, in früheren Jahren.
Johrschzick, pl. -zigge, Jahreszeit.
Jööp, Jupp, Josep, Joseph.

Jömer, Jammer.
jömere, jömersch, jömert, gejömert, jammern.
jömmich, jemine.
Jösos, auch Jisos, Jesos, Jases, vom Namen Jesus hergeleitet, Ausruf des Schreckens und der Verwunderung. (Kurzes ö, i, e, a).
Jöses! Marja! Josep! Jesus! Maria! Joseph!
Jott, Pathin.
Jowopt, Jawort, Zustimmung.
Juch, f., Angst, Aufregung. en der - sin, ängstlich, eilig sein.
Jüd, pl. Jüdde, Jude.
Jüddefleisch, n., Erdschwamm, Pilze.
Juffer, auch Jumfer, pl. Juffre, auch Jumfre, Jungfrau, Werkzeug zum Einstampfen der Pflastersteine.
jügaxe, bei Balgereien lautes Freudengeschrei erheben.
Juhze, Jauchzen.
Juhze, gejuhz, jauchzen.
Jumfer, pl. Jumfre, f. Juffer.

Jumferledder, n., Regliffe, weißer Brustkuchen.
Jumferschaff, Jungfräulichkeit.
Jumferwahs, weißer gelblicher Wachs.
Jümmes, auch Immes und Ömmes, Jemand.
Jung, Junge; verstellbarer eiserner Schmiedebock.
Jungk, jung.
Jungk, e Glas -, ein Glas Cölner Braunbier.
Jungkleesch, n., Neumond.
junkere, heulen, winseln.
Jupp, Jüppche, Jusep, Frauen-Unterrock.
Jupp, auch Jöop, Joseph.
Juss, Justus, auch August.
jüfs, just, so eben.
Justemang, (frz. justement), eben, grade im Augenblick.
justement, absichtlich, grade.
Jutsch, f., Gerte.
Juul, n., Julie.
Juv, f., Döbel, (Weißfisch).

K, f. Einleitung S. 21.

Kaar, auch Kaasch, n., (holl.: kaar), Fischkäfig, auch Bienenkorb.
Kaas, Caisa, besonders: Vereins-Krankenkasse, Schaufenster.
Kaasch, f., Karst.
Kaaste, Kasten.
Kaat, Karte.
Kaate lege, - schlage, aus den Karten wahrsagen.
Kaateschlägersch, Kartendeuterin, Wahrsagerin.
Kääl, pl. Kääls, Kerl.

kääledoll, -geck, heirathsluftig, mannstoll.
Kään, Kern.
Kääz, Kerze, Kääzemöhn, Kerzenverkäuferin an Kirchenthüren.
Kabass, (holl.: Kabas, span.: cabazo), geflochtene Strohtasche.
kabbele, auch käbbele, wortstreiten, zanken.
Käbbelei, Zänkerei.
Kabbeljau, Kabeljau.
kabbeljäuisch, unwohl, übel fühlen,

küche — Kantoriss.

schlecht zu Muthe, zum Erbrechen geneigt sein.
küche, leuchen.
Kackaasch, auch **Kaggendresser,** kleiner Junge, der kleinste Vogel im Neste.
kacke, Rothburst verrichten.
kackgäkl, hellgelb.
Kackhüssche, n., Abort.
Kackstöhlche, n., Kinder-Nachtstuhl.
Kädder,f.,UnterlagezumStiefelablatz
Kadill, f., Lendenstück vom Ochsen.
kaduck, (holl. u. frz.: caduc), abgenattet, hinfällig, kleinmüthig.
Käf, m., (holl.: kaas), Spreu, Abfälle von Körnerfrucht.
Kaffebüggel, -beutel, -bunn, -bohne, -klatschung, -flatsch, -küppche, -obertasse, -mühln, -schwester, -mutt, -satz, -pott, -topf, -kpreit, -tischdeck, -titut, -trinker, auch außergewöhnlich hohe Kaffeekanne.
Kafunjel, m., Weißenharz.
käkele, (holl.: kakelen), gackern der Hühner.
ka'jo, Verkürzung: kann ja.
Kais, Malzkeller.
Kal, m., Erzählung, Gerede.
Kälde, auch **Kill,** Kälte.
kälder, frösteln.
kälderig, frostig.
kalfaktere, anfragen, aufschwärzen.
Kall, (span.: calu), Dachrinne, Abfallröhre.
kalle, erzählen, schwätzen.
Kalmuck, m., wolliges Baumwollgewebe.
Kält, auch **Kälde,** Kälte.
Kaltbeißel, Stahlmeißel zum Abhauen der Metalle.
Kalv, Kalb.
Kalv Moses, läppischer, sich albern gebender Mensch.

kalve, auch **kalvere,** kalben, kindische Späße machen.
Kalverdräger, wrtl.: Viehträger, Spottname für läppische schlaffe Menschen.
Kalverei, f., läppisches, kindisches Gebahren, Gelächter.
kalverig, albern, kindisch, läppisch.
Kalviner, Calvinist.
Kalvledder, Kalbleder.
Kalvsauge, wtl.: Kalbsaugen, iron.: große Glotzaugen.
Kamell, (frz. caramelle), viereckige Zuckerconbstücke.
ka'mer, kann man.
Kamesol, Jacke mit Ärmel.
kamesole, durchprügeln.
Kamm, Kamm.
Kammerpott, m., Nachtsgeschirr.
Kammfuder, n., Brieftasche.
Kammels, Militair, -brud, -brod, -jung, Soldat.
kampeere, campieren.
Kampratt, pl. -rädder, Kammrad.
Kammsledder, (span. gamusa), Wemsenleder.
kun, f. künne.
Kanalje, auch **Karnalje,** (frz. canaille), niedriger Pöbel.
Kanallevagel, Canarienvogel.
kan'e, kann er.
Kuniel, Zimmet.
Kaniff, Nachthaube.
Kann, Kanne.
Känneche, n., ¼ Schoppen.
Kannebüttche, hölzerne Bütte zum Spülen der Biergefäße.
Kannequann, Haarquaß zum Spülen der Viertrinkgeschirre.
Kanonestopper, Spottname für kleine gedrungene Personen.
kanonevoll, total betrunken.
Kantor, auch **Kantor,** Comptoir.
Kantoriss, Commis.

Kapaus, f., **Kapäusche,** kleines Zimmer, Rumpelkammer.
Kapitel, am letzte -, am Sterben liegen, zur Neige gehen.
kapitelfass, kapitelfest, mit - sin, nicht ganz bei Troste, schlecht vorbereitet sein.
Kaplūn, Kaplan.
kapott, (holl. kapot), entzwei, vernichtet, todt.
Kappes, -bläav, -kopp, Kappus, weißer oder rother Kopfkohl.
Kappes sin, Abst.: Es ist nichts, es ist aus, alles verloren.
Kappesblättche, Kappusblättchen, iron.: ein ganz kleines flaches Hütchen.
Kappesboor, pl. -bere, Gemüsezüchter.
Kappesschaver, Weißkohlschaber.
Kapuleer, auch **Schabbeleer,** Scapulier.
Kapung, Kapaun.
Kapützche, Kapuzinerblüthe.
Kär, Karre, en - voll, wtl.: eine Karre voll, iron.: große Masse.
kardaunevoll, total betrunken.
karéét, karrirt.
Kärepäd, Karrengaul.
Käreratt, Karrenrab, en geck we e -, liebesüchtig, mannstoll bei Frauenzimmer.
Kareseoll, Caroussel.
Karfingche, (frz. carafin), Oel- und Essig-Einsatz.
Karick, langer Ueberzieher mit großem Kragen.
karjole, schlecht fahren, rasch fahren.
kärme, (holl. kermen), grämen, wehklagen, wimmern.
Karmenad, Carbonade, Cotelette.
Karpe, pl. **Kärpe,** Karpfen.
karrig, filzig, karg.

Kartuus, f. Katuus.
Karusch, Karausche.
Karwatsch, Karbatsch.
karwatsche, karbatschen, durchprügeln.
Kasack, (span. casaca), Ueberkleib.
Kaschott, Kaschöttche, (frz. cachot), Arrestlokal.
Kaschuleer, m., Schmeichelei.
kaschuleere, (frz. cajoler), schmeicheln.
Kases, (lat. casus), Fall.
Kaste, Militair-Arrest-Lokal.
Kästemännche, alte 2½ Groschenstücke.
Kasteroll, Casserolle, en aal -, ein altes, häßliches Weib.
katollisch, katholisch.
Katömmel, kleine Sorte Aprikose.
Katömmelsnäs, eine dicke stumpfe Nase.
Katring, n., Katharina.
Katuus, bei der - krige, am Schopfe fassen.
Katz, Katze, vör de - sin, vergebens verloren sein.
Katzendärm, wtl.: Katzendarm, wirklich: gedrehter Schafdarm.
Katzeklescha, n., Maasliebchen-Blume, iron.: Ohrfeige.
Katzekopp, Böller, Spottname für Schlosser.
Katzer, n., Schulgefängniß.
Katzesprung, m., eine kleine Entfernung.
katzgrob, Schmiedetheile grob getheilt, mit - sin, zanksüchtig sein.
Kau, f., Küche, n., Hühnerkorb, iron.: kleines Zimmer.
käue, do känns, hä käut; ich kaut; käut; gekaut. kauen.
kaufe; käufs; käuf; kopf; köüf; gekauf, kaufen.
Käufersch, Verkäuferin.

Käut, f., Finne, Hautausschlag, kleines Eiterbläschen.
käutig, finnig, unrein von Haut sein.
kauzig f. kuuzig.
kaveere, versichern, zusichern, gutsprechen, Bürge sein.
Kavent, Bürge, Gewährsmann.
Keenääz, grüne Erbse.
keene, buttern, sinnen, entfernen, aus den Schalen nnd Schoten lösen.
Keer, de eeschte -, das erste Mal.
Keesch, Kirsche.
Keeschotaat, Kirschentorte, -zupp, -suppe.
Keeschfink, grüner Hänfling.
Keeschvugol, m., Singamsel.
Kehrbessem, Kehrbesen.
Kehr, Umkehr, Wendung.
kehre, kehrsch auch keh'sch, kehrt auch keh't; kehrte auch keh'te; gekehrt auch gekeh't, umkehren, wenden.
kehre, dran -, daran stören, darnach richten.
kei, kein.
kela, kindisch weinen.
Kelmche, Kämmchen.
kolme, kämmen. Jemanden mit Worten den Standpunkt klar machen.
kelmol, niemals, keinmal.
Kelch, m., Kehl, starkes Unterkinn, Doppelkinn.
Kellerdil, Kellerdiele; -lock, Einlaßöffnung im Kellergewölbe, -stämpche, kleine Unschlittkerze, wie sie bei Kellerarbeiten gebraucht wird.
Kenn, f., Kinn, Kennepapa, iron.: ein Mann mit langem spitzem Kinn.
Kennnos, n., (holl.: Kennis), nähere Bekanntschaft, Erfahrung, Einsicht, Fertigkeit, Kenntniß, Kunde von etwas haben.

Kennswasser, Mundwasser.
kerre°, kehrsch, auch keh'sc kehrt, auch keh't, keh'te, keh't, kehren.
Kerv, n., Kitz, Kerbe.
Kervel, Kerbel.
Kess, Kiste.
Kelsch, f., Narbe, Butze, Samengehäuse von Kernobst.
Ketteblöm, Löwenzahnblume.
Kettemann, Gefangener, Galeerensträfling, wie sie früher mit Ketten an den Füßen zu öffentlichen Arbeiten verwandt wurden.
Kettemannsenkelche, Schimpfname, wörtl.: Sträflings-Enkel.
Ketten - birum - barum - baum, Kettenein, Ketteparumm, Spiel: Mehrere Kinder fassen sich mit den Händen zu einer Kette und suchen die Andern zu erjagen, welche sich dann der Kette anschließen müssen, bis Alle eingefangen.
keuze, sich erbrechen.
Kevver, Käfer.
kicke, schauen, sehen, lauern.
Kick-en-de-Welt, Neuling, junger unerfahrener Mensch.
Kickschoserei, (frz.: quelquechose), Kleinigkeit.
Kiddel, Kittel.
kiddelrein, nicht schuldbewußt sein; nit - sin, nicht frei von Schuld sein.
Kiel, Keil.
kiele, keilen, schnell laufen.
Kiem, m., Keim.
kieme, keimen.
Kiep, f., Rücken-Tragkorb.
Kiepenboor, der Bauer der ihn trägt.
kiepig, geizig.
Kies, Käse.
Kies, lämmsche, limburger Käse.
Kiesblättche, Spottnamen für kleine Winkelzeitungen.

Kiesbröck, Käsebrod, we'n avgeleckte-nasin, abgelebt aussehen.
kiesig, käsig, ungesunde blasse Gesichtsfarbe.
Kiesklock, Käseglocke.
Kieskoosch, Käsekruste.
Kiesmetz, Käsemesser iron.: Säbel.
Kieve, Fischkieme, Kinnbacken.
kieve, (holl.: kijwen), keifen, wohlmeinend schelten, s. **Herrgottskieve.**
Kind-Goddes, n., freundschaftliche vertrauliche Anredeweise, namentlich an jüngere Leute.
Kinderbett, Wochenbett.
Kingche, n., pl. **Kingcher,** Augapfelstern, auch Kindchen.
Kinderkrom, m., Kinderei, Zeug.
Kinkerlitzcher, Vorspiegelungen.
Kinken, getrockneter Nasenschleim.
Kipaasch, m., vom Reiten oder Fahren wundgeriebener Weichtheil des Körpers.
Kippche, und **Kipphöhnche,** Kbsp.: junges Hühnchen.
kippe, (holl.: kippen), Eier zur Wette einschlagen, welches das stärkere ist.
kirche, heirathen.
Kircheställuver, halbkugelförmiger Fenster-Besen mit sehr langem Stocke, iron.: Kopf mit zerzausten Haaren, hohe krollige Frisur.
Kirmesweck, m., pl. -wegge, Weizengebäck.
kitt sin, quitt sein.
Kitt, n., **Kittche,** ein Geringes, Kleinigkeit, ein Körnchen, einen Augenblick; m. **Kitt.**
Kittel, Kipel.
kittele, kipeln.
kittelig, kipelig.

Kitzhahn, -hohn, Kbspr.: Hahn, Huhn.
Kitzche, n., Etwas, das Kleine, ein Wenig.
Kis, Kies.
kische, hetzen, namentlich bei Hunden.
Kisel, (kurzes i), Kiesel.
Kivitt, eine Taubenart, en schääl-, iron.: eine Person, die kurzsichtig oder trübe Augen hat.
Kivverläx, auch **Koenläx,** grüne Erbse.
kivvere, kirren, aus den Schalen lösen.
Klaaf, m., Gerede, Geschwätz.
klaafe, antragen, klatschen.
Klaafmaul, f. und n., Anträger, Klatschmaul.
klabastere, schlotterig gehen, hinterher laufen.
kläbbele, voll-, beschmutzen beim Gehen.
Klabuster, f., Schmutzknoten.
kladderig, armselig, beschmutzt, erbärmlich, geringfügig, winzig, unangenehm.
Kladunsel, Aufputz.
kladunsele, aufputzen, schmücken.
Kläfter, Absperrung im Taubenschlag.
klam, (holl. klam), feucht.
Klanett, Clarinette.
Klapei, (holl. Klappei), Verläumderin, Klatscherin.
klapele, antragen, schwatzen, verleumden.
Klatsch, f., pl. **Klatsche,** Ohrfeige.
Klätscheche, n., Kleinigkeit, Klitsch, ein Stück weicher Masse, z. B. Butter.
Klatsche, m., Flecken.
klätsche, geräuschvoll aneinanderschlagen, aufschlagen, klatschen.
Klätscher, ganz bider Schüsser.

klätschig, feucht, kleberig, trüb, unausgebacken, weich und teigig, auch triefend, namentlich triefende Augen.
klätschig bätze, mit nassen Lippen küssen.
Klatschkles, frischer Rahmkäse.
Klatschmann, Spottname für Maurer, namentlich für Zimmertüncher.
Klätschmiebes, Jemand mit kranken, triefenden Augen.
klätschnaaß, durchnaß.
Klätschöhrche, n., Flickarbeit.
Klatschros, Klapper- oder Kornrose.
Klättere, getrocknete Augenabsonderungen.
klattere, verurtheilen, bestrafen.
Klau, (engl.: claw), Pfote, grobe Hand, Klüche, Pfötchen, zartes Händchen.
Kläue, n., Knäuel.
kläue, stehlen, entwenden.
klaue, kratzen.
kläuele, aufwickeln, knäueln.
Klavezimpel, Klavier.
Klävkrückche, -ledder, pflaster, n., Jemand der sich überall lange aufhält, der durch lange Besuche lästig fällt.
Klävledder, Knabenspielzeug, ein Stück Leder an welchem eine Korbel befestigt. Das Leder wird naß gemacht und durch Auftreten auf einen Stein geklebt, durch Anziehen der Korbel entsteht eine Luftleere, durch welche das Leder so fest am Steine hält, daß man denselben heben kann.
klävs, s. klevre.
klei, auch klein, klein.
klein krige, alle werden.
klein Lück, geringe, schlichte, unbedeutende Leute.

klein maache, klein machen, wechseln.
kleimödig, muthlos, verzagt.
klemme, klemmen, stehlen.
klemme, klettern, steigen.
Klemmop, m., Epheu, Schlingpflanze.
kleppe, Läuten mit Anschlagen des Klöppels an der Glocke, ohne Letztere zu bewegen.
Klepper, m., Glockenklöppel. Anschlageisen an altmodischen Thüren statt Schelle, altes Pferd.
Klett, f., Klette, iron.: ein lästiger Mensch, welchen man nicht los werden kann.
klevve, klävs*, kläv, klävte, geklävt, kleben.
klovverig, kleberig.
Klick, (frz.: clique), Partei, Rotte, Sippe.
Klie, Klee.
klieze, spalten.
Kling, Klinge, üvver de - schlage, ausarten, dumme Streiche machen.
klinge, klings, klingk, klung, klüng, geklunge, klingen.
Klingelingeling, Adspr.: Schelle.
Klingelsbüggel, Klingelbeutel, kleiner Beutel mit Schelle zum Geldsammeln in der Kirche.
klinke, klunk, geklink, (holl. klinken), klinken, theuer sein.
klink klor, ganz klar.
Klippergold, Rauschgold.
Klitter, m., ein abgespaltenes Stück.
klitzeklein, winzig klein.
Klüche, s. Klau.
Klock, pl. Klocke, Glocke, -gelücks, Glockengeläute, -lügge, -läuten, -klepper, -klöppel, -thoon, -thurm.
klökele, wellenförmig bügeln.

Klökeliser, n., Eisen um Haare zu kräuseln und Stoffe wellenförmig zu plätten.
klog, klug.
Klogscheißerei, Klauberei, Klügelei.
Klogschesser, altkluger Mensch, Klügeler.
Klomme, Zi -, Sanct Columba.
Klooch, Feuerzange.
Klöpp, Tracht Prügel.
kloppe, klopfen.
klöppe, schlagen, prügeln.
Klüppel, Bildhauerhammer, Holzstab, Prügel.
Klör, (frz. couleur) Farbe.
Klör, n., Clara.
klör, klar.
kläre, klären.
Klore, ale -, alter Fruchtbranntwein.
Klös, Nicolaus, Spottname im Sinne: dummer Kerl.
Klütsch, m., Klotz, schweres Kind.
Klotz, Bruthenne, iron.: Mutter von vielen Kindern.
Klotz-Auge, Glotzaugen.
klotze, Eier ausbrüten.
Klovve, m., **Klövvche,** Kloben, eine dicke Nase, kurze Pfeife, Nachschlüssel.
klüchtig, (holl. kluchtig), eigenthümlich, klüglich, sonderbar.
Klump, (holl. klomp), Holzschuhe.
Klümpcheszucker, Candiszucker.
Klumpe, m., Klumpen, Menge, Stückzucker.
Klüngel, geheime, verdeckte Abmachung, Verabredung, Vereinbarung, welche auf dem Wege der persönlichen Bekanntschaft oder durch Protection erreicht wird.
klüngele, von **Klüngel,** s. d.
Klüngelesche, Kupplerin, Zwischenträgerin.

Klüngelarbeit, unordentliche Arbeit, Pfuscherei.
Klüngelsmatant, f., unordentlich, nachlässig gekleidetes Frauenzimmer, auch Kupplerin, Zwischenträgerin.
Klüngler, m., handelnde Person beim Klüngel, s. d.
Klunt, f., liederliches Frauenzimmer.
Klunte, Schmutzkuvern.
Klupp, m., eine Anzahl Menschen die dicht zusammen stehen.
Klupp, f., Gewinde-Schneidewerkzeug.
Klister, (lat. olaustra), Kloster.
Klästerche, Hausschloß.
Klät, f., gemeiner Kerl, zu kleinen Ballen gekautes Papier.
Klütte, Butterkloß, -form, gepreßter Torf.
Klütteform, Torfpreßform, iron.: hoher cylindrischer Herrenhut.
Knäkch, Knecht, iron.: dicke, große, stumpfe Nase.
knaatsche, articulirend weinen bei kleinen Kindern.
Knabbe, Torfkohlen.
knäbbele, sich zanken.
knabbere, mit den Zähnen langsam abnagen.
Knabbüss, Knallbüchse.
Knabbüssenholz, Holunderholz.
Knadderdarius, Spottname für kleine gedrungene Menschen.
Knallbüss, Knallbüchse.
knalle-fall, plötzlich, unvorhergesehen, zufällig.
Knaller, schlechter Tabak.
Knallhätche, Zündhütchen.
Knallhütt, Wurfstelle beim Kinder-Ballspiel.
Knallkötche, n., Peitschenklinge.
knallruth, hochroth.
knappe, knappen, etwas mit Ge-

räusch abbrechen; en Flasch -, eine Flasche trinken.

knappig, hart gebacken oder gebraten.

Knappstoss, m., -stösschen, n., Schicksalsschlag, unangenehmer Vorfall.

Knaster, Kanaster-Tabak.

knatsch, nur in Zusammensetzungen gebräuchlich, ganz, total.

knatsche, mit offenem Munde Speisen hörbar zerbreien, namentlich beim Obstessen.

knatschgeck, ganz verrückt.

Knatschgeck, ne -, ein total Verrückter.

knäuele, nagen, wiederholt und in kleinen Bissen abnagen.

Knauf, pl. Knäuf, Knopf.

Knäuf op de Auge, wtl.: Knöpfe auf den Augen, Bgrf.: Jemand der schlecht sieht, oder etwas nicht schnell wahrnimmt.

Knaulapp, Spottname für Schuster.

knävvele, mit Knöcheln spielen.

knedde, knets, knet, geknett, kneten.

Knedder, Stampfer, wie solche in Küchen zum Zerkleinern und Zerkneten von Kartoffeln 2c. gebräuchlich.

Knee, Knie.

Kneebrecher, eine Sorte altkölnischen Bieres.

kneene, kuleen.

Kneff, s. und pl. Kniff.

kneffielich, eigenthümlich, niedlich, zierlich.

knespele, kleine Handarbeiten mit Gedult anfertigen.

Knespeler, Jemand der sich mit kleinen Arbeiten befaßt.

knestere, knistern, kleine Gedultsarbeiten verrichten.

Knesterei, Gedultsarbeit.

Knevvel, Kuebel.

Knevvelbaat, Knebelbart.

knevvele, knebeln.

knibbele, (engl. knabble), langsam kauen, knippern.

Knick, m., Kreide.

Knickebein, m., Liqueur mit Eidotter, alter schlottriger Mensch.

Kniekschröm, Kreibestrich.

Kniebes, Kopf.

Kniep, ordinaires Zuschlagmesser.

kniepe, kneifen, zwicken, zwinken.

kniepig, geizig, karg.

Knies, Schmutz, Streit.

Kniesbüggel, -ohr, n., Grizhals.

kniestig, filzig, geizig, schmutzig.

knifflich, eigenthümlich, niedlich, sonderbar, zierlich.

kniggerig, trocken, zäh und knickerig.

knigggewiess, blaß, kreibeweiß.

Kning, Kaninchen.

Knippche, n., om - sin, auf dem Punkte, im Begriffe sein, am äußersten Ende.

knippe, auch knippse, mit den Fingern einen Gegenstand wegschnellen, oder dieselben dagegen schnellen lassen.

Knippplatz, ovales, in Vierecke eingekerbtes flaches Gebäck mit Zucker überstreut.

knippse, auch knippe, s. b.

Knippzang, Kneifzange.

knitsche, brummen, verdrießlich murmeln.

Knochegerümsch, n., Knochengerippe, iron.: sehr magere Person.

knochendröch, durchaus trocken.

Knochenhäuer, iron.: Fleischer.

Knodde, Knoten - Schleife, da'n meer nen bade -, bas ist mir eine unangenehme, beschwerliche Sache.

Knöddel, Knoten, Tuchschleife.
knöddele, knoten, knüpfen.
knüll sin, betrunken sein.
Knoll, Zuckerrübe.
knollig, derb, grob, knotig.
Knoosch, (holl. Knos), Knorpel.
Knopp, pl. Knöpp, Knopf.
Knopp, nen als -, will. alter Knopf, iron.: ein alter Herr.
Knöppdoch, kleines Frauenhalstuch.
knöppe, knöpfen.
knöppe, knüpfen, filiren.
knottere, knottersch, knottert, geknottert, räsoniren, schelten.
knotterig, mürrisch, verdrießlich.
Knotterpott, ein mürrischer stets zum Schelten geneigter Mensch.
knospere, knuspern.
knosperig, knusperig, hart gebacken oder braun gebraten.
Knubbel, (holl. Knobbel), Beule, kleiner gebrungener Mensch, Kloß, Menge; op einem -, aufeinander gehäuft.
Knubbelendores, Spottname für kleine gedrungene Personen.
knubbelig, buckelig, holperig, knollenartig, knotig, uneben.
Knüdel, Mehlnubel.
knudele, zerdrücken, heftig liebkosen, an sich schmiegen.
knuffele, (holl. knuffelen), roh behandeln, stoßen, zerdrücken, zerzausen, auch entgegengesetzt: brüsten, herzen, liebkosen.
Knüles, ein unanstelliger, dummer Mensch, auch eine filzige, übertrieben sparsame Person.
Knünch, (lat. canonicus), geistlicher Stiftsherr.
Knupp, n., untergähriges Bier.
Knupp, m., Puff, Stoß.
Knüppche, n., gelinder Stoß, Schildsalsschlag, kerngesunde kleine Person knuppe, stoßen.
Knuppe, in gem. Reden.: Hände, Pfoten, en de - krige, Jemanden zwischen die Finger kriegen.
Knurvel, m., Knorpel, Schnaps.
knüsele, (kurzes ü), beschmutzen, zerknittern.
knüselich, (kurzes ü), schmutzig, unrein.
Knüte, grobe, schmutzige Hände.
knutsche, auch knuutsche, zerdrücken, Stoffe knittern, platt drücken.
knuutsche, derb liebkosen, herzhaft an sich schmiegen.
Knuuz, Ohrfeige.
knüüze, (holl. knoezen), Jemanden ohrfeigen, boshaft quetschen, stoßen, schlagen.
Knuuzenbüggelche, Spottname für kleine unansehnliche, häßliche oder verwachsene Personen.
Knuvarbeit, kleine Gedulbarbeit.
knuve, drücken, liebkosen, kleine Gedulbarbeiten machen.
Knüver, ein sehr bedächtiger sparsamer Mensch, Jemand der kleine Arbeiten mit Gedulb anfertigt, auch mit Ausdauer Sachen auskundschaftet.
Knuvlauf, Knoblauch.
Kobes, Jakob.
Koch, pl. Köch, Koch.
Köch, Küche.
Köche, Kuchen.
Köche, s. Kau.
Köchemetz, Küchenmesser.
Köchepitter, ein Mann der sich eingehend um Haushaltungs- und Küchen-Angelegenheiten bekümmert.
Kochmakrone, feine Suppennubeln.
Kochmond, August.
Ködche, Ködelche, Corbula.

kodde, kott, böfer, bös.
Koffer, Kupfer, Reifefaften.
Koh, -flader, -löfs, -heet, -schmeer, - stallsflinderich, -sletz, Kuh, emift, sfuß, (iron.: Militair-(Gewehr), shirt, sbutter, Spottname für Kuhmagb, sschwanz.
köhl, fühl.
Kühlde, Kühle.
köhle, kohln, köhlt, gekohlt, fühlen.
Kohm, (holl. Kaam), Kahm, Schimmel auf gegohrener Flüffigfeit.
köhkele, auch kåkolo, Gadern der Hühner.
kolenteore, etwas verwalten.
Kollet, (frz. collet), Jacke mit Ärmel, beim - krige, beim Kragen faffen.
Kül, m., schwarze Kuhe.
Kol, pl. **Kolle**, Kohle, -keks, -tille, -schöpp, -schüppe, -trog, mtaften.
Kolle, f. Kol.
kölle, Jemanden anführen, ärgern, zum Beften haben, foppen.
klille, Glimmen der Kohlen.
Kölle, Stadt Cöln.
Kollefeis, Spottname für einen hohen oder außergewöhnlich großen Herrenhut.
Kollekär, f., Kohlenkarre.
Kollomels, Kohlmeife.
Kollemofs, n., Kohlenmaß, f., iron.: Cylinderhut.
Kullerei. Fopperei, kleine Betrügerei.
kollig, böfe, eigenthümlich, schlimm, fonderbar, übel, unangenehm, unwohl.
Kölsch, Schleim-Huften.
kölsch, kölnisch.
kölsche, kölnifche.
kölsche, beschwerliches Ausmerfen des Bruftschleims.

Kolve, Kolben.
köm, köm, f. **kumme**.
köm'e, köm'e, kam er, käme er.
Komkommer, (frz. concombre), Gurken, -schlöt, n., -falat.
Kommang, m., (frz. comment), Art und Weife, Manier.
kopf, kipfif, f. **kaufe**.
Koon, pl. **Köhner**, Korn.
Koonblöm, Kornblume, -schlöt, n., -falat.
Koor, Probe, -wöhscheche, Probewursch, wie folche beim Schlachten befreundeten Familien zugeschickt wird.
Koor, n., (frz.: corps), Truppe, Pöbel
Koosch, Krufte, Rinde.
koot, kurz.
koot un got, kurz und gut, abgemacht.
koot un klein, kurz und klein, ganz zerftört.
kooz, kurz, unlängft.
kööze, kürzen.
koozlim, (kurzes ö), kürzuut.
Kopp, pl. **Köpp**, Kopf, inem letzte - gon, rttl.: mit dem letzten - gehen, Rbst.: dem Sterben nahe fein.
Koppbreches, n., Kopfbrechen, Bedenklichkeit, Scrupel.
Köppche, (engl. cup, holl. koopje, frz. coupe), Obertaffe.
Koppdöch, Kopftuch; ein zur Hülle gefaltetes Tuch, wie folches die Bäuerinnen im Rheinlande tragen.
köppe, hinrichten, Kopfabschlagen, Windfabenftränge an einem Kopfende umwideln.
Kopping, f., Kopfschmerz.
Kopplums, Kopflaus.
köppsch, eigenfinnig.
koppschon, gewitzigt, vorfichtig.
Koppstück, ein Theil des Thier

kopies, ⅙ Thaler; en halv -, 2½ Groschenstück.
korischeere, do korischeesch, hä korischeet, korischeet, verbessern.
korre, koorsch, auch kop'sch, koort, auch kop't, gekoort, auch gekop't, kosten, proben, schmecken.
Korv, pl. Körv, Korb.
Korvmächer, Korbflechter.
Koss, Kost.
kosse, gekoss, kosten, werth sein, gekostet.
Kösse, Kissen, -zeege, -überzüge.
Kossgänger, Tischabonnent.
kossspillig, kostspielig.
Koste, Kosten.
Köster, Küster.
Köt, (holl. Koord), Kordel,
Köt, sich durch de - maache, wtl.: aus dem Netze winden, Bsp.: fortlaufen, weg ⸗, desertiren.
Kötche, n., Bindfaden.
Kotörfche, n., (span. cotofre, mittelhochd. kadrolf, guterolf), kleines Fläschchen.
kott, kodde, bös, böser.
kötte, (frz. quêter), betteln, unablässig bitten.
Köttel, m., (holl. Keutel), zusammengeballter harter Koth von Menschen und Thieren.
Köttel, Spottname für kleine Leute, auch kleiner Junge.
köttelig, klein.
Köttelskääl°, Spottname für kleine Menschen.
kotze, sich erbrechen.
Kötzel, angewöhnter Husten.
kützele, mit Auswurf husten; leichtes Erbrechen bei Kindern nach dem Genusse von Milch.
Kötzer, Jemand der gewohnheitsmäßig mit Auswurf hustet.

Kotzmenger, Leute die mit Kaldaunen, Därmen und sonstigen Fleisch- und Viehabfällen handeln.
Kotzwoosch, Kaldaunenwurst.
Kovvelenz, Coblenz.
Kraach, Krach, met Aach un -, mit Ach und Krach, zur genauem Noth.
kraache, krachen.
Kraachkapp, altes, zanksüchtiges Weib.
Kraachmandel, süße Mandel.
krabbele, mit den Fingerspitzen auf der Haut hin- und herfahren.
Krabitz, zänkische, unverträgliche Person.
krabitzig, zänkisch.
Krack, f., abgemagertes Pferd.
kradeplatt, ganz platt.
kradig, böse, eigensinnig, zänkisch.
Kraff, Kraft.
kräg, s. krige.
Krakiel, Streit, Zank.
krakiele, streiten.
Krakieler, Zänker, Händelsucher.
Krall, f., Kralle, Koralle.
krall, brav, munter, nieblich.
krallroth, hochroth.
Kramasse, Grimassen, falsche Vorspiegelungen, komische Geberden.
Kramp, pl. Krämp, Krampf.
Krampen un Äugeleber, Haken und Oese.
Krampoder, Krampfader.
Krängde, Kränk, Fallsucht, Krämpfe bei jungen Hunden und Katzen.
Krankölllg, Jemand der leicht erkrankt ist, der sich gefällt den Kranken zu spielen, oder sich kranker stellt, als er wirklich ist.
Krät, Kröte, böses, zänkisches Frauenzimmer.
Kratsch, Riß, Schramme namentlich im Gesichte oder an den Händen.

7*

kratsche, mit einem Gegenstande über etwas rutschen oder streifen; auf etwas beißen, z. B. auf Sand, so daß ein empfindlicher unangenehmer Ton hervorgerufen wird.
Kratz, f., Kratzer zum Ausziehen des Feuers aus Backöfen.
Kratzböösch, f., närrischer, zänkischer Mensch.
kratzböschtig, ärgerlich, verdrießlich, zänkisch.
Krätzcher, Bauchwinde, Späße, Witze.
Krätzesmächer, Spaßmacher, Witzbold.
kratze, kratzen, scharren, schnell laufen.
Krätzer, m., schlechter, saurer Wein, Fußkratzeisen.
Krau, n., gemeines Volk, Gesindel.
Krau, koine - mih dun welle, - - - - künno, nicht mehr arbeiten wollen, hinter Athem sein.
Kräu, m., Kräße, krätzähnlicher Ausschlag.
Kräubalg, Aussätziger, auch Schimpfname.
Krauder, f. Krauter.
Kräuder, f. Kruck.
kraue, Jemand ärgern, eilen, kratzen, laufen, malträtiren.
kraue gon, entwischen, schnell fortlaufen.
Kräuel, non als -, ein alter, unangenehmer Mensch.
kräuele, zu Wohlgefühl gelinde kratzen.
Kraues, n., niedrige, ärmliche Stube.
Krauter, kleiner Handwerker, Pfuscher.
Kranz, do solls do de - krige, da'fs öm de - zo krige, dat's do de - kriss, Ausruf der Verwunderung, auch des Zornes im Sinne: Kreuz schwere Noth.
Krebbenbesser, Krippenbeißer, hedtischer, launiger, widerspenstiger Mensch.
Kreem, f., Mutterschwein.
Kreg, Krieg.
krege, kriegen.
kregel, appetitlich, gut aufgelegt, munter, reinlich, zierlich.
Kroger, Krieger.
Krei, Kohlenschlacke.
krenzele, sich zieren, auf Toilette Weise putzen.
krenzelich, geziert.
Krepp, Krippe, Weihnachts-Ausstellung der Geburt Christi.
Kreppche, Puppentheater, e nett -, iron.: eine saubere Gesellschaft.
Krops, Kehlkopf, **mem - krige**, Jemand am Halse fassen.
Kress, Christian.
Kress, pl. **Kreste**, Christ.
Kressdag, Weihnachtstag.
Kresskingche, Christkindchen, -nunch, -nacht.
Kresteminsch, Christenmensch.
Krestes und **Krestus**, Christus.
Krestijan, auch **Kress**, Christian.
Krestus, f. **Krestes**.
Kreuz-Komedo, f., in gemeiner Sprachw.: ein besonders komischer Vorfall, Vergnügen.
Kribbel, m., Mißlaune, Ungeduld.
Kribbelau, f., zänkisches Frauenzimmer.
Kribbele, n., nervenreizendes Jucken.
kribbele, jucken, kritzeln, unleserlich schreiben.
Kribbelekrabes, m., Kribskrabs, ein Durcheinander von Schriftzügen.
kribbelig, ärgerlich, erregt, heikelig, schwierig, verdrießlich.

Kribbelkopp, ein schwer zufrieden zu stellender Mensch, Mißmuthiger, Jänker.
kribbelvoll, ganz voll, über und über bedeckt.
Kriemer, m., rheumatischer Schmerz.
Kriemer, m., Kramwaarenhäudler.
Kriemersch, Krämerin.
kriesche, do kriesch, hä kriesch, ich kresch, gekresche, (holl. krijsche), kreischen, weinen.
Krieschkopp, weinerlicher Mensch.
krige, kriss, kritt, kräg, gekrüge, nehmen, erhalten, bekommen.
krige, jet ärver sich krige, vor Freude, Schrecken, Wuth u. s. w. eine heftige Gemüthserregung erleiden.
Krih, m., Krähen, Schrei.
kribe, kribs, kriht, krihte, gekriht, krähen.
krimpe, krimpeln, krampfhaft zusammenkauern.
Krimskröm, m., Kleinigkeiten.
Kringel, Ringel, welche in zu fest gedrehtem Seile oder Garn entstehen.
kringele, ringeln bei gedrehten Schnüren, Seilen 2c. 2c.
kripeere, verenden, krepiren, platzen.
kriss, s. krige.
krist'e, bekommst du.
kritt, auch krit, s. krige.
kritt'e, bekommt er.
krittlich, kritisch.
kritt'r, bekommt deren, erhaltet ihr.
kritsche, Knarren trockner Schuhe und Stiefel; Knirschen beim Gehen über gefrorenen Schnee, beim Beißen auf sandige Theile.
kritschele, mit den Zähnen knirschen, mit einem Gegenstand über einen andern kratzen, so daß ein nervenerregender, unangenehmer Ton entsteht.

krüche, am Wildpret, Federvieh u. s. w. vor der Zubereitung die Knochen brechen.

Krück, Krücke, Thürklinke.
Krückebohr, n., Krückenbohrer.
kroff, kröff, s. kruffe.
Krog, Krug.
Krohl, Krähe.
Kröl, Choralsänger.
kröll, kröllig, (holl. krul), kraus.
Kröllkopp, Krauskopf.
Krölltaback, Kraustabak.
Kröm, f., - am Liev han, Beleibtheit, Feistigkeit, Grobkrume.
Kröm, m., Kram, Kramladen.
krome, kramen, niederkommen.
Kromesvagel, Krametsvogel, Kirschdrossler.
Kromm, f., Sichel, m., iron.: krummbeiniger Mensch.
krumm, krumm.
Krömmde, Krümmung.
Krommstivvel, Spottname für krummbeinige Menschen.
Krönzel, Stachelbeere, iron.: jimperliches Frauenzimmer.
Krönzelotaat, Stachelbeertorte.
Krötisch, f., eine kränkelnde, jimperliche, stets klagende Person.
krötsche, klagen, kränkeln, sich krank stellen, ob. eine Krankheit einbilden.
Kropp, m., pl. Kröpp, (holl. Krop), Kropf, Auswuchs am Halse, Kopfsalat.
Kröpper, m., Kropftaube.
Kroppschlöt, n., Kopfsalat.
Kros, m., Durcheinander, ein großer Theil Arbeit.
Krosarbeit, allerhand kleine, auch schwierige Arbeit.
krose, anhaltend, rastlos arbeiten, auch bald hier bald dort arbeiten.

Kröt, (holl. kroot), rothe Rübe.
Krott, kleiner Junge.
krötte, auch **krutte**, Bedenken tragen, sich über etwas Kopfbrechen machen.
krottig, klein, unansehnlich.
Krottaasch, m., kleine Person.
Kruck, pl. **Krücker**, auch **Krügger**, **Krückehe**, Kraut, Keim. Kräutchen.
Krückehe röhr mich nit an, eine hechtische, leicht beleidigte Person; impertinentes Frauenzimmer.
Kruckedill, Krokodil.
Kruckestopper, m., kleine, gedrungene Person.
Kruckstein, Mörser.
Kruckstösser, Mörser-Stösser.
kröddelich, misslaunig, verdrießlich.
kruffe, **krüffa**, **krüff**, **kroff**, **krüff**, gekroffe, kriechen.
Kruffee, Wamms ohne Aermel, kleines Zimmerchen.
Kruffhohn, kleine, langsame, unansehnliche Person, Zwerghuhn.
krugge, **krucks**, **kruck**, gekruck, jäten.
Krügger, s. Kruck.
Krün, **Krünche**, Krone, Krönchen, auch Brustbild auf Geldstücken im Gegensatze zu Letterke: Inschrift.
Krünkel, m., verdrückte Stelle, Bruch im Stoffe.
krünkele, (holl. kronkole), Stoff brüchig falten, knittern.
krünkelig, verdrückt, zerknittert.
Krüs, Krause.
kräsele, kräuseln.
kraus, kraus, im pl. krus. z. B. **krus Senn**, iron.: Grillen haben, Muden.
Krauskopp, Krauskopf, Sternenbohr-Fräser.

Krüz, pl. **Krüzer**, (kurzes ü), Kreuz. **krüzen un sähne**, wörtl.: bekreuzen und segnen.
Krüzer, im Kartenspiele: Kreuzeras, Kreuzaß; -**künning**, -könig, -**nüng**, -neun; -**sibbe**, -sieben.
Krüzhammer, Kreuzhammer, an welchem die schräg zulaufende Seite quer zum Hammerstiele steht.
Krüzmurrekopp, Taubenart.
Kücke, ganz junges Huhn.
kuckele, sich vor Lachen schütteln.
Kuckelekopa, pl. -**köpper**, Kohlrabikorn.
Kückelekü, Abspr.: Hahn.
Kucklenbaum schlön, Purzelbaum schlagen.
Kuddel-Muddel, m., Durcheinander, Unordnung, verworrene Geschichte.
Kudderwelsch, Kauderwelsch, unverständliches Gerede.
Kudegat, (frz.: corps de garde) Gesindel, Menge ungebildeter Menschen, iron.: eine Rotte zerlumpter Soldaten, wie sie zu Zeiten Napoleon I. von Russland zurückkamen.
Kufetöör, f., (frz.: oouverture), Buchumschlag.
Kühl, krauser Kohl.
Kujenät, absichtlich schlechte Behandlung.
kujeneere, (frz.: colonner), maltraitiren, misshandeln, schlecht behandeln.
Kujūn, (frz.: coion), Schäker, Taugenichts.
Kulerav, f., Kohlrabi.
Kuletsch, m., Lakritz.
Kumede, Comödie.
Kumediant, Schauspieler.
Kumfeck, Sackwort, beim ungebildeten Publikum sprachgebräuchlich auch: Cassendefect.

Kamfor, n., (holl.: Komfoor), Küchenofen.
kamfus, (frz.: confus), verlegen, wirr.
Kamite, n., Comité, Ausschuß.
komme, kömps, küss, kümp, kätt, kpm, kfm, komm, gekomme, kommen.
Kummedeer, m., Bestellung, befehlshaberischer, gebieterischer Ton.
kummedeere, befehlen, gebieten.
Kummelkant, Communikant, Theilnehmer am h. Abendmahle.
Kummeljon, Communion.
Kummessär, Polizei-Commissar.
Komod, hohe Damenhaube von Mullzeug, Schubladenkasten.
komod, gemächlich, behaglich, bequem.
Kump, Schüssel.
Kumpanel, auch Kampanie, Gesellschaft, Kompagnie, Sippe.
Kumpanjong, Gesellschafter, Theilhaber.
kömp'e, s. komme, kommt er.
Kompeer, (frz.: compère), Gevatter.
Kumpeesch, Gevatterin.
kumpig, gerundet, vertieft, beckenund schüsselförmig.
Kumplement, n., Compliment, Verbeugung, Schmeichelei.
komplett, (frz.: complet), vollständig.
Kumplementemächer, gezierter Mensch, Jemand der viele Umschwelle macht.
Kumpliet, Abendandacht.
Kumpress, Compresse.
Kun, Kün, m., Conrad.
kundemoore, (frz.: condamner), verurtheilen.
Kundewitte, (frz.: conduite), gute Erziehung, gebildete Manieren, angenehmes Benehmen.

Kunibält*, Kunibert.
Kunibältspütz*, Kunibertsbrunnen, aus welchem nach dem Kinderglauben die neugeborenen Kinder gefischt werden.
kunkele, (holl.: konkelen), heimlich schwatzend zusammen Pläne machen.
Kunkelefas pl. Kunkelefase, auch Kunklefase, Ausflüchte, beschönigende Ausreden, unbegründete Einwendungen, verworrene Geschichten, Ränke, Verdrehungen, Verwirrungen, falsche Vorspiegelungen.
Kunn, auch Gunn, Gûnn und Gunda, Kunigunde.
künne, ich kan, do kans, hä kan, kunt, künt, ehr könnt, gekunt, können.
Künning, König.
Kuns, Kunst.
Kunsäät, Concert.
kunsemeere, (frz.: consumer), zu sich nehmen, verbrauchen, verzehren.
Kunsens, m., Zustimmung, Erlaubniß.
Künstler, Künstler.
könst'e, könntest du.
künnt, s. künne, könntet, könnt.
kûnt'r? könnt ihr?
kunsterneet, (frz.: consterné), verblüfft, verwirrt, überrascht.
kuntant, (frz.: content), freundschaftlich, vertraulich, zufrieden.
kunt'e, s. künne, konnte er.
Kuntenans, (frz.: contenance), Anstand, Fassung, ernste Haltung, gute Miene zum bösen Spiele.
Kunterbass, Contrebaß.
Kunterfei, Portrait.
Kuntor, auch Kantor, Comptoir.
Kuntoriss, auch Kantoriss, Comptoirist.

Kuutroll. Controlle.
kupeleerv. (frz.: copuler), heirathen, trauen, vermählen.
Kupp, m., Haufe, Menge.
Küpp, f., (frz.: coupe), Obertheil des Hutes, Untertheil eines Kochkessels.
Kupplesche, Kupplerin.
Kuuzep, Concept; us dem brüngge. Jemand den Übergang verwirren; us dem - kumme, in Rede-Verlegenheit kommen.
Kurant, n., Geld, klingende Münze.
Kuräut, Corinthe.
Kuräutekucker, (holl.: Korentekneker), Geizhals, Kleinigkeitskrämer, Knauser.
Kurasch, f., (frz.: courage), Muth.
kurrek, (frz.: correct), fehlerfrei, kunstgerecht, regelrecht.
Kuriänderche, Corianderkörnchen.
kurjös, auch **kurjöösch,** eigenthümlich, drollig, sonderbar, wunderlich.
Kurmel, m., Haufen, Menge.
kusche, stillhalten, stillliegen, beschwichtigen.
Kuschemusch, m., Durcheinander. Gericht von gestopftem Stockfisch, Kartoffel und Zwiebel; - drieve, Unterschleif treiben, überlisten, eine Sache verwirren.
Kuschtei, Castanie.
kuschteienbruhng, castanienbraun.
kuschtig, ruhig, still.
Kuxel, f., (kurzes u), unreinliches Frauenzimmer.

Kuxelei, (kurzes u), nachlässige, schmutzige Arbeit.
kuxelig, (kurzes u) ärmlich, elelerregend, schmierig, schmutzig, unordentlich, zerknittert.
küss, i. kumme, kommst.
küsst'e? kommst du?
kütt'r. i. kumme, kommt er.
kutt'r? kommt ihr?
Kuul, Maule, Grube.
Küüles, finnessinniger, schweigsamer Mensch.
Küüleskopp, bitter, ausdrucksloser Kopf.
Küülkopp, m., Froschquappe.
küüme, küümps, küümp, geküümp, (holl. kuimen), ächzen, stöhnen, wehklagen.
Küümbretzel, Kümmelbrezel.
Küümerei, f., fortwährendes Klagen und Stöhnen.
küürig, wählerisch im Essen.
kunzu, mißlaunige Miene machen, nach dem Schlafe halbwachend liegen, schlummern.
kuuxig, schläfrig, schlecht gelaunt, träge.
Kuvällt, Couvert.
Küvel, m., Kübel, ein Haufen Koth.
Kuvent, Couvent, Stift für alte Leute.
Kuventsmöhn, Couventbewohnerin.
Küz, f., (frz.: cul), der Hintere, aufbauschende Unterlage unter dem Küchenrocke an Damenkleidern, Staßkorb.

L. (f. Einleitung S. 30).

laache, lachen.
Laake, Leintuch, Bettuch.
Labberitz, einfältiger Mensch.
Labbes, m., läppische Person.
Labberdißjacke, n., Brustvorhemd.
labereere, (frz.: labourer), laboriren, planlos, schlecht arbeiten.
luckeere, lackeet, luckeesch, lef-

tiren, anführen, Jemand zum Besten
haben.
Lackmoos, n., Lackmusbläue.
Lad, f., Sarg, Krankenkasse.
Laduck, m., (ital.: lattuga), Lat=
tich, Salatart.
Läffel, Löffel.
läffelchenwies, löffelweise.
Läffelsbohr*, n., Löffelbohrer.
läfele, liebrin, löffeln.
lähß, lählt, laht, s. lege.
Laimche, Lämmchen.
Lailbeck, Gelbschnabel, junger un=
erfahrener Mensch, Lollpatsch.
Lamblfät, Lambert.
Lämmel, n., (holl.: lämmer), Lam=
penbocht, iron.: läppischer Mensch
ohne Energie.
Lämmetsgaan, n., eine Anzahl
bider baumwollener Fäden zum
Docht zusammengedreht.
Lämmetsgaan, n., Lampenbocht
aus mehreren biden und lose ge=
brehten Wollfäden bestehend.
lämmsche Kies, limburger Käse.
Lampett, Porzellan=Kanne zur Auf=
bewahrung des Waschwassers.
Lampettekump, Porzellan=Wasch=
wasserschüssel.
Landkunfeck, n., aufgeputztes
Landvolk.
lang, auch langk, lang.
Längde, Länge.
längdelang, der Länge lang.
länge, längen, Flüssigkeiten verdünnen
längelangk, auch längelangs, der
Länge nach.
Längeling, ein großer, hagerer
Mensch.
Langschläfer, Laugschläfer.
langk, auch lang, lang.
lans, längst, vorbei.
lansonandergon, an einander vor=
beigehen.

—, im Vorbeigehen.
Lantään, Laterne, -epöl, -mplahl.
lantsam, langsam.
Läppchendeck, eine aus vielen
kleinen Läppchen zusammengenähte
Decke.
Lappe, m., Lappen, Sohle.
lappe, ausbessern, flicken, Schuhe
sohlen.
lappe, der Nack -, für den Schaden
aufkommen, den Nachtheil haben.
Lapplelder, Sohlleder.
Lappörche, n., (frz.: labour), kleine
Arbeit, Flickarbeit, Kleinigkeit.
läppsch, läppisch.
läsche, do läschn, auch lischn,
hit läsch, auch lisch, gelläsch,
löschen.
Läschenmmer, Feuereimer.
Läschhoon, n., Geräth zum Löschen
der Kerzen; iron.: eine große rothe
Nase.
Läschpapeer, Fließpapier.
Läschquaas, Besen zum Netzen des
Schmiedefeuers.
Läschtrog, m., Schmiedefeuer=Was=
serbecken.
Lass, pl. Laste, f., Haufen, m.,
Last, m., Menge.
Latlug, Latein.
latingsch, lateinisch.
Latsch, f., schlaffes, schlampiges
Frauenzimmer.
latwhig, einfältig, schlaff, schlampig.
Lutz, Latte, en tapezerte -, ein
sehr hageres großes aufgeputztes
Frauenzimmer.
latze, zahlen.
Latzendresser, Spottname für
große hagere Menschen.
lau, auch läu, lau, faul, einfältig.
Läuchelche, Schnittlauch.
laufe, läufs, läuf; leef; geloafe
laufen.

Läufe, eisernen Reifen die nöthige Schrägung zum Anziehen auf Räder ꝛc. geben.

Läufersche, f., ein stets auf der Straße zu findendes Frauenzimmer.

Läufig, laufend, brünstig, triefend.

Laufkorv, m., auch -stohl, m., ein Weibern- oder Holzgestell, worin Kinder gehen lernen.

läumele, läumere, auch lömere, langsam, schlendernd rollen, langsames Rollen einer kraftlos geworfenen Kegelkugel.

Lausangel, Lausbube, Lümmel.

lausig, -e Saach, böse, schwierige, unangenehme Sache.

Lauskääl, verfluchter Kerl.

läute, läutern, Nüsse schälen.

Lauv, f., Laube.

Lauv, n., Laub.

Lauv, f., Speicher.

Lauverche, n., (holl.: loovertje), kleiner runder glänz. Metallflitter, Paillette.

Lauveflüster, Speicherfenster.

läv°, lävs, lävte, s. lovve.

Lavor, (frz.: lavoir) Waschbecken.

Lavumm, f., Tamburin, iron.: der Hintere.

Laxeer, (frz.: laxatif), Abführen, dünner Stuhlgang.

laxeere, abführen.

Lebdag, auch Lebdeslag, Lebenszeit, Lebtag.

lech, abgemattet, durstig, unsicht.

Lechtonn, f., Bäckerei-Wassersaß zum Abkühlen der heißen Hölzer.

leck sin, (engl.: lag), der Letzte beim Spiele sein.

Lecker, Schusterwerkzeug: Holz zum Glätten des Leders.

Leckergöts, Judenzeug.

Leckermimfelche, n., lederer Imbiß, ein Gericht für Feinschmecker.

Leckersch, n., Leckerbissen, Zuckergebäck.

Leckspoou, n., -spitznche, n., pfiffiger, gewandter Mensch, Schelm, iron.: Feinschmecker, Leckermaul.

Leddor, Leder.

ledderwelch, lederweich.

leddig, leer, ledig.

leech, leicht.

Leech, Licht.

Leechscheer, zangenartige Lichtputze.

Leechtigkeit, Leichtigkeit.

Leed, pl., Leeder, Lied.

Leederbüch, Liederbuch, -heff, -heft.

leef, s. laufe, lief.

Leer, Leier.

Leermann, Leiermann, Orgeldreher.

leet, leets, s. lofse, ließ.

Leev, Liebe.

leev, lieb.

Leevche, n., Liebste, iron.: gemeines Frauenzimmer, Taugenichts.

leeven, leever, lieber.

leevs, liebstes.

leevste, liebste, liebsten, liebster.

Leevste, m., Liebste, Liebster.

lege, du lähst, hä läht; laht; läht; gelaht, legen.

lege, lägs, läg; log; lög; geloge, lügen.

Legende könne, Beschaffenheit, Liegenheit, Umstände, Verhältnisse von etwas kennen.

Lehn, f., Geländer, Lehne.

lehre, lehrsch auch leh'sch, lehrt, auch leh't, lehrte, auch leh'te, gelehrt, auch geleh't, lehren, lernen.

Lei, m., pl. Lele, (holl.: lei), Schiefer, -tafel.

Leider, Leiter.

Lelendecker, Schieferdecker.

Leim, Lehm.

leime, 3tw., anführen, zum Beßten haben.
loime, adj., lehmigt.
Leistapel, m., Dachschiefer-Ablade- und Lagerplatz am Rheine.
Len, Lena, n., Helena, Magdalena.
Lepp, Lippe.
lese, (kurzes e), do lääs, hä läs; lös; läs; gelese, lesen.
Less, Liſt.
lestig, listig.
Letsch, Litze, auch Rutsche.
letsche, gleiten, rutschen.
lotschig, glitschig.
Letschpolver, n., Talkpulver.
lett, f. ligge, litt.
Lett, m., aufgeweichte Erde.
lettich, aufgeweicht, lehmigt.
Letter, Buchſtabe, bei Münzen die Schrift.
Lettre gefressen han, in gemeiner Redeweise: wissenschaftlich gebildet sein.
letz, letzt, neulich.
Levitte lese, Jemanden in tadeln- der Weise Vorstellungen machen.
Levko, aber gebräuchlicher: Stock- vijul, Levkoje.
Levve, Leben.
levve*, lävs, lävt, lävte, gelävt, leben.
Levver, Leber.
Levverthran, Leberthran.
Levverwoosch, Leberwurst.
levvig, auch lebendig, lebendig.
Lch, auch Leich, Leiche.
lick, licks, f. ligge.
Lid, (kurzes i) Lidder, (holl.: lid), Augenlied, Gelenk, Glied.
Lidwasser, (kurzes i), Gelenkwasser.
Liebche, Geliebte, iron.: gemeines Frauenzimmer, auch ein verbum- metstes Subject.
Liem, Leim.

Lieme, llems, liemp, liempte, ge- liemp, leimen, iron.: anführen.
Liomroth, Leimruthe.
lies, z. B. lies gesalze, leise, wenig.
Lies, pl. Liese, Lendenleiste.
Lles, auch Liss, pl. Lieste, Äſte.
Lies, pl. Lieste, Einfassungsrahmen, Leiste.
Lies, m., Lieste, m., pl. Lieste, Schuſterleiſten.
Liesenbroch, Leistenbruch.
Lieste, f. Lies.
lleste läsest Du.
liess, liet, f. lose.
Liev, m., Leib.
Lievche, n., Leibchen, Jacke ohne Ärmel.
Lievegass, Löwengasse (kölnische Straße).
llge, lläs, litt; lög; lög; golege, liegen.
ligeere, ligeersch, auch ligee'sch, ligeert, auch ligee't, ligee'te, ligee't, legiren.
ligge, licks, lick, lett, geledde, leihen.
libne, libns, lihnt, gelihnt, leihen.
Lihngeld, Leihgeld.
Likör, m., Liqueur.
Lilje, Lilie.
Lind, schmales Band von Leinen oder Baumwolle.
Ling, f, pl. Linge, Leine, dünnes Seil.
Linge, Leinen.
lingo Flåut, leinene Hose.
Lingendänzer, Seiltänzer.
Lingepäd, Leinenpferd zum Ziehen der Schiffe.
Lingepat, Leinenpfad.
Lingewand, Leinenwand.
Lingewevver, Leinenweber.
Linljal, Lineal.
lück, lücks, f. lügge.

Linkzeiche, n., auch Lintzeiche, Narbe, Muttermal, Wundzeichen, Hautflecken, Wundmal.
Linne, Linien, kenntliche -, weib, Vermögen.
Lipps, Philipp.
Lischon, (frz.: liégeois), Wallone, Einwohner der Lütticher Laube, in gem. Reden.: der Welsche. Letzteres erklärt sich wie folgt: Die Welschen, welche früher (meistens ohne weibliche Begleitung) sich den Sommer über hier als Ziegelarbeiter beschäftigten, Liebschaften anknüpften und von den Mädchen ohne weitere Namensbezeichnung als: liégeois, beim Laute nach z. B.: mfuge Lischon, singe -, dinge -, bezeichnet wurden.
Liss, n., Wiese.
Liss, auch Lies, pl. Lieste, Lise.
liss, s. lose.
list'e, liefest du.
Litanei, Litanei, en gauze -, ein ganzes Verzeichnis, eine Menge Sachen.
litt, auch lit. s. lige.
Livveranz, Form beim Ballspiel den Ball zuzuwerfen.
livvere, livversch, livvert, gelivvert, liefern, beim Spiele den Ball zuwerfen.
Livverei, (frz.: livrée), Dienstbekleidung.
Livverling, m., Lerche.
löbbele, lütschen, in Bogen werfen bei ausgeweitetem Stoffe.
Löbbes, s. Labbes.
Loch, Loch.
Löcher en de Aül rühne, sodass so starker Regen, daß der Boden darunter leidet.
Lodderlitäusdörsche, n., (frz.: l'eau de la reine), Riechhöschen.

loddero, auch **lõldare, (engl.: loiter,** altb. lotar) abgespannt, locker, matt, schlapp, bummeln, schlendernd gehen, ohne Fleiß arbeiten.
Lõdderjan, nachlässiger Mensch, Müßiggänger.
Lög, Lüge.
log, lögt, f. lige.
lögst'e, lügst du.
Löhrer, Gerber.
Löhrgass, Röhrergasse, jetzt Agrippastraße in Köln; -e Salm, iron.: Mainsch (Aloes).
Loosch, Luft.
Löösch, Laterne, Leuchte.
Löschbrett, Ablaufbrett am Spülsteine.
löschte, lõõchts, lõõch, gelõõch, leuchten.
löschte, nit - künne, nicht leiden mögen.
Lõõchtemann, Lichteranzünder.
Lõõchtepõl, Laternenpfahl.
Lõõchwürmche, n., Johanniskäfer, iron.: eine krankaussehende sehr magere Person (als durchsichtig).
Lõõmerich, fauler, phlegmatischer Mensch.
lõõrig, langsam.
Lõõr, m., Lorenz, Lorenz.
Lõõr, n., Lõõr, Laure.
Loor, Lauer.
loore, s. lõre.
Loorhetz, Eisen-Schweißhitze welche genau abgepaßt sein muß.
loorsch, s. lõre.
Loosch, Loge.
looz, (mhb.: lurz), links.
Loozifer, ein linkshändiger Mensch.
lõre, do loorsch, auch loo'sch, hä lort, auch lo't, lorte, auch lo'te, geloort, auch gelo't lauern.
lõs, lõs, s. lose.

Loschement, n., auch **Luschement**, (frz.: logement), Herberge, Unterkommen.
Loss, Laß.
Loss, Loos.
loss, los.
lossgon, losgehen, sich ablösen.
lossban, loshaben, etwas verstehen.
losskbschtig, loskrustig.
lossleddig, unverheirathet.
losslevig, Durchfall haben, hungrig sein, Magenleere fühlen.
losspöttele, losklauben.
lostig, lustig.
lofse, liefs, liet, leefs, leet, gelofse, lassen.
löt, s. lore, lauert.
Lütsch, s., s. Föppche, Sauglappen für Kinder, iron.: eine lange Pfeife.
lötsche, lutschen, saugen.
Lott, n., Charlotte.
Lotterbov, Lotterbube, Lümmel.
Lotterinsche, n., Gewinnloos bei Kinderspielen.
Lotterboverei, s., Knabenstreich, Lümmelei.
Löv, auch **Leu**, Löwe.
lovve, lovs, lov, gelov, loben.
Luck, eine Oeffnung um Licht, Waaren ꝛc. ein- oder durchzulassen.
Lück, Leute.
luck, lucks, s. lugge.
lück, lücks, s. lügge.
Lucksack, m., Schreibalg, -hals.
Ludder, schaumige Lauge.
luffdig, leichtfertig, leichtsinnig, lustig.
Luff der Flamm, helloberndes Feuer.
Luftigkeit, s., Leichtsinn.
luftig, auch leicht, leichtsinnig, auf Speisen angewandt: leicht verdaulich.

lüg, lügs, s. lege.
lugge, lucks, luck, luckte, geluck, schreien, jämmerlich weinen.
lügge, lücks, lück, gelück, läuten.
Luggeplefche, n., Pfeifchen aus einem bis zur Hälfte gespaltenem Kornhalme.
Luhn, Lohn.
lühe, löhen.
Luhgerver, auch **Löhrer**, Lohgerber.
Luhkäche, Lohkuchen.
Lühkolve, Lohkolben.
Luhn*, m., Lohn, Vergeltung.
lühne, löhnen.
Luhstock, Lohkuchen.
Lumbm, n., **Lumbad**, n., (frz.: lombard), Leihhaus, Pfandhaus.
lümplig, einfältig, glimpflig, auf leichte Art.
Lungenbroder, Mitglied der Alerianerbruderschaft.
Lungenbrüder, katholisches Kloster der Alerianer-Bruderschaft zur Aufnahme und Pflege von alten und kranken Leuten; Alerianer-Krankenwärter, dieselben wohnten früher in der Lungengasse, wodurch obige Zusammensetzung entstanden.
Lungepief, Luftröhre.
Lunginos, langer, aufgeschossener Mensch.
lunke, (holl. lonken), äugeln, blinzeln, verliebt anblicken.
lunke, fließen im Sinne von einbringen wie beim Fließpapier.
Lunkepapeer, n., Fließpapier.
Lunketůr, Besichtigung, Beäugelung, Liebäugelung.
Lunketürer, Liebäugler.
lunketüre, äugeln, blinzeln, verliebt anblicken.
Lünt, Lüntofell, Schweinefell.

luppig, hinterlistig, tückisch.
Luppohr, n., Schalk, Heimtücker.
lūs, artig, kling, listig, nett.
luscheere, logiren.
Luschement, (frz.: logement), Logis.
Luschi, Logis.
luse, do lus, hū lus, luste, gelūs, laufen, überlisten.
luse, der Kopp -, laufen. Jemanden den Kopf zurecht setzen, Vorwürfe machen.
lüse, do lüs, hū lüs, luus, gelüus, lösen.
lusig, lausig, eigenthümlich.
Luth, Loth.
luthwies, lothweise, in kleinen Theilen, vor und nach.
Lūttche, n., Entwendung beim Spiele.
lütte, stehlen, wegnehmen.

Lütticher, Taubenart.
Luun, Laune.
luunig, launig.
Luus, pl. Lūs, Laus.
Lūūsch, n., Wasserschilf.
luusch, lūūsch, luuschig, aufgebauscht, locker, lose, schlaff, schwammig, weich, welk.
luusche, geluusch, lauschen.
Luuschhühnche, n., Schilfhuhn, iron.: Schlaukopf, der auf versteckte Weise seine Zwecke zu erreichen sucht.
luuschig, s. luusch.
luustere, luustersch, luustert, luusterte, geluustert, lauschen, horchen.
luuter, immer, fortwährend, lauter, stets.
Luwis, (kurzes I), n., Louise.
Luzei, n., Lucia.

M, (s. Einleitung S. 30.)

Maach, Kraft, Macht.
maache, muhßt, mācht, mahte, gemaht, machen.
Määl,° Merle, Drossel.
Maal, n., Amalie.
Maat, Markt, -korv, -korb, -pries, -preis, -scharschant, -wächter.
Määlte, Martin.
Määltensbeer, Martinsbirne.
Määz°, März.
Määzerbise, (kurzes I), Märzschauer, Regen mit Schnee oder Hagel.
mächtig, mächtig, viel, bei Speisen zu kräftig, zu fettig.
Mäd, pl. Mäde, Magd.
Mädche, pl. Mädcher, Mädchen.
Maddelēn, n., (frz.: madeleine), s. Magdalena.

Mader, Marder.
Magesien, Magazin.
Maggemeutche, n., (frz.: manquement), Fehler, Vergehen, Versehen.
Magistersch, Lehrerin, iron.: ein Frauenzimmer, welches einen belehrenden, verweisenden Ton im Sprechen annimmt.
mags, s. mäge.
Mahnbreef, Mahnbrief.
mähst'e, machest du.
māht'e, macht er.
Maiblūm, Maiblume.
Maikewer, f., Maikäfer.
Malfesch, m., Alse, Mutterhäring.
Mairāhn, Mairegen.
Maischbütt, f., Maischbottich.
Makelendersch, Marketenderin.
Makrìel, f., Makrele, (Weißfisch).

malätzig, (frz.: malaise), abgemattet, mager, übel.
Malätzigkeit, Abmattung, Uebelkeit.
Mälcher, Milcher.
Mallich, Jeder.
Malöhr, n., Unglück, unangenehmer Vorfall.
Mäm, pl. Mämme, (holl.: mam). Frauen-Mutterbrust, Euter, Zitze.
Mämche, pl. Mämcher, kleine Frauenbrüste.
Mämmendrück, Spottname für Frauenzimmer mit sehr starken Brüsten.
Mämmespektakel, -spil, außergewöhnlich starke Frauenbrüste.
Mämmestipper, m., Schnürleib.
Münchein, Mancher.
manchmol, manchmal.
Mandel, gebrannte -, überzuckerter Mandelkern.
Mändelcher, s. Muuze.
Mänes, Hermann.
Mang, f., Mängche, n., Korb.
mangk, s. mengte, mengte.
Mängs, weich, sammtartig.
mankeere, manket, fehlen.
Mankementche, n., auch Maggementche, (frz.: manquement), Fehler, kleiner Schaden.
Mäncher manche, Lügen, Possen, närrische Geberden; Spielen und Stellungen junger Hasen und Katzen; possirliche Sprünge; unstichhaltige Ausrede; Umstände machen.
Männebrüder, geistliche Brüder des Minoritenordens.
Mann Gottes, zutrauliche Anrede für Landleute und Personen niederen Standes.
Manns genug sin, sich zu etwas fähig halten, stark genug sein.

Manns sin, Manns genug sein, stark genug.
Mannsbild, n., -kääl, m., -mäasch, m., Mann.
Mannslück, auch -lügge, Männer.
Mannsmäasch, m., in gem. Rdw.: Mann.
Mannsvolk, n., Männerwelt.
manscheere, (frz.: manger), essen.
Maranz, f., Markäzche, n., seltsam gemustertes Frauenzimmer, gew.: ein Ausdruck für Puppe.
Marell, auch Morell, Amarellenkirsche.
Marezius, Mauritius.
Märgriet, auch Griet, Margaretha.
Maria-Sief, Maria Heimsuchung; der Volksmund sagt, daß, wenn an diesem Tage Regen fällt, derselbe 40 Tage anhauert.
Maricketring, Maria Catharina.
Marjadeies, (lat.: mater deis), Ausruf der Freude, der Verwunderung und des Schreckens.
Marjänn, -che, Maria Anna.
Märje, Zint -, Sanct Marienkirche.
Märjenbild, n., -che, n., Marienbild.
Marizzenboll, f., und n., Maria Zibolla, eine Spielpuppe, stehende Figur des Kölner Puppentheaters.
maröl, maröt, (frz.: marode), krank, unwohl.
marschtig, plötzlich, sogleich.
Mascherang, m., Haufen, Masse, Sippschaft.
ma'schtig und marschtig, auf der Stelle, marsch voran, sofort.
Masühr, (frz.: ma soeur) die älteste Schwester.
Mass, f., Massa, Haufen, Masse, Menge.
Mass, m., Maßbaum.
Matant, Großtante.

Materjal, Material.
Matirjal, f., Eiter.
Matrialesn, Materialhändler.
Matsch, f., ein dickes, faules Frauenzimmer.
Matsch, m., -krom, aufgeweichter, schlammiger Dreck.
Matschann, f., eine Person die gerne im Wasser platscht, sich mit Getränken und Speisen beschüttet und beschmutzt, auch ein sehr feistes Frauenzimmer.
matsche, Flüssigkeiten auf unmanierliche, ekelerregende Weise mit den Händen umrühren oder verschütten.
Matschkiddel, m. f. **Matschann**.
Mattels, Mathias.
Mattes, m., Muth, Kraft.
Mattesklemang, m., Geld, Vermögen.
Mattsslüche, n., Gänseblume, Maßliebchen.
Matzegebäcks, n., et ganze -, Redensart: der ganze Plunder.
Mau, f., Möche, n., (holl. mauw), Hermel, Aermchen.
Maukätzche, n., Kbspr. Katze.
Maut, f., **Mäutche**, n., Schenkkanne mit röhrenförmigem Ausslauf.
M'cher mansche, in trunkenem Zustande kreuz und quer gehen.
Mechel, Michel.
mecke, iron.: nähen.
Meddag, Mittag.
Meddagsmohlzick, f., Mittagsessen.
Medde, auch **Meddae**, Mitte.
modden drenn, mitten drin.
Meddel, Mittel, -mßs, -maß, -zopp't, -sorte.
Meddelmann, Mann aus dem Mittelstande, Vermittler.
Meddelschlag, Mittelschlag.

Meddelstroß, Mittelstraße.
Meddse, auch **Medde**, Mitte.
meddsen, mitten.
mede, mehts, meth, methe, gemeth, miethen.
Meer, m., Miere.
Meer, n., Meer.
meer, mir.
meer'ne, mir einen.
meer't, mir es.
mohrendells, meistentheils.
mohschte, am meisten.
mehschtens, meistens.
mehschtondells, größtentheils.
Meiriedig, Merrettig.
meinst'e, meinest du.
Meis, Meise.
meistere, überwältigen, zurechtweisen.
Melchor, Melchior.
meld, leise, mild, weich, wenig, z. B. wenig gesalzen, zart, z. B. zartes Fleisch.
Melekatömmelche, n., Melekatung, f., **Melekatils**, (span.: melocaton), Pfirsiche.
Melkemmer, Milcheimer.
Melpte, (altd.: malaten), Verbleib für Aussätzige; Melaten: Kirchhof von Köln.
me'm, mit dem.
mendere, mindern; Verringern der Stiche beim Stricken der Strümpfe.
mengo, mangk, gemangk, mengen.
mengeleere, mengen, mischen.
mengeleet, vermengt, vermischt.
mer, man, auch uns, z. B. geit mer, geht man, loßt mer, laßt uns.
merkwüdig, merkwürdig.
mer'ne, man einen.
mer't, man es.
Mess, f., Messe.

Mess, m., Mist, -bett, -beet, -gaffel, -gabel.
messe, müssen.
messrode, f. rode., nußrathen.
Messwahs, Mißwachs.
meste, müsten.
Mestekar, f., -kunl, -pol, Mistkarre, -kaule, -pful.
messachte, mißachten.
messböde, mißbieten.
Messgebuo't, Mißgeburt.
messgelde, mißgelten.
Messgross, Fehlgriff, Mißgriff.
messmödig, mißmuthig.
messnaass, durchnaß.
Mespel, Mispel.
met, (holl.: met), mit.
metelns, sofort, sogleich.
Metesser, m., mitessende Person, mitzehrendes, vermeintliches Würmchen in der Haut.
metgebrahl, f. bringe, mitgebracht.
Meth*, Miethe.
metha, f. mede.
Methallück, Miethsleute.
Methspenning, m., Miethgangeld.
Metliggo, Mitleiden.
metliggig, mitleibig.
met'm, met'nem, mit einem.
met'r, mit einer.
Mette, koote - munche, furzer Projeß, wenig Umstände machen.
Metz, pl. Metzer, Messer, scharf op et - sin, Rdsl.: den Mädchen nachjagen.
Meubel, Möbel, e nett -, iron.: Spottname für eine lächerliche, verächtliche Person.
middelig söts, widrig süß.
Midexing, auch **Millezing,** Arzenei.
midexineere, in ärztlicher Behandlung sein.

mle*, mein.
Miel, Mulbe, Meile.
Mieler, auch Moler, Mßler, Maler.
Mielewieser, Meilenstein.
mien, mein.
Mien, f., Miene.
Mien, n., Wilhelmine.
milb, milbter, milbste, melbchte, mehr, noch mehr, am meisten.
milhe, milhs, milht, gemiht, mähen.
Milber, Mäher.
mihrendeils, größtentheils.
milhter, milhtste, f. mih.
Milchschaaf, n., iron.: starke Frauenzimmerbrust.
Mill, Milla, n., Emilie.
Milijon, Million.
Millezing, auch Midexing, Medicin
Minche, n., kleine Kaße.
Mincher, auch **Milmcher** und **Mimmelcher,** kleine Frauenbrüste.
ming, mein.
mingethalve, meinethalben.
Minsch, m., pl. Minsche; minge Minsch, in gem. Rdw.: mein Geliebter.
Minsch, n., pl. Minscher, Dirne.
minschenmöigelich, menschenmöglich.
Minschenspil, n., Menschenmenge.
Mipp, Michel.
Mirgel, Mergel.
Mis, f., auch Mitzche, n., Kaße.
Mischmasch, m., Gemisch.
Miserübelche, n., kleiner Schoppen.
Mitzche, n., pl. Mitzcher, Mitzercher, Mieze, Schmeichelname für Kaßen; **Mitzcher,** kleine Brüste.
Mö, f., in gem. Sprw.: Mutter.
Möbbel, m., Möbbelche, n., bickes rundes Frauenzimmer, dickes Kind.
möbbelig, dick, rund, fleischig.
Möche, n., f. Mun, Aermelchen.
Mock, Feistigkeit, Beleibtheit.
Möck, f., Mücke.

Möckeflttche, n., wtl. Müdenhintere, Bgrf.: winziger Gegenſtand.
möd, müde.
Müdder, vereibeter Fruchtmeſſer.
Möd an Dasch, Mord und Tod, Tod und Teufel.
mödle, mödte, möjdt, mödte, gemudt, morben.
Mödelement, Morbelement.
Müder, Mörder.
Moder, Mutter.
Moderthier, Mutterthier, iron.: in gem. Rdw. auch Frauenzimmer.
modereere, mäßigen.
Moderschkind, Mutterkind, Lieblingskind.
Modermchnon, Baſtard.
Moderschbünche, Mutterſöhnchen.
modersillig allein, mutterſeelen allein.
modig, muthig.
Müdigkelt, Müdigkeit.
Modzacker, (frz.: sacre mort de dieu), Modzinter, (frz.: mort saint nom de dieu), Ausrufe der Beſtürzung, Verwunderung und des Zornes.
Möff, m., fauler Geruch, ſtinkende Blähung.
möfflg, moderig, ſchimmelig, übelriechend.
Moggel, m., (holl.: moggel), eine feiſte, rundliche Perſon.
moggelich, fleiſchig, rundlich.
Möh, auch Möhte, Mühe.
möhde, möhta, möht, mühen.
Mohlzick, pl. -zigge, Mahlzeit.
Möhn, f., Muhme, Tante, auch eine ältere Frau, die ein zum Dreieck gefaltetes Tuch um den Kopf trägt; iron.: ein läppiſcher, willenloſer Menſch.
Möhnegrüſser, dienſtfertiger weibiſcher Mann.

Mohr, pl. Morre, Möhre.
mühsillig, mühſelig.
Mühte, auch Möh, Mühe.
Möl, Malzeichen.
mole, mols, molt, gemolt, malen.
Moler, m., Möler, m., auch Mioler, m., Maler.
Moleste, Beſchwerden.
molesteere, (frz.: molester), beläſtigen, ruiniren, verderben.
Moll, m., Mullgewebe.
Möll, pl. Mölle, eine Art langer, wellenförmiger Kartoffel.
Mülleke, n., dides, rundliches Kind.
mollig, ſanſt, weich, zart.
Mölm, m., (holl.: molm), ſtaubigte Erde, Grieß, Holzſäule, feiner Schutt.
mölmig, ſchmutzig, ſtaubig.
mülsche, betaſten, etwas viel oder lange in den Händen herumbrechen, miſchen, vermengen.
Molter, m., Haufen.
Molter, (mhd. malter), Getreideantheil als Mahllohn.
moltere, zu Lohn mahlen.
Molthüvvel, m., Maulwurfshaufen.
Moltwurm, m., Maulwurf.
Mömmes, m., angetrockneter Naſenſchleim.
Mündche, n., Weizengebäck in Form eines Halbmondes.
mondgeck, mondſüchtig.
Mondeschlng, m., Mondſchein, iron.: Glatze.
Moneete, (frz.: monnaie), Gelder.
Moppe, kleine, hartgebadene, runde Kuchenſtücke.
möpse, morden, umbringen.
moochen, möchen, ſ. mäge-.
möchstet'e, möchteſt du.
möör, mürbe.
Moor, pl. More, Mauer.
Moorlatz, Mauerrichtlatte.

Moorpt, n., Rindfleisch-Schwanzstück.
Moorpuleer, Mauerpoller, Bau-Aufsichter.
moorsch, moo'sch, s. möre.
moort, moo't, s. möre.
Moos, Gemüse.
moo't, s. möre.
moot, mööt, s. müsse.
Möre, pl. von Moor, Mauern.
möre, moo'sch, auch moorsch, moo't, auch moort; moorte, auch moo'te; gemoort, auch gemoo't, mauern.
Morell, s. Marell.
Moror, pl. Mörer, Maurer.
Morgü, f., (frz.: morgue), Leichenhalle.
Morjön, f., Morjöncho, n., (holl.: moriaan), Mohr, Neger iron.: Mensch mit gelber Haut.
Morjü, (frz.: mort de dieu), Morkrank, Ausruf der Bestürzung, Verwunderung und des Zornes.
Mösch, f., (holl.: mosch), Spatz.
Möschegirret, m., männlicher Spatz, Spottname für Männer, die den Frauen sehr nachstellen.
Möscheness, Sperlingsnest.
Möschestöpp, feinste Sorte Schießhagel.
Mosa, n., Moos.
Mosa, m., Most.
Mostort, m., (engl. mustard) Senf, -pipster, -pflaster, -zaus, -belbrühe.
Möfs, n., Maaß, Quart.
mößig, müßig.
Moth, Muth.
Möttche, n., Schlafkorb mit Lumpen x. gefüllt für Katzen und Hunde.
Motz, f., kurze Pfeife.
Mötz, Mütze; Morge-Mötz, wtl.: Morgen-Mütze, Bgf.: Abwehrung, Verneinung.

Mötze, mit aph der - sin, etwas nicht nach dem Sinne sein.
Mötzebestöpt, (holl.: mutsebestuur) Bgf.: Regierung der Mütze, in dem Sinne, daß in den Carnevalstagen die Narrenmütze die Oberhand hat.
Mötzehöd, n., Mützenborde.
Mötzöllig, n., mürrischer Mensch.
Muck, Rude, op der - han, Jemand nicht leiden mögen.
Muddel, m., das Trübe, Unklare in Flüssigkeiten.
muddele, eine Flüssigkeit verschlammen, trübe machen.
muddelig, schlammig, trübe.
Muff, Hans -, Knecht Ruprecht, Begleiter des h. Nikolaus bei Beschenkung der Kinder, Schreckgestalt für unartige Kinder.
Muffel, m., Müffelche, auch Mümfelche, n., Bissen, kleiner Imbiß.
Muffes, n., überriechender Raum, m., iron.: einfilbige, mürrische Person.
müge, mags, mag, mocch, möcht, gemocch, mögen.
müglich (kurzes ü), möglich.
mukeere, (frz.: moquer), sich über etwas lustig machen, verhöhnen.
Müle masche, schmollen.
müle, müls, mült, mülte, gemült, maulen, schmollen, Flicken auf Schuhe setzen.
Müll, Mühle.
Müllem, Stadt Mülheim.
Müllemerheid, f., Mülheimerheide, Militair - Exercirplatz bei Cöln, Mülheim gegenüber.
Mümfel, Mümfelche, von Mund und Voll zusammengesetzt, Bissen.
mümfele, Kleinigkeiten langsam essen.
mummele, murmeln, unverständlich sprechen.

Münchenhaver, n., Pulver gegen Ungeziefer.
Müngche, n., Mündchen.
Müngche gevve, Abspr. Kuß geben.
müngchesmofs, mundgerecht, wie gewünscht.
munge, gemungk, munden.
Mungfrükr, m., (frz.: mon frère), der älteste, auch der Bruder geistlichen Standes.
Mungk, Mund.
mungkav, knapp bemessen, mundab.
Münn f., Münne, Weißfisch.
Munnes, mürrischer, übelgelaunter Mensch.
Mönnich, Mönch.
Munschtrum, Monstrum.
Munsterdheer*, Unthier.
munstere, mustern.
Munsterung, Musterung.
Munstranz, Monstranz.
Munteerung, auch Muntur, Kleidung, Montur, Uniform.
Murass, Morast.
murkele, warm einwickeln.
Murre, pl. von Mohr, Mohrrübe.
Murrekopp, (Mohrenkopf), volksthümliche Benennung für alle römische Münzen.
Murreschimmel, Mohren-Grauschimmel.
murkse, morden, umbringen, schlecht arbeiten.
Müs, pl. von Muus, Mäuse.
muschele, mit Jemanden heimlich thuen, verabreden, leise sprechen.
müse, mausen, herumstöbern.
Museum, Museum.
Musel, (kurzes u), Mosel.
Musjö, (kurzes u), (frz.: monsieur), Herr.
Müske, (kurzes ü), m., (frz.: musque), Moschus.
müsse, ich, do und hä muss;

ehr moot, auch mutt, mütt; ich moot; ich möst; gemoot, müssen.
mutschig wärm, schwül.
Mutt, Satz, Schlamm.
mutt, mütt, s. müske, müst.
Muttergoddeskevvorche, Marienkäfer.
Muttergoddespenning, m., Muttergottes-Medaille.
mutterselen allein, mutterseelen allein.
Muttkarpe, iron.: Teichkarpfen.
Muttupjl, Teichaal.
Mutz, f., en Ade -, Thonpfeife.
Mutzüllig, n., mürrische, einsilbige Person.
Muul, f., pl. Müler, Mund, Kiefer, Schußflider.
Muul, n., das Maul.
Muul, de - vör han, vorlaut sein.
Muul, en feito -, wtl.: fettes Maul. Vgl.: guter Schmaus.
Muul, en grohse - han, prahlen, viel versprechen.
Muul, nit op de - gefalle sin, nicht dumm sein, zu antworten wissen.
Muul voll han, prahlen.
muule, s. mäle.
Muulfechter, Jemand der gut sprechen, vertheidigen oder disputiren kann.
Muuliser, n., Maultrommel.
Muulwerk, n., e göt -, Maulwerk, Fertigkeit im Reden.
Muus, f., der Ballen am Daumen.
Muus, pl. Müs, Maus.
Muus we Moder sin, Rdst.: es kommt alles auf Eins heraus.
Müüscher fange, an den Häusern neckender Weise schellen und weglaufen.

müüschesstell, mausestill.
müssig maache, aufmucksen, batzig maken.
mausdat, mauselob.
mause, s. müse.
mausklörig, mausefarbig.
Mausköttel, Mausedreck.

Muuz, Mauser, Federwechsel des Vogels.
muuze, mausern.
muuze, mürrisch, verdrießlich sein.
Muuze-Mändelcher, Carnevals-Gebäde.
muuzig, mürrisch, schlecht gelaunt.

N, s. Einleitung Seite 37.

'n, 'ne, eine, einem.
nä, auch enä, nein.
Naacht, auch Naaken, pl. Naachte, und Nächte, Nacht, Nachts.
Naache, Rachen.
Naakshemp, Nachthemb.
Naakslecch, Nachtlicht.
Naakstohl, Nachtstuhl.
Naakstüül, Nachteule, iron.: Nachtschwärmer.
naaß, naß.
nack, nackt.
nack un bluß, nackt und bloß.
Nackaasch, höhnisch: armer Teufel.
nacke Krom, m., ärmliche Zustände.
Nädes, Bernard.
naggele, nergeln, zanken, zergen.
nähkste, künftigen.
nähkste, nächsten.
Nähl, s. und pl., Nagel.
Nählche, pl. Nählcher, Nelkengewürz, Maiblume.
nähle, nageln.
nählfassn, nagelfest.
Nähliser, Eisen zum Schmieden der Nägel.
Nählwoozel, Nagelwurzel.
nämplich, also, nämlich.
Nana, Nanette.
Narv, Narbe.
naschtig, (holl.: naarstig) betriebsam, eifrig, erpicht, fleißig, gierig.

nase, Jemand in scharfer, billiger Weise Verweise geben.
Nasenüver, Nasenstüber, Schnellen mit dem Finger an die Nase.
Nasewärmer, m., iron.: kurze irdene Tabakspfeife.
Nasewies, naseweise Person.
Näkste, auch Nätzte, Nässe.
Natur, Natur.
natürlich, natürlich.
Nätzte, auch Näkste, Nässe.
nau, auch näu, (von nauwe), beinah, geizig, kaum.
näu nin, nit näu drop sin, genau sein, sparsam, für etwas nicht eingenommen sein, keine Freude daran haben.
näuer Nuth, kaum, knapper Noth.
näume, näuwps, näump, benäump, (holl.: noemen), nennen.
näurief, kaum reif, unreif.
Näuristbcho*, n., von: genau zu Rathe gehen, ein karger, sparsamer Mensch.
Nav, Rabe.
Naziou, f., Nation.
Nazion, n., Spötter, Witzbold, auch verschmitzte Person.
'ndoch, doch.
'ne, einen.
Neech, Nichte.
Neere, eine glattschalige längliche Kartoffelsorte.

Neercho, n., Nierenbraten.
neeste, genees'n, niesten.
neet, auch nit, (kurzes i), nicht.
neet? nicht wahr?
Nell, n., Petronella.
nemme, nimps, nimp, nohm, nöhm, genomme, nehmen.
Neres, Werner.
Nervetrücke, n., Nervenziehen.
Nervsick, äußere Seite des Lebers.
Ness, pl. Nester, Nest, Tabakrest im Pfeifenkopfe, iron.: das kleine Ei der Laus, ein unansehnliches Haus, elendes Dorf.
neste, genees, nisten.
Nestekamm, Staubkamm.
nesterwies, nistweise.
Nett, n., Nettche, Catharina.
nettches, artig, säuberlich, hübsch.
Neujohrschdag, Neujahrstag.
Neuschlag, m., ein Schlag, den man scherzweise Bekannten gibt, wenn sie ein neues Kleid zum ersten Male tragen.
Neuloss, f., überirdische Freude oder Lust an etwas haben, die aber nicht lange währt; Begeisterung und Eifer für eine Sache haben, die aber bald erlahmen.
nevve, neben.
Nevvel, Nebel.
nevvele, nebeln, thauen.
Nevve!skapp, Nachthaube der Frauenzimmer, Herren-Reisemütze mit Ohrenklappen.
nevvenenein, neben einander.
Nevvosaach, Nebensache.
'aja, ja, jawohl.
nibbele, langsam essen, nagen.
Nick, Genid.
nidder, nieder.
nidderig, niedrig.
nidderkummo, f. kumme, gebären, niederkommen.

Nies, n., Niescha, Agnes.
nihe, genäht, nähen.
Niherseh, Näherin.
Nibgeschärr, n., Nähutensilien.
Nihältschche, Spottname für Nähmädchen.
Nihküsse, Nähkissen.
Nihnol, Nähnadel.
Nihschull, Nähschule.
Nikla, Nikolaus.
Nimmes, auch Nümmes, Niemand.
nimp, nimps, f. nemme.
nit, nicht.
nitsch, boshaft wehe thun.
nix, nichts.
Nixnotz, Taugenichts.
nu, nun.
no un dann, dann und wann.
noch esu, noch so, ebenso.
nöh, nach, nah.
Nöh, Nöhde, auch Nöhte, Nähe.
noh, nach.
noh, nöhter, nöhts, nöhtste, auch nöhkste, nah, näher, nächst, nächsten.
noh der Hand, (nach der Hand), hinterher, später.
nohbei, nah bei.
Nohber, Nachbar.
nohbere, genohbert, nachbarlich verkehren, nachbarlich besucht.
Nohbersch, Nachbarin.
Nohberschaff, Nachbarschaft.
Nohdeil, Nachtheil.
Nohdoosch, wtl.: Nachdurst, Bgrf.: kurz nach einer Kneiperei heftigen Durst verspüren.
Nohdrag, Nachtrag.
nohdun, f. dun, nachahmen, nachthun.
nohenein, nach einander.
nohgeaap, nachgeäfft.
Nohgeboo't, Nachgeburt.
Nohgedanke, eingehende auch nachträgliche Ueberlegung.

nöhks bei, f. nöhts, nächst bei.
nöhkste, f. nöhtste, am nächsten.
Nohkumme, Nachkommen.
noh'm nach bem.
nohm, nöhm, f. nemme.
Nohmeddags, auch Nommedags, Nachmittags.
noh'nem, nach einem.
Nohsummer, Nachsommer, schöner Herbst.
nöhter, näher.
nöhts, nöhtste, auch nöhkste, nöhkste, kurz bei, nächsten.
nöhter, f. noh, näher.
nohzöhkele, lässig hinterbrein gehen.
Nöl, pl., Nölde, Nabel.
Nöldekocher, m., Nabelbüchse.
Nöldekopp, Nabelkopf.
Nöll, f., Nase, m., auch Arnolb.
Nolles, Arnolb.
Nommedags, f. Nohmeddags.
nüchter, nüchtern.
Nüchter, m., Nüchternheit.
Nüchter breche, Morgens früh eine Kleinigkeit geniessen.
nüöle, zaubern.
Nüörche, n., Mittagsschläfchen, Schlummer.
nüöre, nüörsch, nüört, genüört, genüöt, schlummern.
Nüözche, ganz kleine Aepfel, Kartoffeln rc.
Nopp, m., Nöppcher, n., Knötchen auf gewebten Zeugen.
Noppe, m., Webefehler.
Nös, f., hohle Holzschaufel.
Noss, pl. Nüss, Nuß.
Nosskracher, m., Rußknacker.
nostere, laut und unverständlich beten, vor sich her murmeln.
Noth, pl., Nöth, Nath.
nöttele, (holl.: netelen), murren, zanken.
Nöttelhans, m., Zänker.

nöttelig, (holl.: netelig), verdrießlich, zänkisch.
Notz, auch Nütz, kurzer Pfeifenstummel.
Nötz, sich e Nötz maache, sich über etwas beschweren, unnütz machen.
nützer, (nützlicher), besser, lieber, vielmehr.
N'Ovend, Verkürzung von: Gudden Ovend, guten Abend.
nüde, nöthigen.
nüde, ungern, kaum.
Nüde, nit van - sin, nicht von Nöthen sein; kor -, zu genauer Noth.
nüdig, nöthig.
nüdige, nöthigen.
nüffe, burch bie Nase hörbar athmen.
Nüffche, n., stumpfe Nase.
Nüffnas, aufgeworfene Stumpfnase.
Nümmes, auch Nimmes und Ummues, Niemand.
nüng, nüngzehn, nüngzig, 9, 19, 90.
Nüngmöder, Neunlöbter.
nünne, (holl.: ninnen), mit Wohlbehagen schlürfen, mäßig trinken, auch schlummern.
Nunnefützche, n., Kleinigkeit, kleines Gebäde.
Nuppe, Eigenheiten, Raupen, Schwierigkeiten.
Nuppe, Nüppcher, auch Nöppcher, Tupfen in Stoffen gewebt oder aufgebrudt.
nuppig, eigenartig, bösartig, unzart, rauh im Betragen.
Nuppohr, n., Helmmüder.
Nüsel, m., (kurzes ü), Nüselche, n., eine Kleinigkeit.
Nuth*, auch Nüde, Noth.
Nuthdorf, Nothdurft.
Nuthhoke*, Nothhaken.

Nuthstall, Vorrichtung zum Einstellen der Pferde beim Hufbeschlag.

Nuthstopper, Aushelfer.
Nutz, Nütsche, vertraulich: Geliebte, auch Kleinigkeit.

O, s. Einleitung S. 18.

obliſcheere, (frz.: obliger), ſich gefällig, verbindlich machen.
Obs, Obſt,
och, auch.
och, ach!
öde, ödts, ödt, geödt, Schuhzeug mit Abſätzen verſehen.
Odenung, Ordnung.
Odem, Athem.
odeme, odems, odemp, geodemp, athmen.
Odemsnuth, Athemsnoth.
odenār, gemein, ordinair.
odene, odens, odent, geodent, ordnen.
Odencer, m., Anordnung, Einrichtung, Vorſchrift, umſtändliche Art und Weiſe.
odeneere, odeneer'scht, odenee't, geodenee't, anordnen, vorſchreiben, zurechtmachen, einrichten.
Oder, f., pl. Oder, Anweiſung, Befehl, Ordre, Verhaltungsmaßregel.
Oder, pl. Odere, Ader.
Oder, pl. von Oot, Dörfer.
Oderloß, Aderlaß.
Ödt, f., s. und pl., Fliſchen unter dem Schuhabſatz.
Ofe°, richtiger Ovve, Ofen.
Ofer, richtiger Over, Ufer.
off, oft.
Offer, m., Opfer, Opfergabe.
offere, opfern, (Geld einſammeln in der Kirche, bei Feſten ꝛc.
Offermann, Küſter.
Offerstock, Opfergabenkaſten.

Öfterach, öfters, oftmals.
Ohl, n., Oel.
Ohlköppche, n., ein durch überreichlichen gewohnheitsmäßigen Genuß von Getränken geröthetes Geſicht, auch ein in Oel geſottener Meerſchaumkopf.
Ohluhkutche, n., Oelkännchen.
Ohm, m., Oheim.
Ohm, f., Uhm.
Ohnmacch, Ohnmacht.
Ohr, f., Uhr.
Ohr, n., Handhabe am Rande eines Topfes, umgebogene Papierecke.
Ohrbattant, f., Ohrring mit langem Gehänge.
Ohrfig, Ohrfeige.
öhrig, ärgerlich, eigenſinnig, mißlaunig, mürriſch.
Ohriser, n., Mützenhalter, elaſtiſche Metallſpange als Unterlage einer flachen Spitzenmütze, wie ſie von Bäuerinnen getragen wurde.
Ohs, pl. Ohße, auch Ohs, Ochs.
Ohßekār, Ochſenkarre.
Ohßekopp, Ochſenkopf, ironiſch: Dummkopf.
Ohßelelder, Ochſenführer.
Ohßendriever, Ochſentreiber.
Ohßepinel, (kurzes i), Ochſenziemer.
ohßig, brünſtig, dumm.
Olefant, Elephant.
Ollig, auch Ohl, Oel.
Öllig, n., Zwiebel.
Olligschläger, Oelmüller, iron.: Branntweinſäufer.

om, auf bem.
öm, um.
üm um töm, rundum, rundherum.
Ömbingsel, n., Umwicklung.
ömdrage, f. drage, herumtragen, umtragen, zurückbringen.
ömdun, f. dun, umthun, anziehen, ein Tuch u. f. w. umſchlagen.
ömeeſtins, umſonſt.
Ömfang, Beleibtheit, Umfang.
ömfroge, nachfragen, umhören.
Ömgang, Kreislauf, die Runde machen, Umgang, der Verkehr.
ömgon f. gon, ausweichen, gähren, ringsherumgehen, ſauer werden, umgeben.
Ömlauf, umlaufende Geſchwulſt an Fingern.
ömmaache, umgraben.
Ömmer, pl. Ömmer, Eimer.
Ömmerföööche, n., ein Korianderkorn, welches mit Mehl und Zucker umgeben, zu einem Kügelchen geformt iſt.
Ömschlag, Einband, Umſchlag.
Ömschlagsdöch, Umſchlagtuch.
ömschwenke, ausſpülen.
Ömsin, Umſehen.
Ömstånd, Umſtände, en - sin, ſchwanger ſein.
Ömstandskriemer, w., wtl.: Umſtandskrämer, Bgf.: eine Perſon die ſtets umſtändlich zu Werke geht.
Ömstülpe, umſtülpen.
ömträcke, f. träcke, umziehen, umkleiden.
Ömwingsel, n., Umwickelung.
öntlich, ordentlich.
Öől, pl. Öölje, Aal.
Oos, n., pl. Ööster, Aas, auch Schimpfname: Luder; im guten Sinne: ein geſcheidter, fibeler, pfiffiger Menſch.

Oos, n., Gerſtentreber.
Ööschel, n., Urſula.
Oofs, pl. Ööster, Aßzapfen im Stamme, Aß im Kartenſpiele.
Oot, m. auch n., pl. Öder, Ort.
Öőt, f., ſ. Ödt.
Öőtche, Örtchen.
op, auf, offen.
op e neu's, noch einmal.
op ot Johr, nächſtes Jahr.
op hüh, Zuruf für Zugthiere: Zurück.
Opaach, f., Acht, Anſacht, Obacht.
opbreche, aufbrechen, malſchen.
opdonnere, aufputzen, ſich in ſchreienden Farben oder in auffallender Weiſe kleiden.
opdrüge, opgedrüch, f. drüge. aufbringen, aufſchwätzen, aufgabeln, aufzwingen, zutheilen.
opdun, f. dun, aufthun, öffnen.
Openthalt, Aufenthalt.
Oper, Zint - stroos, Sanct Aperenſtraße in Cöln.
opfoche, anfachen, glimmendes Feuer zur Gluth bringen.
opföhre, arretiren, aufführen.
Opfülsel, n., Auffüllung. Füllwein.
opgebleeve, f. blieve, aufgeblieben.
opgedrevve, f. driewe, aufgetrieben.
opgehovve, f. hevve, aufgehoben.
opgelaht, f. lege, aufgelegt, aufgeräumt, heiter.
opgemoort, f. mōre, aufgemauert.
opgerüümp, aufgeräumt, heiter ſein.
opgeschnedde, f. schnigge, aufgeſchnitten.
opgeschrevve, f. schrieve, aufgeſchrieben.
opgeschosse, raſch gewachſen, namentlich für ſchwächliche Kinder gebraucht, die für ihr Alter ſehr groß ſind.

ophalde — Ovverlüav.

ophalde, aufhalten.
opkladanjele, aufputzen, herausputzen.
opkratze, herausputzen.
opkrige, mit - künne, aufkriegen,
 aufzehren, etwas nicht begreifen
 können.
opkumme, aufkommen, für etwas
 bürgen.
oplänge, auflängen, verdünnen.
Oplauf, m., Auflauf, Hefen-Mehl-
 speise.
oplōse, s. lọ̄se, auflassen, steigen
 lassen.
op'm, auf einem.
opmucke, auflehnen, aufmucken.
opnemme, s. nomme, aufnehmen,
 erheben, deuten, auslegen.
Opnemmensdōeb, n., Scheuerlappen.
Opnemmer, m., Scheuerwisch, Lap-
 penbesen.
opnemmerisch, schnell beleidigt,
 empfindlich.
oppe, offene, offener.
oprälich, aufrecht, senkrecht.
opreechte, aufrichten, sich erheben.
Oprof, m., Aufruf, kirchliche Heiraths-
 ankündigung von der Kanzel.
Oprohr, Aufruhr.
oprōpsche, aufblähen, aus dem
 Magen aufstoßen, verleidet oder
 zuwider werden.
opsohnappe, horchen, zufällig hören,
 ertappen, einsaugen, auffangen.
opschnlgge, s. schnigge, übertreiben, aufschneiden, lügenhaft
 erzählen.
opschōōze, aufschürzen.
opschure, aufschieben.
opsage, s. sage, aufsagen, Dienst
 kündigen, seine Lektion hersagen.
Opsln, Aufsehen.
Opstand, Aufstand.

opstęche, aufstechen, ersparen, gewinnen, verdienen.
opstinat, (frz.: obstiné), aufsässig,
 eigensinnig, widerspenstig.
opstippe, eine Stütze untersetzen.
opstoche, anschüren, anfachen, auf-
 hetzen.
opstoppe, aufpolstern, aufstopfen,
 ausbalgen.
optrācke, aufmarschieren, aufziehen, ernähren, erziehen.
opwade, aufstischen, aufwarten.
Opwadung, Aufwartung.
opwinge, aufwinden.
ūr, öre, euer, eure.
Oranjel, Pomeranze.
Oranjelenbetter, Pommeranzen-
 bitter.
Ordeil, Urtheil.
öre, eure.
Oschel, m., Bedenken, Zweifel.
öschele, Bedenken tragen, sich über
 etwas beunruhigen, quälen.
ōše, ōše, s. osse.
Otzium, dummer, einfältiger, auch
 kleiner aber sehr bider Mensch.
ov, ob, oder.
öve, heben, hochhalten.
Ovend, Abend.
Over, Ufer.
ovschūus, obschon, trotzdem.
Ovve, Ofen.
Ovvefoch, Ofenrohrklappe.
ovvenan, obenan.
Ovvepiep, f., Ofenrohr.
Ovvetrumm, f., halbrundes An-
 schlußstück mit Loch und Deckel an
 einem gewöhnlichen, cylindrischen
 Ofen.
Ovverdōhmer, Obmann der Gemüsezüchter, (Kappesboro), Vor-
 sitzender beim Boorband, (Bauernverband).
Ovverlüuv, f., Oberspeicher.

Ovverledder, Oberleber.
Ovverleech, Oberlicht.
Ovverlepp, Oberlippe.
Ovverreiz, n., Oberjähriges Bier.
Ovversch-Knk, m., Meisterknecht, Vorarbeiter.

Ovversch, oberste.
Ovverstellung, f., Oberkeller.
Ovverstoss, innere Weichseite des Hinterschenkels beim Rindvieh.
Ovveschuster, Spottname f. Schlosser, die ausschließlich Oefen machen.

P, s. Einleitung S. 28.

Paaf, (P, a. f. bedeutet: pastor animarum fidelium), Geistlicher, Pfarrer.
Paafegüt, Kirchengut.
Pääl, Perle.
Päälemutt, m., Perlmutter.
Päärche, n., Corinthenbrödchen.
Paasch, f., Presse, Kelter.
paasche, auspressen, brücken, klemmen.
Paaschurgel, Ziehharmonika.
Packän, Handpolster zum Anfassen heißer Gegenstände; ein roher zum Schlagen gebungener ober geneigter Mensch; iron.: Polizeibiener, Gehülfe bei Verhaftungen.
Packdöch, Packtuch.
packe, packen, Kinderspiel mit Klikker: paar ober unpaar.
Packlinge, Packtuch.
Päd, auch Pääd, pl. Päder, (holl.: paard) Pferd; alle mit Päd, zusammengesetzte Namen bezeichnen meistens etwas Großes, z. Bspl.: Pädsarbeit, -geweld, -kopp, u. s. w.
Pädche, auch Pferdchen, ein kleiner Bissen.
Pädche mager, iron.: bider Mensch.
päde, mit Pferden ziehen.
Pädsarbeit, iron.: mühevolle Arbeit.
Pädsdheer, n., Mistkäfer.
Pädsfuss, Pferdefuß, iron.: sehr großer Menschenfuß.

Pädshör, Schimpfname für eine Hure der gemeinsten Art.
Pädshör, Pferdehaar.
Pädshunger, Heißhunger.
Pädskopp, Pferdekopf, iron.: ein großer unförmlicher, ausdrucksloser Menschenkopf.
Pädsköttel, Pferdemist, Roßapfel.
Pädsküttelei, f., in gem. Redeweise: Lümmelei, bummes labes Zeug.
Pädsledder, Pferdeleder.
Pädsstetz, Pferdeschweif.
Pasel, (frz.: pavé, holl.: pavelj), Steinpflaster.
pasele, (frz.: paver), pflastern.
passe, die Thüren zuschlagen, stark und qualmig Tabak rauchen.
Palljatz, Bajazo, Hanswurst.
Pais maache, (frz.: paix) Frieden machen.
Palljaas, m., (frz.: paillasse), Strohlager, -sack.
Palm, m., Buchsbaumlaub.
Pälsterwoursch, Wurst, die in den dicken Afterdarm des Schweines gefüllt ist.
pampele, baumelnd hin und her bewegen.
Pand, Pfand, -huus, Pfandhaus.
Pandsching, Pfandschein.
Paneer, Panier.
Pann, Pfanne, op der - han, auf der Pfanne haben.
Pannasch, gebratener Fleischbrei.

Pännche maache, Sbjpr.: ben
  Mund zum Weinen verziehen.
Pannebäckerei, Dachziegelbren=
  nerei.
Pannestptzche, das jüngste kleinste
  Kind.
Pannhas, m., auch Pannasch, ge=
  hacktes gebratenes Wurstfleisch.
Pans, m., pl. Pänns, Bauch, Leib,
  Kalbaune, Thiermagen, Wampe,
  Wanst, iron.: kleines unförmliches
  auch ungezogenes Kind.
Pantaljun, Pantaleon.
Papeer, Papier.
papeore Vugel, Papierdrachen.
papeeren Daglöhner, iron.:
  Schreibgehülfe.
Pappelwick, pl. Pappelwigge,
  Pappelweide.
papplg, klebrig, kleistrig.
parat, bereit.
Pardung, m., (frz.: pardon), Gnade,
  Verzeihung.
Pareer, (frz.: barrière), Gelb=Em=
  piangsstelle auf der Landstraße.
pareere, gehorchen, warten.
Pareetche, n., (frz.: baret), Haus=
  mütze.
Paraplü, f., (frz.: parapluie), Re=
  genschirm.
Parosoll, auch Pattesoll, (frz.:
  parasol), Sonnenschirm.
Paris gpn, wtl.: nach Paris gehen.
  Begr.: weggehen, durchgehen, na=
  mentlich das Wegfliegen der Pa=
  pierdrachen, wenn die Schnur
  reißt.
Park, m., Hurenhaus, =moder,
  =mutter, =evader, =wirth.
Partüre, Parteien, Hausstände.
partu, (frz.: partout), durchaus.
Pass gevve, Achtung, Obacht geben.
pass kumme, grade recht kommen.
passe, passen, auch warten.

Passelotang, (frz.: pour passer
  le temps), Zeitvertreib.
Pasler, Narr.
Pastorät, f., Pfarrhaus.
Pastorschküchin, Pfarrersköchin.
Patatsche, Kinderspiel: Gegenelu=
  anderflatschen der Hände.
Patsch, m., schlammiger Boden,
  Straßenkoth.
Pattschann, en decke =, dickes,
  unförmliches Frauenzimmer.
patsche, durch den Straßenkoth
  waten.
Patt, m., Pättche, Pfad.
Patt, Pathe.
Pättche, Pathenkind.
Pattemöhn, f. Jott, Pathin.
Patteschecr, Passagier; ne nette =,
  iron.: ein netter Held, ein unan=
  genehmer Mensch.
Pattesoll, auch Parosoll, (frz.: pa=
  rasol), Sonnenschirm.
Pattevagel, m., iron.: ein Frauen=
  zimmer, welches auffallend gekleidet
  ist, namentlich mit flatternden
  Bändern, fliegenden Haaren, wal=
  lenden Kleidern zc.
Pattevugel, Papierdrache.
Pattühm, m., ein Oheim, der zu=
  gleich Taufpathe.
päusele, (holl.: peuzelen), lässig,
  träge essen, nagen.
päuze, tragen, namentlich Kinder
  herumtragen.
Peck, Groll, Pick, Widerwillen;
  one = op einer han, Jemanden
  nicht leiden mögen, heimlichen auf
  Vergeltung ausgehenden Groll haben
  pocke, picken, stechen.
Peckel, m., Pödel, Salzwasser.
Pechkaveleer, =droth, beide iron.:
  Schuster, letzteres auch Pechdrath.
Peek, f., Pieke, Stechspitze, auch
  Zwinge am Stockende.

Peekestock, Pietenstod, Maßstab zum Ausmessen der Braukessel und Maischbottige.
Peesch, (frz.: pêche), Pfirsiche.
Peetsch, f., geziertes, zimperliches Frauenzimmer.
peetschig, empfindlich, geziert, zimperlich.
Peff, pl. **Peffe**, Pfiff, b. h. Pfeifenton, Geschicklichkeit, pl. Pfiffe, Ränke.
Peffer, Pfeffer.
Pefferbäss, Pfefferbüchse.
Pefferköche, Lebkuchen.
Pefferlecker, Spottname.
peffig, pfiffig.
Peffikus, listiger, pfiffiger Mensch.
Peggel, m., Hammel-Wirbelknochen, als Spielzeug für Knaber.
peggele, mit Wirbelknochen spielen.
Peitschekläng, Peitschengeflechte.
Pell, Pille.
Pell, Oberhaut der Kartoffel; Einem op de - gon, Jemanden zu Leibe gehen.
pelle, (frz.: peler), schälen.
Pellendresser, Spottname für Kleinigkeitskrämer und Apotheker.
Polsterwoosch, Magenwurst, iron.: biderer Mensch.
Pelz, m., Pelz.
Polz, f., Pilze.
Pen, pl. **Penn**, Stift, namentlich Schuh-Holzstift, ein Holzkreisel mit dünnem langem Zapfen und breiter Scheibe.
Pen, eigesennige -, iron.: eigensinniger Mensch.
penne, Holznägel einschlagen, vollpfropfen.
pennevoll, ganz voll.
Pennhammer, schräg zulaufender Schmiedehammer.
Penning, auch **Pennink**, Pfennig.

Penulätsel, Schusterwerkzeug zum Ausziehen der Sohlenstifte aus den Leisten.
Penntri, Schusterwerkzeug zum Vorschlagen der Sohlenstiftenlöcher.
Penür, (frz.: peine), Verlegenheit.
Peps, Erkältung, - krige, tödlich krank werden.
perfopsch, (frz.: par forço) gewaltsam, unter allen Umständen.
perplex, überrascht, verwirrt.
perpuauzius, per ungefähr, unter irgend einem Vorwande.
Pess, Urin.
Pesshützche, -juppche, -röckelche, iron.: vergilbte Hose und Frauenunterrod.
pesse, harnen, pissen, seichen.
petit, klein, winzig.
Petschbrell, Nasenkneifer.
petsche, kneifen, zwicken.
Piddel, m., kleiner beweglicher Stift Zapfen rc., z. B.: Junge an der Schnalle.
piddele, Kleinigkeiten machen, mit den Fingerspitzen an etwas herum arbeiten, abpflücken.
Pief, Pfeife.
piefe, piefs, pief; peff; gepeffe, pfeifen, auch Pfeife rauchen.
Piefenäd, Pfeifenerde.
Piel, Pfeil.
pielopprächt, aufrecht stehend, senkrecht, gerade.
Piep, u., Philippine.
Piepedo! Zuruf beim Versteckenspielen.
Piepiep spille, Kdspr.: Verstecken spielen.
piepsche, eintöniges Pfeifen der Vögel, Mäuse rc.
Pikeneer, Pionier.
Pilaster, m., Pfeiler, Säule, Stütze.
Pimpernell krige, Ungeduld bekommen.

Ping, f., Pein, Schmerz.
Pingebe, n., Pinte, Flüssigkeitsmaß, ein Stückchen Land.
pingele, Schmerz fühlen oder verursachen, zimperlich sein.
pingelig, kleinlich, peinlich.
Pings, m., pl. Pingse, Sieblöffel zum Abschöpfen der Bierhefe.
Pingsfunn, iron.: ein schlauer Mensch.
Pingste, Pfingsten.
pinkle, Abspr.: uriniren.
Pinsche-Pansche, altkölnisches Kartenspiel.
Pisel, (kurzes i), Ochsenziemer, Strick zum Hauen.
Pissing, f., Pißwinkel.
pitscheere, peitschiren.
Pitter, Peter.
Pitter, drüge-, wortkarger Mensch.
Pitterzilje, Petersilie.
Plaat, f., Metall- oder Steinplatte.
Plaat, f., Pläät, f., Plaatekopp, m., (holl.: plaat), Glatze, Kahlkopf.
plaate, mit Platten belegen.
Plaatz, f., (holl.: plaat), Amt, Dienst, Ort, Raum, Sitz, Stelle f. auch Platz.
plaatz, anstatt, an Stelle dessen.
Plack, kodde-, Grind.
Plackfisel, (kurzes i), Schimpfwort: verächtlicher Mensch, Schuldenmacher.
plackig, mit Grind behaftet sein, filzig, gemein.
Plackkopp, f. Plackfisel.
Plafung, f. u. n., (frz.: plafond), Zimmerdecke.
Plagge, m., Abwischtuch, Lumpen, Scheuerlappen, iron.: abgetragene Kleider.
Plämp, f., iron.: Säbel.
Planschett, (frz.: planchette), Schnürleibleiste.

Plant, Plante, auch Planz, Planze, Pflanze.
plante, auch planze, pflanzen.
Plauz, f. Plant.
Pläseer, (frz.: plaisir), Vergnügen.
pläseerlich, spaßhaft, vergnügt.
plaßeere, auch plazeere, anbringen, legen, setzen, stellen, unterbringen.
Plätsch, Pritsche.
Plätsch an Rosa, Kinderspiel; ein kleines Holz wird schräge und quer über ein anderes gelegt, der Spielende schlägt mit einem Stocke auf das vorstehende Ende, wodurch dasselbe auf eine große Entfernung sich stets überschlagend weiter geschnellt wird.
plätsche, plätschere, im Wasser arbeiten, tönendes Aufschlagen vom Wasser.
platschig, breit, dick.
platt om Bett, bettlägerig krank.
plattordings, durchaus, schlechterdings.
Plattfüß, Plattfuß.
Plätthäme, Zugband mit Strick zum Ziehen der Schiffe.
Plattiser, flaches Bügeleisen.
plattschlon, f. schlon, plattschlagen, iron.: niederschlagen.
Platz, m., Blatz, (Weizenbrod), Platz, freier Raum.
Plavumm, auch Plavung, f. u. n., (frz.: plafond), Zimmerdecke.
plazeere, f. plaßeere.
pliestere, (holl.: pleisteren), mit Kalkspeise verputzen.
Pliesterlatz, Deckenverputzlatte.
Pliesterwerk, n., Kalkverputz.
plücke, pflücken, Jemanden um Geld bitten, abschmeicheln.
Plückvugel, (kurzes u), Jemand der gewohnheitsmäßig Anderen

Geld abschneiden oder abbitteln.
Plög, f., Plage.
Plog, m., Pflug.
ploge, plagen.
plöge, pflügen.
Ploggeist, Plagegeist.
Plöster, f., geschmiertes Pflaster.
plöstere, Pflaster auflegen.
plüdere, plaudern.
Plüdertasch, Plaudertasche.
plümerant, (frz.: bleu mourant), blümerant, mattblau, sich schwach fühlen.
Plümm, f., Feder.
Plümmo, n., Federbettbett.
Plumpsch, m., der Schall vom Fall schwerer Körper in's Wasser.
plumpsche, plumpen, in's Wasser fallen.
Plün, n., (holl.: Plünige), Apollonia.
Plüsch, Plüsch.
Plunte, Fetzen, Lumpen, alte Kleidungsstücke.
pluntig, zersetzt, zerlumpt.
pö a pö, (frz.: peu à peu) nach und nach.
Poäng, auch Puäng, om — stoa, (frz.: au point), auf dem Punkte stehen, bereit sein.
Pocke sette, impfen.
Pockesching, Impfschein.
Pöl, pl., Pöl, Pfuhl.
Pöl, pl., Pfl, Pfahl.
pöle, schnell nähen, pfählen, mit Steinen werfen.
Polkakopp, m., ein Männerkopf derart frisirt, daß die Haare glatt anliegen und nur die Enden rund herum nach dem Kopfe zu locken= artig gewellt sind.
Poleer, Bauführer.
Poll, f., Kirchengefäß für Wasser oder Wein bei kath. Meßopfer.
Poll, f., (span.: polla), bides rund=

liches Frauenzimmer, Haubenhuhn.
Pöls, Puls.
pülvere, mediciniren, pulverisiren, zerreiben.
Poosch, pl. Pooschte, Bursche. Geselle von Bäder, Pranger 2c.
Pooschhess, n., das Allerbeste. Kleider für Sonn= und Feiertage.
Pooschdag, (holl.: paaschdag), Ostertag.
Pooschte, Ostern.
Pooz, f., pl. Pooze, Pforte, Thor.
püöze, eine Thür oft öffnen, häufig aus= und eingehen.
Püözer, Pförtner, iron.: Jemand der fortwährend und unnöthig durch Aus= und Eingehen die Thüre öffnet.
Popp, Puppe, Einlage bei Rollta= bak, Cigarren 2c., Rauenpuppe. Vogelweibchen, figürl.: ein gezier= tes Frauenzimmer.
Poppe, de — sin um danze, sgl.: der Prozeß ist im Gange, der Scandal ist los 2c.
poppe, paaren bei Bögeln.
Poppespil, Puppenspiel.
Positer, f., Figur, Form, Haltung, Stellung.
Poss, m., pl. Pöss, Possen.
Poss, f., Post, op der — sin, Mest.: Eile haben.
Posskresche, große Art von Kir= schen.
postere, anstellen, postiren.
Pott, pl. Pött, Topf.
pötte, viel und anhaltend trinken.
Pottgraffe, Photographie.
pöttele, Kleinigkeiten langsam ar= beiten, mit den Fingern zupfen, kratzen, z. B. den Schorf von einer Wunde abklauben, abtra= gen 2c.

Potteschüs, f., (frz.: porte-chaise), Tragstuhl.
Pottinh, m., Graphit, Ofenschwärze. pottiohe, mit Graphit schwärzen.
Pötz, m., Brunnen, namentlich Ziehbrunnen, Pfütze.
pötze, Wasser mit Eimern hochheben, aufwinden.
Pötzvägelche, n., ein zum Futter und Wasser hochziehen dressirter Stieglitz.
pover, (frz.: pauvre), ärmlich.
Pozellng, Porzelan.
pozellnge Dotz un Rock, leichte Sommerhose und Rock, - krom, iron.: zerbrechlicher Kram.
Pozion, **Pozlünche**, abgemessener Theil, Speiseantheil.
Praach, auch **Prach**, Pracht.
Prakeseer, m., Ueberlegung.
prakeseere, (frz.: practiser), nachdenken, überlegen, versuchen.
Pratt, m., Trotz.
pratte, schmollen, trotzen.
precke, einen Spielball umschnüren.
Preckel, m., Stachel, Pfriemen, die Stachelung, der Anreiz.
preckele, prickeln.
Predulje, (frz.: bredouille), Verlegenheit.
Preel, auch **Preeme**, Pfriemen.
premme, premms, prommp, gopremmp, vollstopfen, fest schnüren.
Presseer, m., Eile.
presseere, eilen.
presseet, eilig.
present sin, Geistes-Gegenwart haben.
presümeere, (frz.: presumer), voraussetzen.
pretendeere, (frz.: prétendre), beanspruchen, fordern.
Prezlösche, (frz.: précieuse), iron. anspruchsvolles, eitles Mädchen.

Prick, f., en hufftädigo -, ein eiteles, eingebildetes Frauenzimmer.
Prie, f., en stolze -, ein (pröbes, stolzes Frauenzimmer.
Priem sln, m., (lat.: primus), der Erste sein.
Priem, f. Belohnung, Prämie.
Pries, f., Priese.
Pries, m., Preis.
prieso, preisen.
Prinzrahau, f. Rabau, Schimpfname im Sinne von: sehr gemeiner Kerl.
Pritsch, en stolze -, ein stolzes, spröbes Frauenzimmer.
pritsch, hoffärtig, kurz angebunden, stolz, trotzig.
prybeero, probeesch, probeet, proben, probiren, prüfen.
Profick, **Profickche**, Gewinn, Profit, Vortheil.
Profitchen, Lichtknecht, Lichthalter.
profopsch, s. perfopsch.
Prosziat! Zuruf beim Trinken: zur Gesundheit, Prosit.
Proppe, Pfropfen.
proppe, pfropfen.
Pross! Zuruf beim Trinken 2c. Wohl bekomme es! Prosit.
Prüttel, m., (holl.: preutel), der ganze Kram, Tröbel, Plunder.
prüttele, (holl.: preutelen), brodeln, sieden, murren, brummen.
Prütteler, m., Brummbart, Murrkopf.
prüttelich, verdrießlich, murrköpfig.
Prütter, Lehnstuhl.
Prov, Probe.
prove, auch prüve, proben, prüfen.
Prozentekriemer, -schlucher, Wucherer.
Prusziat, zum Wohlsein.
Prukorätorsch, vortweises, kluges Frauenzimmer, welches seine Rei-

mung flar und verständlich auszu-
sprechen versteht.
Prümche, f. Prumm, kleine runde
Pflaume.
Prümche maache, den Mund
zum Weinen verziehen, Maulen
machen.
Promenad, f., Spazjergang.
promencere, spazieren.
Promm, pl. Prumme, Pflaume.
Prommekään, f., Pflaumenkern;
-kumpott, -kompot; -taat, -torte;
-zapp, -suppe.
Prümm, f., Kautabak.
prümme, prümms, prümmp;
geprümmp, Tabak kauen, priemen.
Pruviant, Proviant.
Pruviser, Apotheken-Verwalter oder
Gehülfe.
Puäng, f. Poäng.
Puckel, Pudel.
puckele, aufbürden, auf dem Rücken
tragen.
puckelig, buckelig.
Puddel, m., Pudel; Fehlwurf beim
Kegelspiele; iron.: schmutzige, unordentliche Person.
puddele, reinigen, waschen, namentlich Kinder in einem großen Ge-
schirre waschen; beim Kegeln fehl
werfen.
puddelnaass, sehr naß.
puddelnack, Rdsl.: so nackt wie
ein geschorener Pudel.
Puderzucker (frz.: sucre poudré),
Farinzucker.
Puff, m., pl. Püff, dumpfer Schall,
Schlag, Stoß.
Puff, m., pl. Puffs, Bordell.
Puff, f., pl. Puffs, Hure.
puffe, bauschen; Schläge austheilen;
stark Tabak rauchen; stoßen.
Püffelche, pl. Püffelcher, kleines
Hefenpfannenküchelchen.

Puffmau, -mächc, n., Bauschärmel.
Puhahn, Pfauhahn.
Puhuhn, pl. -hühner, -hohnder,
Pfauhuhn.
Pukal, Pokal.
Pulle, m., Kopfkissen.
pullitisch, klug, politisch, vorsichtig.
Pumad, Pomade.
pumädig, bequem, gemächlich, lang-
sam.
Pump, f., Pumpe.
Pump, m., Borg.
pumpe, pumpen; iron.: borgen.
Pumpjé, (frz.: pompier), Feuer-
wehrmann; iron.: leichtsinniger
Schuldenmacher.
pumstig, auf einmal, plötzlich.
Püngel, m., Bündel, Pack; iron.:
gemeines Frauenzimmer.
Püngelche, Bündelchen; alätt
we'e - Flüh, behende, flink wie
Flöhe.
püngele, tragen, Lasten schleppen;
mehrere Kleidungsstücke unordentlich übereinander anziehen.
Punjel, m., Nacht- und Hauskleid.
Punsel, Schmiedehammer, um Ver-
tiefungen in Eisen einzuschlagen.
Pupp, m., Blähung, Bauchwind.
puppe, Rdsp.: hörbar furzen.
Parjeer, m., Abführen.
purjeere (frz.: purger), abführen.
Pürk, f., Perücke, Kopfhaar.
Pürkelpger, iron.: Friseur.
puseere, pausiren, rasten.
Pussaasch, f., Liebesverhältniß.
pusseere, liebeln, eine Sache unterstützen.
Püt, f., Pütche pl. Püte, (holl.:
pool), Pfote, Fuß.
putschilg, plötzlich.
Puttes, m., auch - -Klotwoosch,
Spottname für dickwanstige, un-
förmliche Menschen.

Putze, ein vorstehender Knoten.
putzig, lächerlich, possierlich, wunderlich.
Putzklüppel, Schuhwerkzeug: Holz zum Glätten der Sohlenkanten.
Putzmächersche, Putzmacherin.
Puus, Püsscho, Pause, Rast.
Puusbacke, Pausbacke.
puuse, pausiren.
Puut, m. (ital.: puto), Kind, junges Mädchen.

Q, s. Einleitung S. 22.

Quaal, s., Anschwellung von der Berührung der Brennnessel, vom Stiche der Insekten. Hautwasserblase.
quaat sin, übel sein.
Quaatche, n., ½ Kronenthaler.
Quaatsch, auch Quatsch, m., unangenehmes Gerede; s., eine Person, die bei der geringsten Erkältung klagt und lamentirt, dabei ängstlich die unsinnigsten Vorkehrungen zur Beseitigung derselben trifft.
quaatsche, weinen; zimperlich, eingebildet krank thuen.
Quaatschkopp, m., empfindliche, stets klagende Person.
Quabbel, m., Fettklumpen.
quabbele, übel fühlen.
quabbelig, unwohl, übel, zum Erbrechen geneigt.
Quabbüsch, Aalquappe.
Quaddel, s., Hautwasserblase.
quaggele, krank thuen, Umstände machen.
Quaggeler, Kleinigkeitskrämer.
Quaggelskrom, m., Kleinigkeitskrämerei.
Quälgeist, m., Quälgeist.
Qualster, s., (holl.: kwalster), bider, schleimiger Auswurf; feistes Frauenzimmer; Vogelbeerbaum; Beerenwanze.
qualsterig, fettleibig.

quängele, kleinlich unzufrieden sein.
quängeloere, Jemand quälen.
Quängeler, Unzufriedener.
quängelich, kleinlich, unzufrieden.
Quant, dickes, auch ungezogenes Kind.
Quilnzche, n., Prügel, knorriger Stock, abgeschnittenes Baumstämmchen.
Quunzius, per -, zum Scheine; gleichsam.
quarrig, knorrig, verwachsen.
Quass, m., Quast.
Quatsch auch Quaatsch, s. b., m., dummes Geschwätz.
quatsche, unsinnig reden.
Quateer, Quartier.
quateere, quartieren.
Queke, gejätetes Unkraut, welches zu Haufen im Felde verbrannt wird.
quelt (von quellen), quillt.
quelle, anschwellen.
quelle, quillen, abführen.
Quellmann, m., Pellkartoffel.
Quellstein, Deckplatte auf Brunnen rc.; iron.: bicker, fetter Mensch.
Querkopp, Querkopf, störrischer Mensch.
Quespel, m., Federstauber.
Question, s., (frz.: question), Einwendung, Zank, Zwist, Unannehmlichkeit.

questioneete, dll - , der fragliche.
Quotsch, f., pl. Quotsche, Zwetsche.
quick, quitt. frei, ledig, entledigt.
Quidde, pl. von Quitt, Quitten.
quiddegääl, quittengelb.
quiddele, unverständlich reden; iron.: eine Rede halten; zwitschern der jungen Vögeln.
quieke, auch quiekse, fißeln; in der Kbsp.: mit dem Messer stechen, namentlich Schweine abschlachten.
quinke, jubilzeln.
Quissel (kurzes I), (quae est solu), alte Jungfer, Betschwester, Scheinheilige.
quisselich (kurzes I), zimperlich, übertrieben fromm.
Quitt, pl. Quidde, Quitte.
quittterre, bescheinigen, verlassen.
Quißn, pl. Quißn, n., Kind, Plage.

R, s. Einleitung S. 30.

Rääch,° Recht.
rääch,° recht.
räächs,° rechts.
räächzigglg,° rechtzeitig.
Raafalles, ein gieriger Mensch.
raafe, raffen.
Raafgōt, Raubgut.
Raasch, (frz.: rage), Bestürzung, Eiser. Uebereilung, Buth.
Rabaljepack, (frz.: racaille), gemeines Volk, Gesindel.
Rabau, f., (holl.: rabauw), rauhschalige grüne Reinette.
Rabau, f., (frz.: ribaud; holl.: rabauwt), Raufbold, Schurke; aber auch entgegengesetzt: ein harmloser, aber roher, ungebildeter Mensch.
rächfädige,° rechtfertigen.
rachgeerig, gefräßig, habsüchtig, neidisch, rachsüchtig.
rack, rackeweg, durchaus, ganz, plötzlich, vollständig, wirklich.
Rädder, pl. von Ratt, Räber.
radikal, (frz.: radical), durchaus, ganz und gar, vollständig.
Rähn,° Regen; -droppe, -tropfen; -äärk, m., -Regenwasser-Cisterne.
rähne,° regnen.
räkele, sich gähnend recken.

Ramlut, n., Lärm, Melöse.
Rämmel, m., das Männchen bei kleinen Säugethieren.
Rammenans, auch Rammenaster, (holl. rammenas), schwarzer Rettig.
Ramōr, (frz.: rumear), Geräusch.
ramōre, lärmen, (conj. wie löre).
Rampenasch, n., Rampenkäscheke, n., fröhliche Gesellschaft· iron.: saubere Sippe.
rampeneere, ruiniren, gewaltsam verderben, verschleißen.
Rampespudsel, m., schmutziges Frauenzimmer.
Rämseheke, n., vortheilhafter Kauf.
ramsche, vortheilhaft in Menge kaufen.
ramspärig, (holl.: ramspoodig), brummig, mürrisch, störrig, übelgelaunt, widerwärtig, wühtend.
Rand, Rangk, pl. Räng, Raub.
Randäl, n., Lärm.
randaleere, lärmen schreien.
Räng, pl. von Rand und Rangk, Räuber.
ranke, mit langen, losen Stichen nähen.
Rankett, Rakete
rankig, lose oder nachlässig genäht.

ranscheere, ordnen, rangiren.
rappele, lärmen, poltern; et rappelt in, er scheint nicht bei Sinnen zu sein.
rappelig, rappelköpfig, erregt, mürrisch, sinnverwirrt, toll, unvernünftig, verdrießlich, verrückt.
Rappelkaste, alter baufälliger Wagen.
Rappelkopp, m., ein erregter, mürrischer, verrückter Mensch.
rappelköppig, s. rappelig.
rapsche, wegraffen.
Raptes, auch Raptus, m., Eifer, fire Idee, böse Laune, Zorn, auch Verrücktheit, Wuth.
rär, rar, selten, besonders, eigenthümlich.
räsele, vor Kälte oder Schrecken zittern.
Räsong, auch Räsnng, (frz.: raison), Erkenntniß, auch Vernunft.
Raspol, f., Holzfeile; Wächter-Holzschnarre.
Raspel, m., Kräuter-Magenbitter.
Rass, Gattung, Race, Rasl.
räste, do rüss, hä räss; gerass, auch gerüss, rasten.
Ratsch, m., Riß, Schramme.
ratsch, ratscheweg, ratschtig, auch rack, durchaus, gänzlich, plötzlich, schnell, vollständig.
Ratt, f., Ratte.
Ratt, n., pl. Rüdder, Rad.
Ratt schlon, iron.: falliren; wtl.: Rad schlagen; Bdtg.: seitwärts kopfüber radsförmig überschlagen.
rattekal, auch radikal, (frz.: radical), durchaus, gänzlich, vollständig.
Rattenstetz, Rattenschwanz; kleine runde Feile.
Ratz, Feldtaube.
Rau, Ruhe.

rauche, Tabak rauchen.
räuche, rauchen, räuchern.
Räuches, n., Räucherkammer.
Räuchkääzche,* n., Räucherkerze.
Räuf, Futterraufe.
rauhhörig, rauhhaarig.
Raubrief, m., gelinder Frost, Reif.
rauhriof, eisig, frostig.
rauhrief drentausste, unüberlegt und verschwenderisch ausgeben.
rauhrief ümgon, verschwenderisch umgehen.
räuig, ruhig.
Raum, f., Milchrahm.
ränme, auch rümme, du räumps, auch rümmps, hä räump, auch rümmp; geräump, auch gerümmp, reimen.
Räumche, auch Rümmche, Reimchen.
Ränterwalv, Salbe zur Heilung der Räude oder Krätze; Quecksilbersalbe.
Rav, Rabe.
Rebbe, pl. von Repp, Rippe.
Robbelenbrei, m. Fleischtheile, Gemüse, Kartoffeln rc. zusammengeschmort.
recke, reichen.
rceke, reden.
Red, auch Redd, Rede.
redde, redts, redt; gerçdt, reben.
Redikull, (frz.: ridicule), Damen-Armbeutel.
reechte, richten.
reef, s. rofe, rief.
Reeme, Ruder, Riemen; alle - zo Rod, mit allen Andern arbeiten, auch: mit allen Kräften arbeiten.
reeme, rudern.
reere, rieren.
Reel, Rieth.
reeth, s. rode, rieth.

Regalt, Herrschaft; et - han, die Oberhand haben.
regeere, regieren; auch: Kinder waschen, kämmen ꝛc.
Reider, der Schlüsselgristring.
Reih, m., Reigen, Reihen, Tanzreihe, Runde, Sprünge, Einzeltanz.
Reibliev, n. Schnürleib; iron.: ein langes, hageres Frauenzimmer.
Reihnphl, Schnürnadel.
rejell, ehrenhaft, reell.
reinewęg, durchaus, ganz.
Renteneerer, Rentner.
Rentnersche, Rentnerin.
Repp, pl. Rebbe, Rippe.
reppe, bewegen, rippen, sich rühren.
replizeere, (frz.: repliquer), erwiedern, entgegnen, einwenden, gegen antworten.
resolutt, energisch, muthig.
reskat, auch reskeet, gefährlich, gewagt.
resolveere, (frz.: resolver), sich bequemen, ergeben, entschließen.
Reus, f., Prügel, Schläge.
Ress, m., Riß.
ress, s. riesse, riß.
Rpss, m., Rest.
Restorazion, Restauration.
Resung, n., (frz.: raison), zu - bringe, zu Vernunft bringen.
Rett, Ritt; op der - gou, den Geschäften, Vergnügungen u. s. w. nachlaufen.
rett, s. rigge, ritt.
Retz, n., Riß, Ritze.
retze, ritzen.
reue; raut; gerant, reuen.
Reneuse, Leichenessen.
Reukauf, Abstandssumme; Rückkauf; Entschädigung, auch Bedauern.
Renz, f., Bndel, Tragkorb.
Reuter, Reiter.

Reuternalv, s. Rünternalv.
revausscheere, revangiren, vergelten.
revv, s. rieve, rieb.
Rezess, Ende; der letzte -, letzte Versuch.
Rezepp, Recept.
Rihführer, Karrenführer, welche am Rheinwerst der Reihe nach zur Fahrt gelangten.
Rihgass, Rheingasse in Cöln.
Rhing, Rhein.
Rhingkadett, Rheinarbeiter, der sich mit Ein- und Ausladen beschäftigt.
Rhingwing, Rheinwein.
rich, reich.
rich spreche, iron.: Bezeichnung für Hochdeutsch reden, im Sinne: wie reiche Leute reden.
Richdum, Reichthum.
Richplaat, Richtplatte zum Hämmern der Metallplatten.
rick, ricks. s. rigge, reiten.
Rickpßd, Reitpferd; iron.: ein großes, corpulentes Frauenzimmer.
Riedig, Rettig; bedresse -, iron.: erbärmlicher, feiger Mensch.
rief, reif.
rief dren tauate, mit vollen Händen ausgeben; verschwenderisch sein.
Rief, gelinder Frost, Reif.
riefe, reifen.
Ries, m., der Reis.
Ries, n., pl. Ries, das Ries.
Ries, n., pl. Rieser, das Reis.
riesse; ress; geresse, reißen.
Riesskiddel, m., Jemand, der seine Kleider leicht und jeden Augenblick zerreißt.
Riessung, Reißaus.
rieth, rieths, s. rpde.
Riev, f., Reibeisen.

rieve; rerv; gerevve, reiben.
Rievklovve, Schmiedewerkzeug, Rribfloben.
riffele, ausfasern, zerkleinern.
Riffela, n., Charpie.
rigge, ricka, rick; rett; gereddo, reiten.
Riggepädche spille, Kinder auf den Knieen reiten lassen.
Rih, Reh.
Rihpatte, Richtholz, Bau-Gerüst-Ständer.
Rihsdaler, auch Richsdaler, Reichsthaler.
Ringelott, (frz.: reine Claude), eine Art runder, grüner Pflaumen.
Ringelduv, f., Ringeltaube; im Sinne von Glück: günstiger Anfall; seltene, willkommene Sache.
Ringk, pl. Ring, Ring.
Rippet, m., Umhängetasche,-welche Frauenzimmer unter dem Kleide tragen.
ripsch ain, tobt, unrettbar verloren sein; hat seine Entstehung von der Grabschrift: R. I. P. S., requiescat in pace sanctae.
ripsche, wegnehmen.
Riputazion, (frz.: réputation), der gute Ruf.
riputeerlich, ansehnlich, beträchtlich; gut beleumundet sein; als reich gelten.
Rius, m., Riese.
Rüb, Rübe.
Rübekruck, n., Runkelrübenseim.
Rüböhl, n. auch Rübollig, Rüböl.
Rübsôm, Rapssamen.
Rübstill, Rübenstielmus.
roch, rüch, s. ruche.
Rock, m., Rud.
Rock, m., pl. Röck, Röd.
röcke, rüden.
Röckeling, leinenes Priestergewand.

Röckelör, Männerrock mit langem Kragen.
Rückgrot, Rückgrat.
röcklings, rücklings, von hinten.
Rockschlepp, Rockzipfel.
Rockschunka, Rockschoß.
Röckstrank, Rückgrat.
rückwäts, rückwärts.
rode, do röths, hä röth; rieth, auch reeth; gerode, rathen.
Roder, Ruder.
rodere, rudern.
rofe, röfs, röf; reef; gerofe, rufen.
Röger, m., Rogner, weiblicher Fisch.
Rügge, m, Roggen, Rüden.
Rüggelche, n., kleines Roggenbrödchen.
Rohm, f., Holzstange zum Anbinden von Schlingpflanzen.
röhre, röhrsch, auch röh'sch, rührt, auch röh't; roh't; röh't; geroh't, rühren.
Rölleköl, m., wildes, ausgelassenes Kind, auch eine abgehärtete, wenig empfindliche, resolute Person.
rölze, ausgelassen, wüst spielen, herumbalgen, tummeln.
röm un töm, rund herum.
roppe, tupfen, zerren.
roppig, armselig, lumpig.
Roppjung, -sack, ruppiger, frecher Junge, Kerl, Schelm, Taugenichts.
röpsche, aufblähen, rülpsen; et röpsch meer op, ich bin bessen satt.
Rös, n., Rosa, Rosalina, Rosina.
röse, rasen, auch ausgelassen spielen.
rösig, furchtbar, rasend.
Rossbalet m., (Roß-Bayard), iron.: großes corpulentes Frauenzimmer.
Rossdüch, Futtertuch; -schockel, an Ketten hangendes Futtergestell unter Fuhrmanns-Karren; em

Rosadōch noh Kölle kumme, Röst.; Jemand, der auf der Landstraße angefallen worden ist.
röste, bereit machen, rüsten.
röstig, rüstig.
Roth, f., Ruthe.
Roth,* m., Rath.
Rothgevver, Rathgeber.
Röthsel, Räthsel.
Rothshär, Rathsherr, Stadtrath.
Rötsch, Gleitbahn, Rutsche; angenehme -, angenehme Fahrt, Heimgang x.
rötsche, rütschen, rutschen.
Rötschparthie, Rutschparthie. Vergnügungsfahrt.
Rötzche, n., Haufen, Ueberbleibsel.
Rotzlüffel, Rotzlöffel, dummer, anmaßender Junge.
Rotzpatric, iron.: Nase.
rubbele, poltern, rütteln.
Rubbelendüres, polteruder, ungestümer Mensch.
rubbelig, hastig, polternd, rauh, uneben, unsanft.
ruche, rüchs, rüch: roch; rüch; gerpeche, riechen.
rude. f. ruth, rothe, rother.
Rüddel, Rothstein; iron.: ein Mensch mit rothen Haaren.
rüddele, rütteln, auch mit Rothstein anstreichen.
Rüddele, f., Rötheln.
Ruff, f., Wundenkruste.
ruffele, raufen.
rūh, roh.
rūhme, rühma, rühmp; ruhwp: rühmp; gernbmp, auch gerūhmp, rühmen.
rujineere, auch rungeneere, ruiniren.
Rümefahrt, voll.: Römerfahrt. Begriff: Prozession am Palm-sonntage und in der Nacht des folgenden Donnerstages zur Erinnerung an den Gang, welchen Christus zum Kreuzigungsplatze machte.
Rummelsppott, Spielzeug: Waldteufel.
Rump, Rümpche, Rumpf.
Rümpcher, kleine Fischchen, Malpierchen.
rümpe, rümpfen.
Rumpelskess, Plunderkiste; -kammer, Zimmer zur Aufbewahrung alter Sachen.
rumpschlump, (holl.: romplomp), Alles auf einmal, insgesammt.
rünn̈de, rund machen.
Rundell, n., Roudell, runder Platz.
Rüngele, f., Runde.
rundæerüm, rundherum.
rundsüm, rundum.
Rupp, Raupe.
Rupp, Rüppche, in einem Augenblide, sofort, im Nu.
ruppdich, Ausdruck der Schnelligkeit.
Ruppdick, enein -, in einem Augenblide.
ruppe, rupfen.
Rüs, pl. Rüse, Rose.
Rusch, f., Krause.
Rüseknüppche, Rosenknöspchen.
rüsele, (kurzes ü). rütteln.
Rusing, (kurzes i), Rosine.
Rüss, m., Ofenruß.
Russ, f., Rüstercho, n., Ofenrost, Siebblech.
rüste, rösten.
ruth, f. rude, roth.
Ruthstyzche, Rothschwänzchen.
Rutt, pl. Rutte, Fensterscheibe, auch Vierod.
Ruttenopfs, auch -ass, Rautenaß.
Ruttekünning, Rautenkönig

Rüümche, auch Räumche, Reimchen
ruume, ruums, ruump; ge-
ruump, räumen.

Ruusch, Rausch.
ruusche, rauschen.
rüüste, rösten.

S, fs u. ss, f. Einleitung S. 26. Vorwort S. 9 u. 10.

Saach, Sache.
Saarwerker, Rüstschmied.
sabblig, sämig, seimig.
Sackdöch, Schnupftuch.
Sackohr, Taschenuhr.
Sackpief, Sackpfeife; met singe
 sibbe -, mit seinen sieben Sachen,
 mit Hab und Gut.
Saddel, Sattel.
saddele, satteln.
Saff, Saft.
sage, sähs, säht; saht, säht;
 gesaht, sagen.
Sähn," auch Sege, Segen.
sähne," segnen.
säht hä esu, sagt er also.
saht, sahts, säht, s. sage.
sall, salls, sallt, s. solle.
Salmenack, Salomonsgasse, Straße
 in Cöln.
Salv, Salbe.
salve, salben.
salveere, (frz.: resolver), entschließen; in Sicherheit bringen;
 sich zeitig zurückziehen.
Salzrümpche, n., hölzerner Salz-
 behälter mit Deckel.
samp, sammt.
sämplich, sämmtlich.
Sann, Sann, Susanne.
Sarres, m., Sarazi, Schwert
Sass, m., Abtrittsitz.
Sasserass, Gewinn, Verdienst,
 Profit.
satz, s. setze, setzte.
Sauerei, Schweinerei.
Säust, schmutziger, schweiniger Mensch

Sauhangk, Schpswrt.: Schwein-
 hund.
sKulsch, schweinisch, gemein.
Saumage, m., Abwischluch, schmutziger Mensch.
Saunickel, m., Schpswt.: Schweinigel.
Savatte, (frz.: savate), Schlappen,
 alle abgetragene Schuhe.
schkäl, schiel, blind, kurzsichtig.
schääle Miobes, -n Abellino,
 Schimpfname für kurzsichtige Leute.
Schaaf, n., Schrank.
Schabau, (derzeitige lateinische Benennung: aqua sabaudica),
 Branntwein.
Schabbesdeckel, alter abgetragener
 Hut.
schäbbig, abgetragen, schäbig, verschlissen.
Schabellche, (frz.: escabelle), Fuß-
 bänkchen.
schachmatt, ganz abgemattet.
Schäddche, n., Fehler, kleiner
 Schaden.
Schäffe, s., Schöffe.
schalu, (kurzes u), eifersüchtig, miß-
 günstig, neidisch.
Schalusi, (kurzes u), Eifersucht; Fen-
 ster-Vergitterung, Sonnenblende.
Schämde, f., Scham, Schamtheile.
Schamel, Schalmei.
schaume, schamps, schamp;
 schampte; geschamp, schämen.
Schandarm, Gensdarm.
Schandürmche, n., kleines läng-
 liches Roggenbrod.

Schanditz, Polizeibeamter.
Schaneer, Scharnier.
Schang, Johann.
schänge; schandt; geschandt, schimpfen.
Schängeleer, m., Befangenheit, Verunzierung, Zurückhaltung.
schängeleere, verderben, verthunzen, verunzieren.
Schängerei, Schimpferei.
Schänzche, Kellerbündel, sich an
-n arbeide, Bgrf: übermäßig arbeiten.
Schanzelläufer, altdeutscher Mantel mit mehreren kleinen Kragen.
Schanzrock, Männer-Mantel mit Ärmel.
Schapäng, spiter Weißkohl.
Schapeton, (frz.: chapiteau) Stopfbüchse an Pumpen u. s. w.
Schäper, auch **Schäffer,** Hirt, Schäfer.
Schapo, n., Schapsche, (frz.: jabot), Brustkrause.
Schapo, m., (frz.: chapeau), Begleiter, Beschützer.
Schapp, frech we -, Rdst. im Sinne: frech wie Galgenholz.
Schäpp, s., Schöpfnapf.
schäpp en güss, (schöpfen und ausgießen) es geht, so leiblich, von Hand zu Hand.
schäppe, schöpfen.
Schäppman, f., weiter Frauenärmel.
schaproneere, (frz.: chaperonner), beschützen.
Schareeter, n., breiter, scharfer Steinhauermeißel.
scharmant, (frz.: charmant), gut, vortrefflich.
schärp, (holl.: scherp), bitter, durchbringend, edig, genau, herbe, scharf, schneibig, spitzig, strenge.
schärpe, schärfen.

Scharschant, m., Polizeibiener, ir.: strammes, freches Weib; als Schmiedewerkzeug: verstellbare Schraubzwinge.
Schäs, Halbkutsche.
Schassewitt, m.,(frz.: chasser vite), Abfertigung, Abweisung, ein Tanzschritt in der Quadrille.
Schateek, f., Schartefe, altes Weib.
Schauf, n., Schaub, Strohlager für Tobte.
schaufel, armselig.
Schaures, vortheilhafter Handel.
Schaute, auch **Schauter,** alberner, lächerlicher Mensch, Spaßvogel.
Schav, Schabe.
schave, schaben.
Schavels, auch **Schavsel,** Schäbsel.
Schavelsntriefe, Streifen beim blank schaben der Metalle.
Schavistche, n., abgetragener Hut.
Schavsel, s. **Schavels.**
Schavu, f., pl. Schavue, Wirsing.
Schäz, wollene Decke.
Scheek, Schid; op singem - sin, gute Laune, Zufriedenheit.
schecke, gewöhnen, sich anpassen, schicken.
scheer, schon, schier, trocken, ungefähr, rauh.
Scheereloch, Scheerenloch, durch et - falle, Stücke Stoff, die die Schneider bei Ablieferung gefertigter Kleider unrechtmäßiger Weise zurückbehalten.
scheese, schüüfs, schlüfs; ehr scheesot; schoss; schöss; geschosse, schießen, m. Klider werfen.
Scheefser, m., Bäckerei-Holzschaufel, zum Einschieben der Backwaaren in den Ofen; bißer Kilder.
Scheff, Schiff.
Scheffche, Schiffchen, längl. Brobkörbchen in Form eines Schiffes.

scheide, ſchreiben, ſchreiten.
ſcheif, ſchief.
Scheit, f., Scheibe, Scheitel.
Schekl, n., Schilb.
schektere, beſchreiben, ſchilbern, Wache ſtehen.
Schelderreche, n., Schelderei, f., Gemälde.
Schelderküsche, Wachtpoſtenhäuschen.
Schelkrät, Schildkröte.
Schell, pl. Schelle, Schelle, Hanbwaſſerblaſe, beutelartige Ringe unter den Augen.
schelle, ſchellen.
schelle, ſchälen.
Schellreppche, n., eingeſalzene Schweinerippe.
Schollpatt, Schildpat, Schildkrötenſchale.
Scheni, Genie.
Schenkäsch, Schenkung, en nette -, iron.: ein erbärmliches Geſchenk.
schepp, ſchief, übel ſtehen.
Schopper, Schiffer.
scherre, do ſcheersch, hä ſchepp't; ſchepp'te; geſchorre, ſcheeren.
Scherv, n., kleines Mädchen, kleines Frauenzimmer.
Scherv, m., Grind, Kopfausſchlag, Schurf.
Scherv, n., auch Schervel, m., pl. Scherver, Scherbe.
Scheuklapp, Pferdegeſchirr = Scheuleber, iron.: hoher, aufgeſchlagener Rock- oder Mantelkragen.
Schenter, m., ſtarkes Abführen.
schibbele, rollen, ſchiebend walzen.
Schibbeleutche, n., ein rollendes Kinderſpielzeug; e geck -, iron.: ein alberner, verrückter Menſch.
Schick-Johannes-Appel, Calville-Apfel.

Schicksolche, Schicksel, Mädchen, Spottname für Jüdinnen.
schichtig sin, anſtellig ſein, zu etwas beſonderes Geſchick haben.
schiebes sin, betrunken ſein.
Schier, Scheibe.
Schievenbrüdche werfe, mit einem flachen Steine gleitend über eine Waſſerfläche werfen.
Schiffer, auch Schäfer, und Schäper, Schäfer.
Schimp un Schand, Schimpf und Schande.
schimpeere, (von: schumfieren) verunſtalten.
Schineer, m., Befangenheit, Beklommenheit.
schineere, geniren.
Sching, Schein, Beſcheinigung.
Schingche, Schrinchen, ein abgetragenes, ſchlenſchriniges Kleidungsſtück.
schinge, schings, schingk; sheen; schung; schüng, geschunge, ſcheinen.
Schinghellige, m. und f., Scheinheiliger, -heilige.
Schinnbein, pl. Schinne, Schienbein.
Schinne, Haarſchnuf.
schinne; schinnte; geschinnt, plagen, ſchinden.
Schinner, Schinber.
Schinnops, n., Luder, Schindaas, im guten Sinne: fideler, launiger Menſch, Witzbold.
schirpe, zirpen.
schläch*, ſchlecht.
schlächte*, gleichen, ähnlich ſehen, nachartcn.
Schlanchtes, Schlachthaus.
Schlächtigkeit, Schlechtigkeit.
Schläbberche. Bruſtläpchen.
Schlabberdanes, m., Jemand der ſich beſchüttet, oder etwas umſchüttet.

Schlabberdöch, Geifer-Speicheltuch kleiner Kinder, Serviette.
schlabbere, verschütten.
Schlabbergöt, n., Abfall, Ueberbleibsel.
schläbberig, lass, schwach, verdünnt.
Schlabberjux, verdünntes Getränke.
Schlabbermattels s. Schlabberdanes.
Schlabbertout, s. Schlabberdanes.
Schlader, s., Hoseulatz, eingeschlagene, umgebogene Ede an Papier, Auslaß und Fangvorrichtung an Taubenhäusern.
Schlägel, kurzgedrungener, vierkantiger Steinhauer-Schlaghammer.
Schlag, Schlaa, auch eine Weile z. B. 'ne Schlag karessere.
Schlagfinster, n., Fensterladen.
Schlagge, Schlacke.
Schlagiser, n., Steinhauerhammer mit zwei vierkantigen conisch zulaufenden Spitzen.
Schlagwasser, kölnisches Wasser.
Schläm, m., Mehlbreisuppe.
Schlammör, Schlammöres, Morast, Schlamm.
Schlämp, Brennerei-Futter-Abfall.
Schlamp, Schlampamp, Schlampe, schlampiges Frauenzimmer.
schlumpe, die Kleider ohne Schonung schleppen oder tragen, nachlässig gehen.
Schlänk, Seilschlinge.
schlänkere, schleudern, schleudern.
schlapp, abgemattet, kraftlos, schlaff, weich; in Bezug auf Charakter auch: willenlos, ohne Energie; bei Speisen und Getränken: verdünnt oder wenig nahrhaft.
schlappe, drop-, die Kleider beim Tragen muthwillig verderben.
Schlappackohn, Schlappen.

Schlau, Rinne.
Schlaup, kleine Schürze, welche man beim Spülen, Waschen ꝛc. vorbinder.
Schlîche, kleine Rinne, eine beim Stricken entstehende ungleiche Linie.
Schläup, Schlaufe, Spitzklöben.
Schlavitt, n., Rockkragen, Zipfel; mein-krige, Jemanden fassen, festhalten.
Schlech, m., natürliche Anlage, Geschicklichkeit, Fertigkeit, Aufstelligkeit, Kenntniß, Kniff, Schlich.
Schlech, f., Schlichte beim Weben.
Schleck auch Schneck, Schnecke.
schlecke, schloden.
Schlecku, m., Schludler.
schleckse, schludsen
Schleefs, Schlußteil unter Krahnen u. s. w.
schleefse, do schlüöfs, hä schlüöfs; ehr schleefst; schloss; schlöss; geschlosse, schließen.
schleefslich, schließlich.
schleife, tragen, schleppen, schleifen.
schleifig, aufschiebend, nachlässig, zögernd.
Schleifkiddel, Trändler, säumiger Mensch.
schleivere, beseifeln, beim Tragen die Erde schleifen, verschütten.
schlemm, böse, schlimm.
Schleppe, m., Rockschoß, überhaupt alle loshängende Theile an Gewändern.
Schless, Heißhunger.
Schless han, Hunger, Angst für Jemand haben.
Schletzor, farbige Taubenart mit weißen Schwanzfedern.
Schleutchor, Anekdoten, Späße.
schliche, schleeh, geschleche, schleichen, schlichten.

schliefe, schliefs, schlief; schleff; geschleffe, schleifen.
Schliem, Schleim.
schlleulg, schleimig.
schlif, schlifs, s. schlofe.
schlib, herbe schlib Züug, Stumpfen der Zähne beim Essen saurer Speisen.
Schlih, pl. Schlihe, Schlehe, Blaubeere.
schlinzig, gell, lüstern.
schlippere, verschleppen, versäumen.
Schlippriän, säumiger Mensch.
Schlöche, n., s. Schlau, kleine Rinne.
Schlicher, m., Schlichersch, f., Ledermaul, Feinschmecker, auch Jemand, der auf Schleichwegen etwas erlangt.
Schlof, Schlaf.
schlofe, schlifs, schlif, schleef; geschlofe, schlafen.
Schlöfer, Schlafrock.
schlöferig, schläfrig.
Schlofsmütz, f., Nachthaube, langsamer, schläfriger Mensch.
Schlofsbühl, f., Langschläfer, eine zum Schlafen geneigte Person.
Schlöfung, Schlafstelle.
schlon, schleifs, schleit; schlug; schlüg; geschlage, handgemein werden, in Fessel legen, münzen, schlagen im Sinne von pfeifen, fugen, prägen, ausschlagen beim Vieh.
schlage, dernob -, barnach schlagen, erraithen.
Schlöör, m., nen elge - han, (holl.: sleur), eine besondere Fertigkeit haben, Gewohnheit, Sitte.
schlöörig, nachlässig, gewohnheitsmäßig.
Schlopp, m., Landschleife.
Schloss, n., Schluß, seilförmiges Faß- und Lagerholz.

Schloss, n., Schloß, Pumpenventil.
Schlüsselbüss, Schlüsselbüchse.
Schlpt, Salat.
Schlötebunne, Salatbohnen.
Schlotter, Holzkasten mit Henkel, Siebkorb zum Ausschlagen des gewaschenen Gemüses; iron.: läppische, tolle Person.
Schlotterappel, eine Art gelber, länglich geformter Apfel mit losen Kernen in der Puse.
Schlotterkopp, einfältiger, toller Mensch.
Schluch-Alles, habsüchtiger Mensch, Nimmersatt, Vielfraß.
schluche, erschleichen, naschen, gierig schlingen, unrechtmäßig oder zu billig erwerben.
schluchich, feinschnederisch.
Schluchmuul, n. und f., Feinschmecker, Ledermaul.
schludderig, lieberlich nachlässig, ungeregelt, unordentlich.
Schlüffche, n., Pantöffelchen, e - Woll, eine von einem Knäuel abgerissene Lage Wolle.
schluffe, schleichend gehen.
Schluffe, m., Schlappschuh, ausgetretener Pantoffel.
Schlummerkopp, dusteliger Mensch.
Schlungk, Schlund.
Schlünkes, m., schleimiger Auswurf.
schlürpe, schlürfen.
Schlürpgöt, wrtl.: Schlürigut, der flüssige Theil in Aborten.
Schlunssmang, Schließmaude, kofferähnlicher Korb mit Deckel.
Schmachlappe, schmachtend Verliebter.
schmaat, s. schmecke, schmecke.
schmacke, hauen, hinwerfen.
Schmackes, Hiebe, Schläge.

schmagge, prügeln, schlagen, Thüren und Fenster mit Heftigkeit zuschlagen; geschmack, geprügelt.
Schmalbedaach, Spottname für lange, hagere Personen.
Schmeck, Peitsche.
Schmeck vum Dudewage, höhnische Bezeichnung für große, hagere Personen, aber auch Schimpfnamen im Sinne von Galgenvogel.
schmecke, peitschen.
schmecke; schmpk, schmaat; geschmeck, schmecken.
Schmeckelbrocke, Ueberreste von Gastmahlen.
schmeege, schmiegen.
Schmeer, Schmier, Fett.
Schmeerlapp, unreinlicher Mensch.
Schmeerströfs, Comödienstraße in Cöln.
Schmess, Regen mit Sturm.
Schmess, Fechtnarbe.
Schmess krige, Prügel bekommen.
Schmetz, Schmerz.
schmidde, schmieden.
Schmieg, f., beweglicher Maßwinkel, um jeden beliebigen Winkel machen zu können.
Schmiesche, (frz. chemisette), Ueberhemd.
schmiesse, schmees, geschmesse, schmeißen, werfen.
schmirre, schmee'sch, schmee't, schmee'te, geschmee't, schmieren, bestechen.
Schmitzföörche, n., Pulver-Spritzkegel.
schmpk, s. schmecke, schmeckte.
Schmolz, der ganze -, Alles zusammen.
Schmölzche, n., Haufen, Menge, Rotte.
schmore, schmu'sch, schmu't, schmu'te, geschmu't, rauchen.

Schmürtuback, Rauchtabak.
Schmuddel, m., Schmutz, Unsauberkeit.
schmuddele, schmutzig machen.
schmuddelig, schmutzig, unsauber.
schmuddelig Wärm, schwül warm.
schmuggig, auch schmüggig, behende, bieglam, gelenkig, geschmeidig.
Schmuul manche, auf unredliche Art sich etwas aneignen.
Schmüßbliggel, Allermanns Freund, Anhorcher, Vielschwätzer.
schmüße, schmausen, schnüffeln.
schmutzlaache, schmunzeln, höhnisch oder verschmitzt lachen.
Schnabbe, ein Bissen, ein abgerissenes oder abgeschnittenes Stück, auch feine Fleischtheile.
Schnableck, m., vorlautes Maul.
schnabbeleere, essen.
schnack, gerade, straff, schlank.
schnack av, kurzweg, plötzlich enddeud.
schnack op, aufrecht, gerade auf.
schnack us, gerade aus.
schnakhörig, straffhaarig.
schnaddere, schnattern, zähneklappern.
Schnäggelche, Milchferkel, Spanferkel.
Schnak, lustiger, scherzhafter Einfall, Scherz, Witz.
schnake, spaßen, Witze machen.
Schnakefänger, Possenreißer, Spaßmacher, Witzbold.
Schnall, Schnalle; in gem. Rdw.: Freudenmädchen.
Schnapp, Taubenschlag, om -, rasch, im Augenblicke, auf dem Sprunge.
schnappe, anjiaugen, z. B. beim Pallspiel.
schnäppig, naseweis, schnippisch, vorlaut.
Schnau, s. Hau.

schnaue, anschnauzen, anranzen.
Schnuluf, f., Käseweiß.
Schnullus näseweise Person.
schnitze, waschen.
schnützen, die Nase putzen.
Schnützer, Schnurrbart.
Schnee. Schnee
schneibagelwiess, schneehagelweiß.
Schneiklotz, Schneeballen.
Schnepp, Schnepfe; in grm. Rdw.:
    Strapenhure.
Schnetze, Schnitzel, keine - krige,
    Rdsl.: gar nichts bekommen.
Schnibbol, Retzen, zärtliche Benen-
    nung für Geliebte, iron.: Frak.
Schnickkiner, Gewindeschneibeisen.
Schnickknudel, Schneidnudel.
Schniklad, Lagergestell zum Ein-
    legen von Silberrahmen u. s. w.,
    um selbe im schrägen Winkel durch-
    zuschneiden.
Schnickschlot. m., Schneibsalat.
Schnieder, m., Schneiber; iron.:
    schwächtiger Mensch. Wasserjungfer
    (Insekt), Planeriplane mit sehr
    langen Beinen.
schniedere, schneidern, Kleider ma-
    chen.
Schniedersch, Schneiderin.
Schniederschfingere, zarte, an feine
    Arbeit gewöhnte Finger.
schniffele, fein regnen oder schneien.
schnigge, schnicks, schnick,
    schnett, geschuedde, schneiden.
Schnillje, (frz.: chenille), Sammt-
    schnürchen.
Schnirp, naseweise Person.
Schnopp, Schnupfen.
Schnoor, m., Schnur, Schwiegersohn.
Schnor, f., Schnur.
Schnoraat, schlechter Musiker.
schnörke, versengen.
schnorke,   (holl.:   snorken),
schnorkse u. schnorxe, schnarchen.
schnorstracks, schnurgerade, ge-
    rade aus.
Schnuck, plötzlicher, heftiger Ruck.
Schnuddel, Nasenschleim.
schnuddele, Nasenschleim aus-
    schnäuzen.
Schnuddelhotz, Schwußhitze, bei
    welcher das Eisen nahezu den
    Schmelzgrad erreicht.
Schnuddelhungk, auch Schnud-
    delsjung, grüner Junge, einfäl-
    tiger Bengel.
Schnuddelspuut, -weech, einfä-
    tiges, naseweises Mädchen.
schnudderig, schnöde, beleibigend
    vorfant.
Schnüffcho, Schnupftabak, iron.:
    kleines, wertloses Geschenk, nase-
    weise Bemerkung.
Schnüffchesnas, iron.: Jemand,
    der stark prießt.
Schnuffteback, Schnupftabak.
schnugge, schluchzen.
schnugge, schnucks, schnuck,
    geschnuck, heftig schwingen.
    rotzen, zucken, kurz und plötzlich
    ziehen.
Schnuggendheerche*, vertraulich:
    Herzliebchen.
Schnugges, m., Schnüggelche, n.,
    Zärtlichkeitsausbruck für Geliebte.
    Kinder x.
schnuppe, (holl.: snoepen), na-
    schen.
schnuppig, naschhaft.
Schnüreh, Schnure, Schwieger-
    tochter.
Schnurrante, schlechte Musiker.
Schnussel, m., Schnüsselche, n.,
    (kurzes ü), vertr.: Herzliebchen.
schnüsele, (kurzes ü), verliebt küssen.
Schnusse, f., Maul, Schnauze.
Schnusse maache, Maulen ma-
    chen, schmollen.

Schnüssemlebes, sauertöpfischer Mensch.
schnüssig, sauertöpfisch, übelgelaunt.
Schnüt, op - gon, nächtliches Stelldichein, zur Liebsten steigen.
Schnuut, Schnauze.
Schnüllitche, Schnäuzchen, auch Auslauf, namentlich an Trinkgeschirren.
schnuve, schnauben, schnupfen.
schnuve, kalt -, leer ausgehen.
Schnüver, Schnupfer.
Schobbe, m., Gelaß, ¼ Quart, Schuppen.
Schoche, Füße.
schockere, (frz.: choquer), aufräumen, aufstellen, ordnen, unterbringen, erschrecken, bestürzt oder verlegen werden, anstößig erscheinen, unangenehm berühren.
Schockel, Schaukel.
schockele, schaukeln.
Schockelpäd, Schaukelpferd.
schödde, schötm, schött; schott, geschott, schütten, auch schütteln.
schöddele, rütteln, schütteln.
Schöf, Schaf.
Schöfledder, Schafleder.
Schohn, s. und pl. Schuhe.
Schohmächer, Schuhmacher.
Schohnsbängel, Schuhband.
Schold, Schuld.
Scholder, pl. Scholdere, Schulter.
Scholderche, ein zum Braten abgepaßtes Schulterblatt.
schöldig, schuldig.
Schölp, Scholle, Fischschuppe, Schinne, namentl.: Kopfschinne.
Schoorbörsch, Scheuerbürste.
Schoorhützche, ein Kuß, den man gleich nach dem Rasieren gibt oder bekommt.
schoo'sch, schoo't, s. schöre.

schööze, schürzen.
Schoorzfell, Schurzfell, lederne Schmiedeschürze.
Schopp, Schopf.
Schöpp, Schaufel, Schüppe, iron.: langer Fingernagel.
Schüpp avkratze, zur Beichte gehen.
Schöppe mache, Maulen machen.
Schöppe, im Kartenspiele: Schüppen.
Schör, Regenschauer.
Schör, Schur.
Schör, Scheune.
schore, schoo'sch, schoo't; schoo'te; geschoo't, scheuern, iron.: prügeln.
Schörendhöör", f., Scheunenthüre, iron.: großer Mund.
Schörepooz, f., Scheunenthor.
Schores, eine Tracht Prügel.
Schoritz, Schornsteinfeger.
Schorsch, auch Görgel und Görres, Georg.
Schoss, pl. Schöss, Schuß, Reime von Früchten.
Schoss, em - sin, betrunken, im Gange, im Laufe sein.
Schoss, n., Schublade.
Schössche, n., kleiner Semmel.
Schöttche, Lederkappe mit Schulterpolster, wie solches Handlanger und Lastträger zum Schutze der Schulter gebrauchen.
Schottel, flache Schüssel.
Schottel, en geoke -, ein albernes, leichtsinniges, tolles, verliebtes Frauenzimmer.
Schöttelche, n., Schüsselchen, Untertheil der Tasse.
Schotz, f., Regenwassersammelkasten am Dache, von welchem die Fallröhren abgeleitet werden.
Schötz, Schütze.
schütze, schützen.

Schützenbröderschaff, Schützen-
gilde.
Schützeneere, (ital.: scorta nera)
Schwarzwurzel.
schraaiele, mit kreischender Stimme
laut sprechen, durcheinander reden.
Schraatelsmuul, f., ein geschwät-
ziger Mund.
Schraatelsmuul, n., eine geschwät-
zige Person.
schrabbe, schrappen.
schrabblg, geizig, knauserig.
schräffe, schröpfen.
Schräffkopp, Schröpfkopf.
Schräge, ein Holzgestell mit 4 Füßen
zum Aufstellen von Waschbütten
rc.; iron.: lange Beine.
schräks, auch schräg, schräge.
Schramm, f., Schramme.
schramme, schrammen, abgleiten.
Schrammstein, Edstein.
Schreibkätes, Schreibalg, Schreib-
hals.
schrett, s. schrigge, schritt.
schrevv, s. schrieve, schrieb.
schrick, schricks, s. schrigge.
schrieve, schrievs, schriev,
schrevv, geschrevve, schreiben.
Schriever, Schreiber.
Schrieves, n., Brief, Schreiben.
Schrievfedder, Schreibfeder.
Schrievpapeer, Schreibpapier.
Schrievstuvv, Schreibstube.
schrigge, schricks, schrick,
schrett, geschredde, schreiten.
Schring, m., Schrein, Hypotheken-
und Urkundenamt.
schro, abstoßend, arg, böse, häßlich,
grob, herb; iron.: unangenehm.
Schrofel, auch Schroffel, Haus-
und Küchenabfälle.
Schrofelsbuor, auch Schrofler,
Sammler von Haus- und Küchen-
abfällen.

Schröm, m., pl. Schröm, Strich.
Schramme; eine Tracht Prügel.
Schröm, mem - durchgon, in
Einem mit durchgehen.
schrüme, durchprügeln, linliren,
Fahreisen anziehen.
Schropt, m., Oblaten-Abfälle, d. h.
die übrigbleibenden Theile der
Platten, woraus die Oblaten gemacht werden.
Schropt, f., Kellereinlaß für Fässer.
schroppe, Fässer mittelst Seilen in
den Keller gleitend herunterlassen.
Schroppleider, Faß-Rutschleiter.
Schrott, m., Metall-Abfälle.
Schrotte, zerkleinerte Steine.
schrubbe, schrupps, schrupp,
schruppte, geschrupp, scheuern.
Schrübber, m., harte, steife Scheuerbürste mit langem Stiel, ober -besen.
Schrump, Belge.
schrumpe, geigen, schrumpfen,
krimpfen.
schrumpele, zusammenschrumpfen.
schrupp, schrupps, s. schrubbe.
Schruv, Schraube.
schruve, schrauben.
Schruvknüsch, Schraubenzwinge.
Schruvstohl, Schraubstuhl zum
Gewindeschneiden.
Schruut, f., Welschhuhn; iron.:
dumme Person.
Schruutekopp, m., Dummkopf.
Schruuthahn, m., auch Trutt-
hahn, Welschhahn.
schubbe, schupps, schupp,
schuppte, geschupp, gelinde
kratzen, schaben, scheuern, an
einem Gegenstande reiben.
Schubbjack, Betrüger, Jemand
der übervortheilt, filziger Mensch,
Schurke, Taugenichts.
schubblg, ärmlich, schäbig, frostig,
kalt.

schuck we kalt, Ausruf bei Berührung von kalten Gegenständen, Flüssigkeiten ꝛc.
schnddere, schaudern, frösteln.
Schndderhöt, m., ein ärmlich gekleideter, auch ein erbärmlicher Mensch, feiger Kerl, Lump.
schndderig, ärmlich, erbärmlich, fröstelnd, gemein von Betragen, kalt, schauberhaft.
schuggig, froftig, kalt.
Schull, Schule.
schulle gon, in die Schule gehen.
Schulten, Ortsvorsteher.
schüme, do schüümps, hä schüümp, geschüümp, schäumen.
schlingele, abbetteln, betrügen, übervortheilen.
Schüngelei, kleine Betrügerei.
schüngellg, betrügerisch, filzig, intressirt, knauserig.
Schlingelskrom, m., Bettelkram, werthloses Zeug.
schupp, schuppe, s. schubhe.
Schupp, m., das Schieben, Stoßen.
schuppe, schieben, wegstoßen.
Schuppmakl, armer Schlucker, rührt her von: armer Marquis aus der Emigrantenzeit.
schürge, Handkarre fahren.
Schürger, Karrenschieber.
Schurnal, n., Zeitung.
Schurnal, e geck -, iron.: verrückt, auffallend angezogenes Frauenzimmer.
Schürreskar, f., Schiebkarre.
schurvele, hörbar über etwas rutschen, schieben ꝛc.
Schurveltrumpett, Ziehposaune.
schuselich, (kurzes u), ärmlich, abgelebt, abgemagert aussehen, verschlissen.
Schüt, Fruchtschote, Hülse.

Schüit, (holl.: schuit), kleiner, schmaler Nachen.
Schlitzel, n., Schürze.
Schuum, Schaum.
schüümp, schüümps, s. schüme.
Schuusßfell, n., lederner Schurz der Faßbinder. Schuster, Schmiede ꝛc.
schave, schieben.
Schwaal, Haut, Schwarte.
schwabbele, wackeln, schlottern.
schwabbelig, schlotterig, schwammig.
Schwabbelsbuch, Dickwanst, Häugebauch.
Schwaddem, auch Schwadem, Dunst.
schwaddeme, auch schwademe, duusten.
schwade, schwadts, schwadt; schwadte; geschwadt, Klube ablöfen, durchhauen, prügeln.
Schwademage, Magenwurst.
Schwades krige, Schläge bekommen.
Schwägel, Schwefel.
Schwägelsplen, Schwefelspan.
Schwalvter, pl. Schwalvtere, Schwalbe.
Schwalvterstetz, iron.: Fradrod.
Schwaum, Zunber, die ganze -, die ganze Menge, Alles zusammen.
schwäuseleere, herumschwänzeln.
schwünze, die Schule versäumen.
schwatz, schwarz.
Schwätz, Schwärze.
schwatz run Lück, voller Menschen.
Schwatzkäppche, Nonne (kleiner grauer Singvogel mit schwarzem Kopfe).
Schwatz-Wlofstetz, Elsterlaube.
schwäv, schwäve, s. schwevve.
schweersch, schweert, s. schwerre.
schweg'ste, schwiegest du.

10

Schweinnickel, Schimpfname: Schweinigel.
schwelfne, auch **schwelfnte,** schwitzen.
Schwellbalg, Dickwanst, eine durch Feistigkeit unbeholfene Person.
Schwenkbüttche, Bottich in Holz oder Metall zum Reinigen der Trinkgläser in Wirthshäusern.
Schwenkkessel, flacher Metallkessel mit Henkel, wie solche die Kiefer gebrauchen.
Schwerde, Schwerte.
Schwermuthsjung, durchtriebener, verschmitzter, verschlagener Junge.
Schwerre, m., Blutgeschwür.
schworre, schwoerrch, schwoert; schwör; geschworre, eitern.
Schwesterschkind, Geschwisterkind.
Schwetz, Schweiß.
schwevve, schwävs, schwäv, schwävte, geschwäv, schweben.
Schwiddel, Haarpinsel zum Bestreichen des zum Backen fertigen Brodes.
schwige, schweg, geschwege, schweigen.
Schwigermo, -moder, Schwiegermutter.
Schwigerva, -vader, Schwiegervater.
schwind, geschwind, schwinder, geschwinder.
Schwitt, (frz.: suite), Anhang, Gefolge, Alide.
Schwittjé, (frz.: suitier), Bummler, Schwindler, Säufer, Verschwender.
Schwoger, Schwager, Postillon.
schwor, s. **schwerro.**
Schwulitect, aufregende Verlegenheit.
schwank, behende, beweglich, biegsam, elastisch, leicht, gelenkig.

secher, sicher.
Sechzehnhüser, unger -, Sachsenhausenstraße in Köln.
Seck, Seiche, Urin.
socke, seichen, uriniren.
Seekom, m., Ameise, Seichammer.
Seeksehery, n., in gem. Rdw. Spottname für kleine Mädchen.
Sef, Josephine.
Sege, auch **Sähn,** Segen.
Seg, Sieg.
sege, fiegen.
Sel, f., in gem. Rdw. Sie; Weibchen bei Vögel.
Sel, f., **Serr,** n., Sieb.
selch sin, krankhaft, siech sein.
seie, seiss, seit, geseit, sieben.
Selver, Mundwasser, Speichel.
seivere, besabbeln, speicheln.
Seiverläppche, n., Serviette zum Umbinden für kleine Kinder.
Seivermanes, Jemand der sich besabbelt.
Seiversnek, Pfeifen-Wassersack.
Selver, Silber.
selver, selber.
Selvkant, Selbende, das Zettelende an Geweben.
solvs, selbst.
Selvsmacher-Linge, selbst gemachtes Leinen.
Sen, pl. **Senn,** Sinn.
Senk, auch **Sänk,** Schlinggrube, iron.: Gewohnheitssäufer.
Senn, pl. von **Sen,** Sinne; en de - riffele, grübeln, nachdenken, überlegen.
senns sin, gewillt sein, Sinnes sein, ein Vorhaben zur Ausführung bringen.
Serét, (frz.: serre-tête), anschließende Frauenmütze.
Sett, Elisabeth.
Setz, Sitz.

setze — Soormūſs.

setze, do sitz, hä sitz; sḟts; sḟts; gesetze, ſitzen.
sętze, do sętz, hä sętz; satz; gesatz, ſetzen.
Setzfleisch han, anbauernb unb ſitzenb arbeiten können.
Sevv, n., auch Sel, f., Sieb.
sevvte, sevvs, sevv; gesevv, ſieben.
sibbe, sibbenzehn, sibbenzig, 7, 17, 70.
Sibbeschrȫm, altbeutſches Kartenſpiel.
Sibbespröng, altbeutſcher Tanz.
sibbete, auch sibbente, ſiebente.
Sick, Seibe.
Sick, pl. Sigge, Seite.
Sie, See.
sie, sien, ſein, sing, ſeine.
Sied, f., Bäckerei-Mehlkorb.
sieo, siefs, siet; sieto; gesiet, ſäen.
siefe, do siefs, hä sief; seff; gesiefet, ſidern, träuſeln.
siefig, ſidernb, ſieſenb, triefenb.
siefnaaſs, triefenb naß.
Siehongk, Seehunb.
Siel, Seele.
sien, sie, sing, ſein.
Sifrang, n., kleines, eigenthümlich geformtes Bügelbrett ber Schneider, hat ſeinen Namen vom berzeitigen Bezugspreiſe aus Frankreich: six francs.
Sigol, (kurzes i), Siegel.
sigge, m., f. u. n., ſelbeue, -er, -es.
Siggendeil, Seitentheil.
Siggepapeer, Fließ-Seibenpapier.
Siggeweg, Seitenweg.
sill'ger, ſeliger, minge Mann -, mein Mann ſeligen Anbenkens.
sillig, ſelig.
sl'meer, ſehen wir, ſinb wir.
simoleere, (frz.: simuler), grübeln, nachbenken.

sin, ſein unb ſinb, ben, bin, bess, biſt, ess, iſt, sitt, ſinb.
sin, an sin, angezogen ſein, et Fōōr ess an, bas Feuer iſt an, am brennen.
sin, sūhſs, sūht; spbch, sſfieh, gesin, ſehen.
sin'er, ſinb beren.
sing, f., ſeine, auch pl. für m., f. unb n., singe unb singen, ſein, ſeinen.
Singenal, Zeichen, Signal.
singer, ſeiner.
sitt'er, ſ. sin, ſeib ihr.
Sock, pl. Sück, Soden.
sŏche, do sŏchs, auch sŏks, hä sŏch, auch sōk; sooch, auch sook; sōch, auch sōōk; gesooch, auch gesook, ſuchen.
Söffer, Säufer.
sōffig, munbenb, trinkbar.
sŏke, ſ. sŏche, ſuchen.
Spll, Sohle.
splle, ſohlen.
solle, ich sall, do salls, hä sall, ehr sallt, auch sollt, gesolt, ſollen.
Sülz, Sülze.
Sǫm, Same.
Son, pl. Sönn, Sohn.
Sondagsstrǫssche, n., Athmungsröhre.
Sonn, Sonne.
Sonn, f., Kinderbackwerk: eine große, flache Scheibe, berart bünn, baß ſie faſt burchſichtig erſcheint.
Sönn, pl. von Son, Söhne.
sōns, ſonſt ehemals.
sook, sūk, ſ. sŏche.
soor, ſauer, sore, ſauten.
Soorampel, Kerbel.
Soordeifsom, Sauerteig, auch Senfmehl-Pflaſter.
Soormūſs, n., ſauertöpfiger Menſch.

Soorpott, Sauertopf, griesgrämiger Mensch.
Söört, f., auch Sööt, (holl.: Zuur), Säure, Sodbrennen.
Soorwasser, Mineralwasser.
sore, sauren.
Söster, Schwester.
söß, süß.
Süßholz raspele, Damen Schönheiten sagen.
Söt, Gosse, Rinne.
Sot, Soot.
sotzig, mürrisch, schlaftrunken, verdrießlich.
spaa'sch, spaa't, s. spare.
spää'sch, spää't, s. sperre.
spack, eng, knapp, straff, wenig.
spälder, später.
Spälder, n., Brennholz, Spalter, Spaltholz.
spalke, mit Kindern raugen, spielen.
Spanje, Spanien.
Spanjol, Spanier.
Spann, f., Spanne, Fußreihen.
spannewick, so weit offen als irgend möglich.
Spannreeme, Schniller-Knieriemen.
Sparbüss, Sparbüchse.
spare, spaa'sch, spaa't, spaa'to, gespaa't, sparen.
Sparges, Spargel.
Sparjitzcher, heitere Einfälle, lustige Geberden, Kniffe, Schwänke, lose Streiche.
Spau, auch Spei, Speichel.
Spauzemünnche, n., Pulversprühkegel.
specke, spicken, iron.: überfüttern.
Speckjuv, f., eine Art Weißfisch, Spottname für fette Personen.
Speckspecktiv, f., auch n., Fernrohr, Opernguder.
Speer, n., Kleinigkeit, Spier.

Speerling, eine winzige Person.
Spegel, Spiegel.
spegele, spiegeln.
Spei, auch Spau, Speichel.
Speibeck, n., Spucknapf.
speie, do speiß, hä speit; spaut; gespaut, speien, spuden.
Speimänns, ein Mensch der gewohnheitsmäßig spudt, oder beim Sprechen Mundwasser vergießt.
spendabel, freigebig.
spendeere, austheilen, schenken.
Spenn, Spinne, iron.: eine sehr magere, kleine Person.
spenne, do sponns, hä spennt, sponn, spönn, gesponne, spinnen.
Spennefeind, Todfeind.
Spennoslecker, m., ein sehr magerer, behender Mensch, auch eine hagere, kränkliche Person.
Spennekopp, m., Besen mit langem Stiele zum Reinigen der Zimmerdecken u. s. w.; Wagenbeichsel-Kopfbeschlag; iron.: kleiner Menschenkopf.
Spennewebb, Spinngewebe.
Spenöl, Spinal (Schustergarn).
sperre, spää'sch, spää't; spää'to; gespää't, sperren.
sperrewick, sperrenweit.
Spervor, Spervter, Sperber.
spetz, spitz.
Spetzbov, Spitzbube.
spetzfingig, spitzfindig.
Spetzhan, schwerer, spitzer Steinhauerhammer.
Spetziser, spitzer, viereckiger Steinhauermeißel.
Spetzknoche, Schusterwerkzeug, Knochen zum Glätten des Oberleders.
Spianter, m., Spialter, Zink.
spideere, spediren.

spiene, abgewöhnen, ein Kind der Brust entwöhnen.
Spies, Speise, Mörtel.
Spijon, Spion.
spijoneere, spioniren.
Spikeleer op jet han, Absicht auf Etwas haben, zu erforschen suchen.
spikeleere, ausforschen, auskundschaften, spekuliren.
Spiknlazius, Confect, welches in Figuren geformt, gebacken wird.
Spil, Spiel.
Spilche, pl. Spilchor, Spielchen.
spille, spila, spilt; spilte; gespilt, spielen.
spillegons lehre, leicht, spielend, ohne Mühe etwas erlernen.
Spillerei, Kleinigkeit, Spielerei.
Spilratz, f., leidenschaftlicher Spieler, auch Kinder, Thiere u. s. w. die gerne tändelnd spielen.
Spilvorderver, Spielverderber, Störenfried.
Sping, Spingche, Spinde, kleines Kämmerchen, Vorrathskammer.
spintseere, (lat.: pensitare), ausklügeln, auskundschaften, grübeln.
Spizereikräm, Spezereikram.
Spizial, m., ⅛ Liter Wein in cylindrischen Gläsern ohne Fuß servirt.
splecke, spalten, spleißen.
Spleckkopp, Schuhnägel mit großen Köpfen.
Spless, m., Spleiße, Splint. Haarpfeil, wie solche von oberländischen Mädchen getragen werden.
spließe, spless, gesplesse, spleißen.
Splinter, Splitter.
splinternack, ganz nackt.
splinternagelneu, ganz neu.
spode, (holl.: spoede), eilen, sputen.

Spök, Spuk.
Spük, Hirngespinnste, tolle Streiche.
Spülbütiche, n., Spülbottig.
spoke, spuken.
Spöl, Spule.
spölo, spölt, gespölt, spulen.
spöle, do spöla, hä spölt; spoolt; gespoolt, spülen.
Spölsplagge, m., Tuch zum Abwischen beim Spülen.
Spülsel, n., Spülabfall, Spülwasser.
Spülstein, Spülstein.
sponseere, Jemanden den Hof machen, buhlen, liebeln, werben.
spoolt, s. spöle, spülte.
spoo't, s. spüre, spürte.
Spör, Spur.
spöre, spö'sch, spö't; spoo't; gespoo't, spüren.
Sporre, s. und pl., Sporn.
spratte, sich sperren, weigern.
sprattele, zappeln, spratteln.
spranze, auch spreuze, Wasser aus dem Munde zu Dunst ausblasen.
spreche; sprüch; sprüch; gesproche, sprechen.
sprelde, sproita, spreit; spreite; gespreit, spreiten.
Spreit, Decke für Tisch, Bett x.
sprenkele, benetzen, besprengen, buntscheckig oder fleckig machen.
Sprenz, Spritze, Gießkanne.
spreuze, spritzen.
Sprenzegebäcks, Spritzengebäcke, in gem. Rdw.: starkes Abführen.
springe; sprung; spräng; gesprunge, springen.
Sprüch, Sprache.
Spruch, Sprüch, f., (kurzes S), Spruch, Glückwunschgedicht.
sprock, spröde, leicht zerbrechlich.
Sprohl, f., (unhb. sprehl), Staar.
Spronzel, Sommersprosse.

spronzelig — Steendöch.

spronzelig, sommersprossig.
Sprung, m., auch Sprungk, Sprung, Quelle.
Sprung, pl. Spring, Barst in Porzellan, Glas ꝛc., pl. auch: leichtsinnige Streiche, unüberlegte Handlungen; kein Spröng maache: mit seinem Einkommen nicht weit kommen, nicht ausreichen.
Sprnut, f., Kohlsprosse, Rosenkohl.
Spuloer, Spalier.
Staale, Musterabschnitt von Kleidern u. s. w.
Stään* und Stääne, pl. Stääne, Stern.
Stäänekicker, Astronom, iron.: Jemand, der die Gewohnheit hat beim Gehen in die Luft zu sehen.
Stäänemakrone, Suppenfiguren.
Stäänenanuels, Anissteru-Liqueur.
Stäänestück, Fleischscheibe am untern Theile des Oberschenkels beim Rindvieh.
stäänevoll, ganz betrunken.
Staat, m., Staat.
Staat, f. und m., Pracht, Pomp, Prunk, Putz.
staats, anstatt.
staats, staatse, aufgedonnert, geputzt, hübsch, prächtig, schön, wunderbvoll.
Staatszemmer, das beste Zimmer, Empfangszimmer.
stabeleet geck, total verrückt.
Stabelgeck, ganz verrückter, unheilbarer Narr.
staheere, herausputzen.
stalt, stält, s. stelle.
Stamp, Stampfe.
stampe, stampfen.
Stang, f., Wasserzuber.
Stang halde, Partei für Jemanden nehmen.

Stank för Dank, Gestank für Dank. Vgl.: Undank.
Stänker, m., Händel verursachende und zu denselben aufhetzende Person.
Stänker, Jemand der stinkt; nen ale -, ein alter, abgelebter Mensch.
Stänkerei, f., Streit, Wortwechsel.
Stankettefiecker, alter, verschlissener Lebemann.
stantepee, stehenden Fußes.
Stänz, Constanzia.
Statör, Statur.
Stäv, Stab.
Stäub, Braupfanne.
stäuve, stauben; iron.: aus dem Staube machen, laufen gehen, wegjagen.
Stäuver, Stauber.
Stech, Stich, ironische Bemerkung.
steche, stichs, stich; stöch; stüch; gestorhe, stechen.
stechele, spötteln, sticheln.
stechenblingk, stockblind.
stechendüüster, stockfinster.
Stechgöt, n., im Gegensatz zu Schlürfgöt, die festere Masse der Aborte.
Stechmoß, Stichmaß, Hohlmaßangabe.
stecke, stiden.
Steckenalt, altes, abgelagertes Weißbier.
Steckhölzer, Schutzhölzer an Zimmerbeden.
stockig, auch stecksig, bei Mehl ꝛc., verdorben; bei Flüssigkeiten und Früchten: gegohren.
Steefbroder, Stiefbruder, -dochter, -tochter, -moder, -mutter, -son, -sohn, -sönn, -söhne, -vatter, -vater.
Steen, Stirn.
Steendöch, Stirntuch, en alt -,

alte, dämliche Person, ein häßliches Frauenzimmer.
Steer, Stier.
steer, starr, stier, unbeweglich.
steerig, stierig, glotzend, brutal.
Steezche, r., auch Stetz, s. b.
Steff, Stiff.
Steffe, Stephan.
Stelmängche, n., kleiner, geflochtener Weidenkorb mit 2 Ohren.
storre, stirrs, stirr; storr; stürr; gestorre, sterben.
Sterrenswljjtche, hä säht kei - mih, Röst.: er sagt kein Wort mehr.
Sterrfall, Sterbefall.
Stetz, auch Stepz, Schwanz. Stetzche, auch Steezche, Schwänzchen, iron.: Rest in einem Glase oder Flasche.
Stellasch, (frz.: étalage), Gestell, Ladeneinrichtung zum Aufstellen.
stelches, stille.
stolle, stils, stilt; stohl; stöhl; gestolle, stehlen.
stelle, stells, stellt; stalt; ställt; gestallt, stellen.
Stellschwige, (kurzes i), Stillschweigen.
stellschwige, stillschweigen.
stellschwigens, stillschweigend.
Stemm, Stimme.
stemme, stemms, stemmp; stemmpte; gestemmp, stimmen.
stemme, stemms, stemmp; stemmpte; gestemmp, stimmen.
stiblitze, auf feine und listige Art Kleinigkeiten stehlen.
Stief, s., Wäscheschärfe.
Stief, m., iron.: ein steifer Mensch.
Stiesleddor, n., eine unhöfliche, unbeholfene Person.

stiefstöhdig, auffallend, sonntäglich ausgeputzt.
Stien, Stiena, s. Tien, und Sting, Christine.
Stil, (kurzes i), langer Griff, Stengel.
Stilmows, n., Gemüse der Blattstiele von Rüben.
Stina, Sting, s. Stien.
Stinkbüggel, Stinker, auch Schwt.: dummer, verächtlicher Mensch.
Stinkert, Stänker, Stinker.
Stinkhuppol, m., Kuckuck, iron.: eine stinkende Person.
Stinkstivvel, Schwt.: erbärmlicher, verächtlicher Kerl.
Stipp, s., die an der Karre befestigte Stütze.
Stippe, m., Stütze.
stippe, stützen.
Stippeküttche, Kbrsp.: ein oder mehrere Knaben stellen sich hintereinander in gebückter Stellung an die Wand, eine gleiche Anzahl springt rittlings darauf und der letzte draufgesprungene Knabe klatscht dreimal in die Hände; tragen die Unteren die Last, dann wird gewechselt, andernfalls springen die Gegner so oft, wie die Unteren zusammensinken.
Stirk, ein altes, abgemagertes Pferd.
stitzelo, länzelnd, trippelnd mit kleinen Schritten gehen.
Stivvel, Stiefel.
stivvele, aufstellen, kramen, ordnen, zurechtstellen.
stivvele, sich drop -, auf etwas gefaßt machen, vorbereiten.
stoche anschüren, Branntweinbrennen, heizen, hetzen.
Stöcher, Heizer.
Stochiser, Ofenschüreisen.
stockalt, sehr alt.
stockdauv, ganz taub.

stockdumm — Streckscheid.

stockdumm, vollständig borniert.
Stöck, n., pl. Stöck, Stück, auch Feldparzelle.
Stork, m., pl. Störk, Stock.
Stockhammer, Werkzeug zum Behauen des Marmors.
Stockvijal, f., Goldlack, Stockviole, iron.: dummer Mensch.
stödig, aufgeputzt.
Stoffel, Christoffel, iron.: Dummkopf, Tölpel.
stohns Fäus, stehenden Fußes.
Stohl, Stuhl.
Stohl, Stahl.
stohl, stühl, s. stelle.
Stoke, Schülerstafen.
Stölp, Stülpe.
Stolamp, n., Priester-Stola.
Stölpstivvel, Stulpstiefel.
ston, do stehs, hä stelt; weer ston; ehr stoht; stund; stünd; gestande, stehen.
Stöür, f., Abgabe, Steuer.
Stöür, m., Stör.
Stüüresel, (kurzes e), eigensinniger, störriger Mensch.
stoo'sch, stoo't, s. störe, stören.
Stooz, m., Sturz, Eisenblech.
Stooz, n., Flüssigkeit, die beim Abzapfen überlaufend in ein dafür hingestelltes Geschirr fällt.
Stoozblüttche, Sammelbecken, welches beim Abzapfen von Flüssigkeiten unter den Krahnen gesetzt wird.
stöüze, stürzen, umfallen.
Stöpp, Staub.
Stöpp, om - dun, etwas sofort, schnell thun.
Stoppe, Pfropfen.
stoppe, pfropfen, stopfen.
stöppe, stauben, iron.: Jemanden wegjagen.
Stoppfärv, f., Glaserkitt.

stöppig, staubig.
Stoppnohl, große Nadel zum Stopfen der Strümpfe.
Stüppusel, Staubpulver zum Bestauben der Fleischtheile bei Kindern, damit sie nicht wund werden.
störe, do stö'sch, hä stö't; stö'te; stö'tesch, gestö't, steuern.
störe, do stö'sch, hä stö't; stoo't, stoo'sch; gestoo't, stören.
storksig, storsig.
stö'sch, s. störe, steuern und stören.
Stoss, m., Saum am Frauenkleid, Muß, Stoß.
stö't, s. störe, steuern und stören.
strack, stracks, nachher, später.
strackhörig, straffhaarig.
Strang, auch Strangk, m., Strang, Pflanzenstengel, ein Stück Rolltabak. widerspänstiger Knabe, Taugenichts.
Strangk han, Angst, Respect haben.
Strangkinbuck, Rolltabak.
stränze, Kleinigkeiten mit List stehlen.
strapezeere, auch straplizeere, abmühen, anstrengen, strapezieren.
Strau, Strohunterlage beim Vieh.
Strüuf, f., Schaube am Weiberrock k., Taubenschlag.
stränfe, streifen, sich die Haut schinden.
Strech, n., Streichruder.
Strech, m., Strich.
Strech, Strich, Einer om - han, Jemanden nicht leiden mögen.
strech, s. striche, strich.
strechvoll, randvoll.
Streck, m., Seil, Schlinge, Strick, iron.: Taugenichts.
Streck, f., Strecke.
strecke, stricken.
strecke, strecken.
Streckguan, Strickgarn.
Streckiner, n., Stricknadel.
Streckscheid, Stricknadelhalter.

strett, f. strigge. streit.
strewe, strewss, streut: strewt; sträut; gestreut, streuen.
Streusels, n., Blumen und Laub zum Streuen bei Prozessionen.
strevve, strävs*, sträiv; strävte; geströv, streben.
striche; strech: gestreche, streichen, streifen, bügeln.
Strichlser, Bügeleisen.
Strichmoss,, Narenmaß für Holzarbeiter.
strick, stricks. f. strigge.
Strick, Streit.
Strickstöcher, Streitheyer.
Striefe, Streifen.
striefe; stristufte: gestriuf, streifen.
strieg, gestreift.
strigge, do strieks, hä strick; strett; gestrechle, streiten.
Strohl, Strahl.
strohle, strahlen.
Stropp, pl. Ströpp, Schall. Schleife. **Strippe,** iron.: Lümmel. Lotterbube, Taugenichts.
ströppe, Schleifen binden, Schlingen legen, abzwiden.
Ströpper, Herumstreicher. Vagabund, ein Wildbieb, der Schlingen legt, Wucherer.
Stross, m., Gurgel.
strosse, erdrosseln, gurgeln, husten bei Verstopfung der Speiseröhre.
Strösz, Strosze.
strubbellg, struppig, zersaust.
Struch, pl. Strüch, Strauch.
struchele, straucheln.
straddele, unverständliches Reden von Betrunkenen, Verlegenen 2c., flottern.
Ströh, Stroh.
Ströhbäd, Strohbund. -pulle, verfaß; -schnigger, -schneider;

-wüsch, -wüsch, auch Kopftragkissen von Stroh.
strähgälb, strohgelb.
Strähhälm, n., Strohhalm.
Strumbängel, m., Strumpfband.
Strumien, Stramm, Strickgewebe.
Strump, pl., Strümp, Strumpf.
Strunk, m., Plattrove. Stengel, der innere Theil eines Kohlkopfes.
strunze, auf etwas pochen, prahlen, lobend übertreiben.
Strunzljau, bengalisches Feuer.
Strauß, pl. Strüüßs, Strauß.
struvvelig, auch **strubbelig,** struppich, zersaust.
Stubbeditzche, n., der kleine Finger. kleines Kind.
Stuche, m., Mai, Stauchen.
stuche, tauchen, eintauchen der Wäsche.
Stuchgaffel, Eintauchgabel.
Stump, m., das Abgemähte, kleines Ende. Stummel, Stumpf, kleines Kind.
stümpe, abstumpfen, kürzen, Haare schneiden.
Stupp, find. Stoß.
Stüpp, m., kurzer Männerrock oder Frauen Unterrock.
Stüpp, aus -, auf der Stelle, plötzlich.
stupp, gedrungen, klein, kurz, stumpf, verkürzt.
stüpp, auch **stüppsch,** abstoßend, eintubig, kurz angebunden, still, wortkarg.
stuppe, noten.
stüppe, abstumpfen, kürzen, Haare schneiden.
Stuppstetz, Zimmerschwanz.
Stuss, f. Stussångel.
stüsse, do stüss, hü stüss; stoss; stöss; gestossen, noten.
Stüsskant, f., der Beschlag am Weiberrock.

Stüssmo, -moder, wörtl.: Stoß=
mutter, iron.: Stiefmutter.
Stüssijdt, Fliden an der Vorder=
kante der Schuhsohle.
Stussvagel, wörtl.: Stoßvogel,
Raubvogel: Sperber, Falke x.
stuve, (holl.: stouwe), dampfen,
langsam kochen, ftoven.
Stüver, altkölnische Münze, ca. 4
Pfennige.
Stuvv, pl. Stuvve, Stüvvche,
Stube.
Stuvvekregor, Stubenhocker.
Stuvvendhöör, Stubenthür.
subaal, sobald.
süch, s. sin, sehe.
Sudder, m., die im Tabakspfeifen=
rohre und Ablaße x. sich ansam=
melnde Flüßigkeit.
suddere, ausfickern.
su'e, solch ein.
suge, (kurzes u), saugen.

Sugelater, f., Blutegel, iron.: Er=
preßer, Wucherer.
suglich, sogleich.
suffe, süffs, süff; soff; süff;
gesoffe, saufen.
Sül, Schusterahle.
süme, süümps, süümp, suump,
gesuump, säumen.
Summer, Sommer.
Summervagel, Schmetterling.
Summa, der ganze Krempel, viel Gerede
Sump, Sumpf.
sumpig, sumpfig.
su'n, solch eine.
su'ne, solch einer.
suplizeere, (frz.: supliquer), bitten,
um etwas einkommen.
suse, du und hä suufs; suuste;
gesuufs, saufen.
suump, süümmp, s. süme.
Suverpne Stivvel, hohe Stiefel,
(à la Suwarow).

T. s. Einleitung S. 24.

taaste", auch taaße, do taaßs,
hä taaßs; taaste; getaaßs, tasten.
Taat, Torte.
Taatsch, Vogel: Grasmücke.
Tabel, m., Schultasche für Kinder.
Tabernakel, n., Heiligthumsschrein
in der Kirche; op et - haue, auf
den Kopf schlagen.
Tachtel, Ohrseige.
tachtele, ohrfeigen.
Tackerçat, Tackerment, (von
sacrement), Tackerjß, (frz.: sa=
cré nom de dieu), Tackermel,
Tackermenschekopp, (frz.: sa=
cré Menschikow), französischer
Fluch zur Zeit der Napoleon'schen
Kriege, Tackermpot, (frz.: sacré
mort de dieu), Ausrufe des

Schreckens, des Unwillens, der
Verwunderung.
Täggel, Dachshund.
Taggemann, kleiner, krummbeiniger
Mensch.
Talje, m., Taille.
Täng, m., (frz.: teint), Gesichtsfarbe.
Tappe, auch Töpe, Fußtapfen.
Tarr, m., Theer.
tärre, tärrsch, tärrt; tärrte;
getärrt, theeren.
Tarrekopp, Spott= und Schimpf=
name.
Täsch, Tasche.
Tatsch, f., Ohrfeige.
Tatsch, m., auch Tätsch, Straßen=
koth.
Tätschekülche, Kliderspiel.

tätschig, klebrig, schlammig, unausgebacken, weich und teigig.
tegen, (wie im holl.) gegen.
Teiss, Theodor auch Mathias.
termineere, Almosen, Beiträge sammeln, betteln.
Teut, f., Gefäß für Flüssigkeiten.
teute, viel trinken, Wein mit Stützen umflechten.
Theeklatschung, m., Thermisitenklatsch.
Thèkekaasn, f., Thekenkasten.
Thètel, m., ne gäle -, Spottname für Personen von sehr gelber Gesichtsfarbe.
Thiater, Theater.
Thoon*, pl. Thöön, Thurm.
Thrēs, n., Therese.
Thrŷn*, pl. Thrŷne, Thräne.
Thrŷn, m., Thran, em - sin, iron.: betrunken sein.
thrŷne, mit Thran einschmieren.
Thrūn, Thron.
Ticktack, m., Abspr.: Uhr.
Tien, Tiena, auch Stien, Stiena, und Sting, Christine.
Tiff, (holl.: teef) Hündin, gemeine Dirne.
tiftele, tüfteln, mit Sorgfalt und Ausdauer kleine Handarbeiten machen; auf eine feine schlaue Weise etwas austüfteln.
tiftelich, heiklig, kleinlich, schwierig.
Tilegrav, Telegraph.
Till, n., Mathilde, Ottilie.
Timp, f., Ede, Zipfel, Kante.
Tinn, auch Zinn, (frz.: tine), Wasserkufe.
Tipesch, Depesche.
Tipo, Depot, Gefängniß.
tippe, mit den Fingerspitzen berühren.
Tippel, Punkt.
Tirass, allgemeine Benennung für große Hunde.

tirre gon, ausreißen, desertiren, laufen gehen.
Tius, Baptist.
Titküche, n., Säugling.
Tirvel, Purzelbaum.
tirvele, kreiseln, ohrfeigen, straucheln, taumeln, überschlagen, wälzen, wirbeln.
Toll, Krause einer Frauenmütze.
Tölp, Tulpe, iron.: Nase.
Tommes, Tömmesche, Thomas, iron.: dummer Mensch.
Ton, pl. Tün, Ton.
Tün, Späße, Witze, auch Schwierigkeiten, Umstände.
Tön, dat wöre dinger -, das würde dir genehm, lieb, willkommen sein.
Tonnekles, Abfallkäse, wie solcher in Tonnen aufbewahrt wird.
Toor, Tour.
Tööreke, n., Vergnügungsreise.
Toort, m., (frz.: tort), Aergerniß, Qual, Schelmstück.
Tootsch, (frz.: toroche, holl.: toorts), Fackel, iron.: ungeschickte Hand.
Töpe, s. Tappe.
tope, lappen.
töpig, tölpisch, unbeholfen, ungeschickt.
Törelör, (frz.: turelure), langweiliges Einerlei, Lirum Larum, wiederkehrender Schlußreim.
tösche, s., (holl.: tuschen), zwischen.
tösche nemme, Jemanden Verweise geben, Vorwürfe machen.
Traach, Tracht.
traachte, trachten.
traballe, lärmend spielen.
Trabante, ungezogene, unruhige Kinder.
Träck, m., Neigung, Zug.
träcke, (holl.: trekken), tricks, trick; trok; trŷk; getrocke.

ziehen, erziehen, reißen, zugwinbig sein.
Trückmötz, anschließende, altmodische Frauenmütze mit Schnürband zum Festanziehen.
Trägoner, auch **Drägoner, Dragoner,** iron.: ein mannhaftes Weib.
Trakteer, guter Genuß.
traktëere, regaliren.
Trälje, (frz.: traille, holl.: tralie), Gitterstab.
trammele, trippeln, mit den Füßen stampfen, mit lauten Schritten schnell hin- und hergehen.
Trampeldheer, n., Kameel, iron.: ein unbeholfener Mensch.
Tränsche, n., Garnöse.
Träntelbotz, f., -fott, f., Träntsler.
träntele, etwas langsam besorgen, zaubern, zögern.
Träntlesche, Träntlerin.
tranzionëere, (frz.: trancir), maltraliren, zu Tode peinigen.
Trapp, Treppe, jet op de - lägge, Rdst.: sich höchlichst bedanken.
Trappe schnigge, die Haare schlecht mit Abstufungen schneiden.
Trappeposs, Treppenpfosten.
Träppling, Treppenstiege.
traschake, auch **traschäkele,** durchprügeln, ohrfeigen.
Tratsch, Schmutz durch Regen geweicht.
tratsche, durch den Schmutz waten.
Trätschgaan, n., vierkantiges Fischnetz.
Träuf, Dachrinne.
Traut, auch **Drantche, Traubchen,** Gertrud.
Treechter, Trichter.
tredde, tritts, tritt; trpt; trßt; getrodde, treten.
Treff, ne gode -, Glück, Zufall, ein gutes Zusammentreffen.

trpffe, triffs, trifft; trpf; trßf; getrpffe, treffen.
Trettmöll, Tretmühle.
tribbele, trippeln, mit kurzen Schritten gehen.
tribbelëere, (frz.: tribuler), quälend fordern, unablässig bitten.
Tribbeleer, m., Quälerei.
trieze, plagen, schinden, zerren.
triffs, trifft, s. **trpffe.**
Trina, Tring, Tringche, n., Catharina.
Trippe, (holl.: trip), Holzschuh ohne Kappe.
Tripstrell, märchenhafter unbestimmter Ort.
tritts, tritt, s. **tredde.**
trpf, trßf, s. **trpffe.**
Troor, Trauer; zum - sin, Rdst. hin sein, verloren sein.
troorig, traurig.
Trßßt, auch **Trüßt,** Trompete.
trore, troorsch, troort, troo'te, getroo't, trauern.
trpt, trßt, s. **tredde.**
Trott, Fußtritt, Tritt.
Tröwsal, Trübsal.
Truffel, (holl.: troffel), Maurerkelle.
Trumm, Trommel; **en decke -,** große Trommel, iron.; ein sehr dicker Hintere.
Trümm, f., geflochtenes Fliegennetz für Zugthiere.
trumme, trommeln.
Trummel, Trümmelche, ein kleines, gedrungenes Frauenzimmer.
Trummelaut schlon, Purzelbaum schlagen, iron.: fallieren.
Trummeschläger, Trommler, auch Trommelflöppel.
Trump, m., Trumpf.
Trump, f., Maultrommel.
trumpe, trumpfen.

Trumpett, Trompete.
Trumpetter, Trompeter.
Truppe, Truppen, iron.: Gesindel, Sippschaft.
trüste, trösten.
Trüster, Tröster.
Trüst, Trost.
Trutschel, en gecke -, ein albernes Frauenzimmer.
Truthahn, Welschhahn.
Trüüt, auch Trüt, Trompete.
trüüte, Trompete blasen.
Tüll, Zwinge mit Schraubenstift, zum Kalk- und Tüncherpinsel.
Tummel, Tümmelche, Taubenart, Tummeler.
Tän, Tünnes, Anton.
Tunteldösche, kleines Döschen.
tüntele, tänteln, verzärteln.
Tüntelei, Kleinigkeit.
tüntelig, kleinlich, verhätschelt, verzärtelt, zimperlich.
Tuppe, Benennung eines Kartenspiels
Tuppe, gedrudle und gewebte Tupfen auf Kleiderstoffen.

Turla, em - nin, betrunken sein.
turmenteere, (frz.: tourmenter), plagen, quälen, schinden.
Turre, m., Thürnagel.
Tüschche, (frz.: touche), in Formen gepreßte Farbstoffe.
tüsche, beschwichtigen, zum Schweigen bringen.
tuschör, (frz.: toujours), immer.
Tutt, auch Tüüt, Papierbüte.
tüttele, auf kleinliche, langsame Weise handeln und dadurch keinen Erfolg erzielen.
tüttelich, empfindlich, verzärtelt, verzogen, zimperlich.
Tüttelskrom, Kleinigkeitskram.
Tüttler, Kleinigkeitskrämer.
Tunsch, Tausch.
tuusche, tauschen.
Tüüt, Papierblase.
Tüüt, auch Trüüt, Trompete.
tüüte, tuten, auf einem Horne tönend blasen.
Tüüthoon, (holl.: toethorn), Blashorn.

U, f. Einleitung S. 20.

üch, euch.
Udder, m., (engl.: udder), Euter.
Uhl Zuruf für Zugthiere: Halt!
Uhm, Oheim.
Ulespegel, (f. Üül), Eulenspiegel.
Ummes, Jümmes, auch Immes, Jemand.
umpaar, ungrade, unpaar.
unadig, unartig.
unangesin, unangesehen.
Undaug, f., auch Undog, (holl.: andouge), Untugend, Böswilligkeit.
Undaug, m., auch Undog, Taugenichts.

underech, undicht.
Underbotz, Unterhose.
Underpand, Unterpfand.
undersch, ündersch, unterst.
Undheer*, n., grobe, rohe Person, Unthier.
Undog, f., auch Undaug, (holl.: andouge), Untugend, Böswilligkeit.
Undog, m., auch Undaug, Taugenichts.
undügenig, (kurzes ü), unartig, böse, untauglich, schlecht, untugendhaft, verschmitzt, voller Ränke.

unevve, uneben, alt - ein, nicht übel sein, hübsch, erträglich.
unanfänglich, unförmlich plump; sich - benemme, (frz.: sans façon), ohne Anstand benehmen.
Unfridde, Unfrieden.
unge. auch **unger,** unten.
angebunge, ungebunden, fesselloß, unbeschränkt.
angedon, s. dun, ungethan, ungeschehen.
ungehubbelt, roh, unartig, ungehobelt.
angelettert, nicht wissenschaftlich gebildet, ungelehrt, unbelesen.
ungenöglich, unbehaglich, ungemüthlich, mißvergnügt.
Ungenügte, f., Unbehagen, Ungemüthlichkeit, Mißvergnügen.
ungenüßig, unbescheiden, unersättlich, ungenügsam, unmäßig.
anger, unter.
angerein, angerenein, untereinander.
Ungerengk, untere Ende.
ungerkrige, unterdrücken, überwinden.
ungereechte, unterrichten.
angersch, zu unterst.
Ungerscheid, Unterschied.
ungerscheidlich, verschieden.
angersüke, untersuchen.
ungerston, s. ston, unterstehen, wagen, riskiren.
ungerwabbsø, klein, gedrungen.
angerweges, auch **angerwegs,** unterwegs.
angeschuv, grob, plump, roh, unartig, unbescheiden, ungehobelt, ungeschickt, ungeschliffen.
Ungeschte, Unterste.
anglich, ungleich.
Unk, auch **Ink,** m., Dinte.
Unkels, und **Unksels,** Talg.

Unkelskäks, f., Talglicht.
Unkelskutscher, Spottname für Jauchefaßführer.
Unkelstein, Basaltstein, nach dem Ortsnamen Unkel am Rhein, wo er gebrochen wird.
unklor, unklar.
Unkkocher, m., Dintenfaß.
Unkruck, Unkraut.
Unksels, s. **Unkels,** Talg.
unmaneerlich, ohne Anstand, unartig, unbescheiden, unmanierlich.
unmögelich, (kurzes ö), unmöglich.
unnüdig, unnöthig.
unpaas sin, krank sein, ungelegen kommen, unpäßlich.
unpässig, ungelegen, unwohl.
Unrass, m., eine unruhige, unstete Person.
Unrau, Unruhe.
unräuig, unruhig.
unrief, unreif.
uns, s. u. pl. uns, unser, unsere.
Unschold, Unschuld.
Unschöldche, Iron.: Jemand, der sich den Anschein von Unschuld und Naivität gibt, aber in Wirklichkeit grade das Gegentheil ist.
unschineet, ungenirt.
unse, unser, unsern.
unsem, unserm.
unsen, unsern.
unverhoots, plötzlich, unverhofft.
unverhütet, unvermuthet, unerwartet.
unverwaat, s. **unverhoots.**
Unzick, pl. **Unzigge,** Unzeit.
unziggig, unzeitig.
Urgel, Orgel.
orgele, orgeln.
Urgeless, Organist.
Urgelskäsl, Orgelbrecher.
Urgelspief, Orgelpfeife.
Urgelswief, Orgelweib.

us, auch uns, aus, je nach Anwendung mit kurzem oder gedehntem
Vokal.
usbrænge, f. brænge, ausbringen,
entdecken, verrathen.
Usbund, Ausbund, Taugenichts.
usdeele, austheilen, repartiren, ver-
theilen.
Usdrock, Ausdruck.
usdrücke, ausdrücken.
usdrücklich, ausdrücklich.
usdun, f. dun, austhun, ausstrei-
chen, aushalten, ausziehen.
uselig, (kurzes u), schlecht aus-
sehend.
usenander, auseinander.
Usflog, Ausflug, Erholung.
usgeletsch, ausgeglitten.
usgestochen Bildche, iron.: blat-
ternarbiges Gesicht.
usgetrodde, ausgetreten.
ushecke, ausdenken, ausplanen,
auslüfteln, ausflügeln.
ushöhle, aushöhlen.
uskiele, fliehen, laufen.
usklüge, ausfindig machen, ausklauben, ausflügeln, ersinnen, ersinnen.
usknuve, ausklauben, ausflügeln,
ausspioniren.
uskratze, auskratzen, ausreißen,
weglaufen.
uskrome, auskramen, ausschwatzen,
Geheimnisse verrathen, seinem in-
neren Drange durch Worte Luft
machen.
uskumme, f. kumme, auskommen,
ausreichen, entdeckt werden.
uslegge, f. leggo, ausbreiten, auslegen, ausquartieren, erklären.
usletsche, ausgleiten.
usmaache, f. maache, ausmachen,
belaufen, löschen, verabreden, ver-
einbaren.

usmergele, abmagern.
usmunstere, ausmustern, auscan-
giren.
usnemme, f. nemme, ausnehmen,
ausweiden, ausleeren.
usnemmend, ausnehmend.
uspaasche, ausquetschen, sich aus-
sprechen.
usredde, f. redde, ausreden.
usreechte, ausrichten, Bestellungen
machen, Aufträge ausführen.
usrenke, ausrecken, Glieder verrenken.
usreße, ausreißen.
usriffele, Fäden aus einem Gewebe
ziehen, fadenartig schleißen.
usrodde, Land urbar machen.
usroppe, ausrupfen.
ussähne, aussegnen.
usscheppe, ausschöpfen, in Nebens-
arten und Schimpfreden ausholen.
Usschlag, m., Ausschlag, Erfolg.
Uebergewicht, Grind, Hautausschlag
usschluddere, in einer durch Schwin-
gen bewegten Flüssigkeit reinigen.
Usschoss, Ausschuß.
usspintiseere, durch Nachgrübeln
ausfinden.
usspreide, ausbreiten, ausspreizen.
usstafeere, ausstaffiren, herausputzen, installiren.
Usstör, auch Usstöör, Aussteuer.
ustiftele, ausfindig machen, auskundschaften.
uswiese, ausweisen, Ergebniß finden, nachweisen.
uswigge, ausweiten.
Usworf, Auswurf.
utsch o wih! Ausruf des Schmerzes.
Uul, m., Bäckerei-Kohlenbehälter.
Üül, Eule, iron.: eine dumme Person, pl. Üle.
Uules, m., Warmbier mit Eier und
Zucker.

uus, ſ. us.
Uustüör, auch Uustür, Ausſteuer.
üüßere, äußern.
Uuz, n., Fopperei, das womit ge-
   foppt wird.
Uuzbroder, -vagel, Fopper.
uuze, foppen.
Üvvel, Uebel.
üvvel, üvvelich, übel, unwohl,
   zum Erbrechen geneigt.
Üvveligkeit, f., Ohnmacht, Un-
   wohlſein.
üvver, über.
üvver an t'üvver, über und über,
   in Hülle und Fülle, drunter und
   drüber.
üvverall, überall.
üvverbüde, überbürden.
Üvverblievsel, n., Ueberbleibſel,
   Reſt, Trümmer.
üvverdäue, überlaſſen, heimlich zutheilen.
üvverdrage, ſ. drage, übertragen,
   überſchreiben, überliefern.
üvverdümpele, überliſten, -raſchen,
   -trumpeln.
üvverdüvele, meiſtern, übertrum-
   peln, überflügeln, überholen, über-
   tölpeln, Jemanden in etwas zu-
   vorkommen,
üvverecks, quer über.
üvverein, auch üvvereins, gleich-
   artig, überein, eins, einſtimmig,
   einverſtanden.
üvverenzig, (mhd. oberenzec),
   übrig, überflüſſig, über geblieben.
Üvverfahre, ſ. fahre, ſchaudern,
   überfahren.
Üvverfahrung, f., Ohnmacht,
   Zufall.

Üvverfleger, wtlſ.: Ueberflügler,
   oberflächlicher, haſtiger Menſch,
   auch ein Menſch mit außergewöhn-
   licher Faſſungsgabe.
Üvverfloss, Ueberfluß.
Üvvergangk, Uebergang.
üvvergevve, ſ. gevve, übergeben,
   erbrechen.
Üvvergeweech, Uebergewicht.
üvverhand, überhand.
Üvverhandsnoth*, Ueberhandnath.
Üvverhembche, Ueberhemd.
üvverhüre, eine auswendig gelernte
   Aufgabe herſagen laſſen.
üvverig, übrig.
Üvverleg, m., Ueberlegung.
üvverleeste, überliſten.
üvvermäßig, übermäßig.
Üvvermoth, Uebermuth.
üvvernemme, übervortheilen, unmäßig eſſen.
Üvverrock, Ueberzieher.
üvverschlon, ſ. schlon, berechnen,
   überſchlagen, -ſehen.
üvverschnappe, überſchnappen,
   verrückt werden.
Üvverschohn*, Ueberſchuhe.
Üvverseech, Ueberſicht.
üvversetze, überſetzen, auch überwinden im Sinne von unterdrücken, z. B. Begierden, Vorhaben ꝛc.
üvverstölpe, überſtülpen, über-
   ſtürzen.
üvverston, ſ. ston, überſtehen, ertragen.
üvverwinge, überwinden.
üvverzällig, überflüſſig, -zählig.
Üvverzog, Ueberzug.
üvrigens, übrigens.

V, f. Einleitung Seite 29.

Vā (f. Vatter), Vater in gemeiner Redeweise.
Vāāsch, pl. Vāāschte, Vers.
Vaaskant, Abschrägung der Kanten, schräge Kante bei nicht winkelig geschnittenem Holze.
Vader, f. Vatter.
Vakanz (frz.: vacances), Ferien.
Vanlliche, n., Heliotrope, Vanillen Liqueur.
Vatter, f. Vader u. Vā, Vater.
Veedel, Viertel.
veedele, viertheilen.
Veedeljohr, Vierteljahr.
veer, veezehn, veezig, 4, 14, 40.
veete, vierte, vierter.
veetens, viertens.
Veh, Vieh.
veramaljemeere, verbinden, vermengen, vermischen.
verarbeide, verarbeiten; einer -, Jemanden für etwas gewinnen, durchprügeln, den Standpunkt klar machen.
verbälle, verballen, verstauchen.
verbās, verbaserig, verbasert, (holl.: verbas), befangen, betroffen, verlegen, verwirrt.
Verbāserigkeit, Befangenheit, Verlegenheit, Verwirrung.
verbede, f. bede, bedde, verbieten, verbitten.
verbesse sin, f. biesse, erpicht, verbissen, unterdrückt sein, sich auf etwas capriciren.
verbiesse, sich nicht angehen lassen, überwinden, verbeißen.
verblestert sin, mürrisch, verdrießlich, auf etwas erpicht sein.
verbimsche, durchprügeln.
verblode, verbluten.

verblümp, figürlich; verblümt.
verbodde, f. bede, verboten.
Verbörgnise, n., Versteck, Schlupfwinkel.
verbos, böse, heimtückisch.
verbrlnge, f. bringe, verbringen, verschwenden, vergeuden.
verbrock han, sich unliebsam gemacht, etwas verbrochen, vermacht haben.
verbrüstsche, verschmoren.
verbruddelt, überworfen.
verbubbele, verplaudern.
verbumfiddele, vertändeln, verthun, verbringen.
Verdeens, Verdienst.
verdeene, verdienen.
verdefenteere (frz.: défendre), rechtfertigen, vertheidigen.
Verdeistemich, m., Begriff: ver stehst du mich.
Verderv, Verderb.
verderve, verdirvs, verdirv; verdorv; verlörv; verdorve, verderben.
verdomme, verdummen.
verdütsch, befangen, verlegen, verwirrt; iron.: stumverwirrt, beschränkt von Verstand; idiot; tölpelhaft.
verdütsche, bestürzen, verbutzen, verwirren.
verdrage, f. drage, ertragen, ausschwätzen, Böses nachsagen, vertragen.
verdreesse, do verdrüsse, hä verdrüsse; verdross; verdrüss; verdrosse, verdrießen.
verdreessich, verdrießlich.
Verdross, Verdruß.
verdrüge, f. drüge, vertrocknen.

verdubbele, verboppeln.
verdümpele, betäubeln, einschüchtern, verheimlichen, vertuschen.
Verdun, n., Irrthum.
verdun, f. dun, verthuen, sich irren, verschwenden.
verdütsche, verbeutschen.
vererve, vererben.
verexküseere, entschuldigen.
Verexküseerkörvche, n., Körbchen, welches Damen beim Ausgehen an den Arm hängen, oder an der Hand tragen, um sich den Anschein zu geben, Einkäufe halber auszugehen.
verfule, verfaulen.
verfumfele, durchbringen, verderben.
verfumfeit, (engl.: forfeit), verbracht, verdorben, verschwendet.
vergeeße, vergießen.
Vergess, m., Vergessenheit.
vergesse, do vergiss, hä vergiss; vergöß; vergöß; vergesse, vergessen.
vergevve, f. gevve, vergeben.
Vergnöge, Vergnügen.
vergöde, entschädigen, vergüten.
vergon, f. gon, vergehen, verschwinden.
vergörge, in sich vergehen, verhungern, verkümmern, verelenden.
vergriese, f. griese, vergreifen.
vergünne, erlauben, sich heimisch fühlen, leiden mögen, vergönnen.
Vergunn, Vergunst, Erlaubniß.
verhabbele, (span.: hablar), unbedacht ein Geheimniß ausschwätzen, versprechen, verwirren.
verhaseleere (kurzes a), verbringen, verschwenden.
verhaspele, versprechen, sich durch Redensarten verrathen.
verhaspelt, verwirrt.

verhaue, sich -, sich versprechen, durch Redensarten verrathen.
verherve, f. hevve, verheben, sich durch Heben überschwerer Lasten am Körper schädigen.
verhuddele, schlecht arbeiten, verderben.
verjöcke, wtl.: verjuden; vgl.: verbringen, verschwenden.
verjöhre, verjähren.
verjöh't, verjährt.
verjuckele, durchbringen, verschwenden.
verjuxe, verbringen, vergeuden.
verkäkse, ekeln, bis zum Ueberdruß unmäßig essen, sich übernehmen.
Verkäldung, Erkältung.
verkäle, befrieren, erfrieren.
verkälde, erkälten.
verkeh't, irrig. boshaft, leichtsinnig, schelmisch, unrichtig. verkehrt.
verkindsche, durch's Alter kindisch werden.
verkloppe, verkaufen.
verklüngele, Zeit oder Geld verbringen, vergeuden.
verknöche, verknöchern; nit-könne, nicht leiden mögen.
verknuse, Jemanden oder Etwas leiden mögen.
verknüsele (kurzes ü), beschmutzen, zerknittern.
verkölle, verköls, verkölt; verkolt, verkohlen.
verkröttsche, verkümmern, in sich vergehen.
verkrupe, verlegen, b. h. heraus weglegen, daß man den Gegenstand nicht wiederfinden kann.
verkränkele, Stoffe verbrüchen, zu Bruchfalten machen.
verkümmele, verbringen, verfumfein, verschwenden.

verkusele, (furjeß u), beschmutzen, zerschnittern.
verlänge, vorlängst, vor kurzem.
Verläuv, met -, mit Verlaub, Erlaubniß.
verläv, s. lovve, abgelebt, verlebt.
verledde, verlitten, verflossen.
verleech, auch verleeks, v'leech un v'leex, vielleicht.
verleere, du verloo'sch, hä verloo't; verlör; verlör; verlore, verlieren.
verleev nemme, fürlieb nehmen.
verlöddere, verbringen, verschwenden, vernachläßigen.
Verlopfs, m., Verlaß, Vertrauen.
verlösteere, durchbringen, sich amüsiren.
verluddere, vernachläßigen.
verludere, leichtsinnig verbringen.
Vermaach, m., Freude, fröhliches Gelage, Schmaus, Vergnügen; em stelle -, freudiges Genießen, zu Wenigen sich etwas zu Gute thun.
vermaache, s. maacke, angethan haben, testiren, vererben, freudig genießen, lecker essen, Vertrauen verlieren.
vermahlt han, sich gütlich gethan haben, vermacht oder etwas verbrochen haben.
vermampele, auch vermimpele, bemänteln, verkleiden, beschönigen, todtschweigen.
vermänteneere, (frz.: maintenir), für etwas aufkommen, einstehen, auch leiben mögen, verthuen, verbringen.
vermeddele, vermitteln.
Vermeddeler, Vermittler.
Vermeddelung, Vermittlung.
vermengeleere, vermengen, vermischen.

vermenbele, durchbringen, durchprügeln, den Standpunkt klar machen, zurechtsetzen.
vermimpele, auch vermümpele, s. vermampele.
vermurkse, etwas schlecht arbeiten, verderben.
vernähle,* vernageln.
vernählt sin, dumm, vernagelt sein.
vernattert sin, auf, für ober in Etwas erpicht, eingenommen oder vernarrt sein.
verpenne, mit Stiften vernageln. Metallporen mit dem Hammer dicht schlagen.
verpich, erpißt, auch: verpicht.
verplacke, verbringen, verkleben, sein Geld mit unnützen Ausgaben verbringen.
verplämpere, verbringen, vergeuden
verplex, perpler, verblüfft, verlegen.
verpuppe, verpuppen.
verposementeere, verbringen, verschwenden.
verpuuste, verschnaufen.
verquängele, auf nachläßige Weise nach und nach verbringen.
verquark, unansehnlich, verkrüppelt.
verquarke, auch verquärxe, zusammenschrumpfen.
verrecke, verenden, crepiren.
versaue, beschmutzen, besubeln, verunreinigen.
verschäle, abstehen, sauer werden, mit Brettern bekleiden.
verschammeroere, (frz.: simer, tomber amoureux), sich verlieben.
verschängeleere, beschädigen, entstellen, verunzieren.
verscheefse, s. scheefse, verschieben, verbleichen, verlieben.
verschimmele, Brod rc. versäuern, durch Gährung verderben.

verschimpeere, von schumßeren, beschädigen, entstellen, verstümmeln, verunglimpfen, verunzieren.
verschlampe, gute Kleider durch Tragen im Hause oder bei der Arbeit rücksichtslos verderben.
verschlecke, verschlucken.
verschlieme, verschleimen.
verschliemp, verschleimt.
verschlippere, vernachlässigen, durch Nachlässigkeit vergessen, versäumen, aufschieben bis es zu spät ist, verzögern.
verschluch, ledermäulig.
verschrumpele, verschrumpfen.
verschuve, aufschieben, vertagen.
verschmüllich sin, wählerisch sein, z. B. im Essen, Trinken rc.
verschmore, s. schmore, verpusten, d. h. verqualmen, z. B. in sehr hastigem Zügen rauchen.
verschnappe, etwas sagen, was verschwiegen bleiben soll.
verschnärke, auch **verschnürke,** verbraten, versengen.
verschnedde, s. schnigge, verschnitten.
verschnupp sin, den Schnupfen haben, ledermäulig, naschhast, verwöhnt, wählerisch sein.
verschnuppe, vernaschen.
verschnürke, auch **verschnärke,** versengen.
verschockeere, (frz.: choquer), unterbringen, ordnen, auf den richtigen Platz legen, entgegengesetzt aber auch verlegen.
verschubeere, rücksichtslos verderben, verschleißen.
verschuve, verrücken, verschieben.
verschwoge, (kurzes e), verschwiegen.
versessse sin, auf etwas erpicht sein, liebgewonnen haben.

versptze, s. sptze, versetzen, verpfänden.
versore, versörsch auch **versü'sch, versört,** auch **versü't,** versauern.
versöße, versüßen.
verstalt han, (von verstelle), s. stelle, sich den Anschein geben, düpirt, verstellt haben.
Versteisdomich, m., zusammengezogen von: verstehst du mich, Einsehen, Kenntniß, Begriff, Verstand, Verständniß.
verstolle, verstohlen.
verstorve, erstorben, verdorrt, vertrocknet, verwaist, zerfallen, durch Alter oder schlechte Aufbewahrung verdorben.
verstü't us sin, sehr erregt, verwirrt aussehen.
verstuche, verstauchen, Glieder verrenken.
vertaaste, vergreifen, einen Mißgriff machen, verlasten.
vertesteweere, auch **vertestueere,** in Verlegenheit bringen, auf Seite schaffen, den Sinn verwirren.
verträcke, s. träcke, ausziehen, verziehen, windschief werden.
vertredde, spazieren gehen, vertreten.
vertümpele, auch **verdümpele,** bemänteln, beschönigen.
vertüntele, s. vertüttele.
vertusche, auch **vertüsche,** bemänteln, beschönigen, totschweigen, verheimlichen.
vertüttele, auch **vertüntele,** verhätscheln, verwöhnen, auch verbringen, verschwenden.
vertuusche, vertauschen.
verüüfsere, sich entledigen, veräußern.
verüvvele, verübeln.
verwade, erwarten, gewärtigen.

verwahre, bewahren, aufheben, in Obhut nehmen.
Verwahrschull, Kinder-Bewahrschule.
Verwentschnettche, Weißbrotschnittchen in Eier und Zuckerteig gebacken.
Verwentknöchelche, auch Vexeerknöchelche, empfindliche Stelle am Ellenbogen.
verwerre, s. werre, verwehren.
verweule, verwühlen.
verwielo, verweilen.
vorwitzelt, abgemagert, abgelebt.
Verzäll, m., Erzählung, Gerede, Geschwätz.
verzälle, verzälls, verzällt, verzalt, erzählen, auch verzählen.
verzeore, verzee'sch, verzee'l, verzieren.
verzerre, s. zerre, verzehren.
vexeere, vexee'sch, vexee't, verieren.
Vexeerknöchelche, empfindliche Stelle am Ellenbogen.
Vieloho, auch Vijülche, Veilchen.
vies, (holl.: vies), ekelerregend, ekelhaft.
Viez, Apfelwein.
vijelett, violett.
Vijelin, Violin, iron.: Arrestlokal.
Vijal, Lovſoje.
Vijülche, Veilchen.
Vijülchenstrüßche, Veilchensträußchen.
Vijülcheswoozel, Veilchenwurzel, auf welche die Kinder zur Erleichterung des Zahnens beißen.
Vikarjes, Vikar.
vil, pl. ville, viel.
Vilje, Zinter -, (lat.: ad sanctas virgines), Pfarrkirche St. Ursula zu den 11000 Jungfrauen.
ville, s. vil.
vileoch, v'leech auch v'leex, vielleicht.
Vlaasch, f., (frz.: visage), Gesicht.
Visitt, f., Besuch.
Vivalder, Schmetterling.
v'leoch, auch v'leex, und villeech, vielleicht.
Vödderfuß, Vorderfuß.
Vokatives, superkluger Mensch.
Volk, pl. Völker, Volk, auch ein Haufen oder eine Menge Menschen, iron.: Pöbel.
Volk, verlaufe -, Leute, die viel spazieren gehen und vergnügungssüchtig sind.
Voll, f., (frz.: volle), Kopfschleier.
voll, voll, betrunken.
voll maache, füllen, betrunken machen, beschmutzen.
vollgepreump, vollgepfropft.
Vollüll, f., Trunkenbold, Betrunkener.
vö'm, vor'm, vor dem.
römeer, vor mir.
vür, vor.
vür un noh, vor und nach.
vöran, voran, vorwärts.
vörav, vorab, einstweilen.
vöre, vorne.
vörerüvver, vorne herüber.
Vörgespoks, n., Ahnung, Vorgespühe, Vorzeichen.
Vürhembche, Vorhemb.
Vörkäufer, Vörkäufersch, mil.: Vorläufer, Vorläuferin, Personen, welche von den Bauern Lebensmittel auflaufen, um sie auf dem Markte wieder zu verkaufen, auch Unterhändler, Zwischenläufer.
vör'm, vor dem.
vörop, vorauf.
Vörschoosmehl, beste Sorte Mehl.
vörsin, s. sin, vorsehen, Sorge tragen.

Vörspll, Vorspiel.
Vörspröch, Fürsprache.
vörus u. vöruus, voraus.
vörüvver, vornüber.
Vörwetznas, f., eine vorwitzige Person.
vrack, abstoßend, böse, frech, herb, mürrisch, rauh, scharf, trotzig.
Vrängel, auch Vratze, starker, robuster Mensch.
vredele, auch vreidele, anspannen, d. h. durch Drehen des Seiles mit einem Holzstabe dasselbe fester schnüren.
Vredel, auch Vreidel, m., ein kurzes Holz, mit welchem man Ketten, Seile ꝛc. dreht, um sie fest anzuspannen.
Vredel, auch Vreidel, m., die Erhöhung vorne über und vor dem Anschlusse von Fuß und Bein.
Vrese, kaltes Fieber, Fieberfrösteln.
vriet, (holl.: wreed), ausbauernd, fest, gefühllos, hart, kalt, ferngesund, steif, unempfindlich, zähe.
vriet balde, ernsthaft, standhaft bleiben.
Vring, Zlute -, Sanct Severin.
vringe, wringen.
Vrön, v., Veronika.
Vödderdell, Vordertheil.
vöddersch, vorderst.
Vagel, (kurzes a), Vogel.
Vagelliem, Vogelleim.
Vagelagnan, Schlaggarn zum Vogelfang.
Vagelakorv, Vogelkorb.
Vagelakeesch, Ebereschen-Beere.
Vulang, (frz.: volant), krause Garnirung an Frauenkleidern.
vum, vom.
va'meer, von mir.
van, von.
van dänns, von dannen.
vunenein, von einander.
vürrig, vorhergehendes, voriges.

W, s. Einleitung S. 29.

Wa Männche? wtl.: Die Männchen? Ausruf der Freude, des Triumphes: Was sagst du nun?
Waach, Wacht.
Waachhuus, Wachthaus; -hüüsche, -häuschen; iron.: ein außergewöhnlich bider Hinterer.
waat, waats, s. wade.
Waatsbeging, Krankenpflegerin, Nonne.
Waatsfrau, Kindbett-Wärterin.
Waaz, Warze.
Wabbeleev? was beliebt? was gefällig?
Waachelekpen, pl. -kfßner, Wachholderform.
Wachholdervugel, m., Singamsel.
Wackbrpd, Wabe.
wackerig, wach, wachend.
wade, do waats, hä waat; waate; gewaat, warten.
wäde*, weesch, wod auch weed; meer wäde, ehr wädt; wodt; wödt; gewode, werden.
Waffelisor, Wafseleisen; en alt -, iron.: ein altes, häßliches Weib.
wäge,* s. wege.
waggele, wadeln.
Waggelent, wörtlich: Wadelente; iron.: eine Person mit wadelnder Gangart.
wahl, wohl, gewiß.
Wahs, Wachs, Wuchs, auch Zustand des Wachsens.

Wahs en de Glidder, ſchmerzhaftes Reißen oder Ziehen in den Gelenken der Beine, vornehmlich bei Kindern.
Wahsdroht, dünner Wachsbroth.
Wahsstock, cylindrisch gewickelter, dicker Wachsbroth.
wahſse, do wähſs, hä wähſs; wohſs; gewahſse. wachſen.
wahſsen Bildche, wächiernes Bildchen; iron.: bleiche Schöne.
Wals, Walze, Weizen.
walſe, anſtoßen, blöſſen.
walke, durchprügeln, walken.
Wamknuche, n., Chriſtige.
wa'meer, wenn wir.
wa'mer, wenn man.
wa'mle, wenn mein.
wa'ming, wenn meine.
Wammes. Hamms.
Wande, Fauſthandſchuhe.
Wandluus, iron.: Wanze.
wandroſe, toben, wüthen.
wandronig, tobſüchtig.
Wäng, pl. von Wand, Wände.
Wängläpper, auch Wännläpper, Keſſelflicker; iron.: ſchlechter Klempner oder Kupferſchmied.
wann, wenn, auch wann.
wann'e, wenn er.
wanalb, (holl.: wanoer), wann.
Wännläpper, f. Wängläpper.
wann't, wenn es.
wärm, warm.
Wärmb, warme Frühſtücksſuppe.
Wärmde, Wärme.
Warre, ein kleines eiterndes Geſchwür an den Augenlidern.
warschaue, warnen.
wäsche, wischte, wisch; wösch; wösch; gewäsche, waschen.
waschele, undeutlich laut durcheinander reden.
Wa'se'männche? gelt, nicht wahr?

Wasserspetz, Siebegrab des Brauwaſſers.
Wassos! Ausruf des Schreckens oder der Verwunderung.
wat'e, was er, welch' ein.
Wäth,* Werth.
wäth, werth.
wat'r, was ihr.
Watsch, Chriſtine.
watsche, ohrfeigen.
Wäul, m., Menge, Haufen, Wuſt.
wäule, wänlt, gewault, wühlen.
Wäules, Wühler; auch Menge, Haufen, ein unfriſirter, kraushaariger Kopf.
Wauwau, Kinderſpr.: Hund.
Wävstohl, Webeſtuhl.
Wax, m., eine Tracht Prügel.
waxe, prügeln.
we, wie.
Weck, pl. Wegge, Weizenbrod.
Weck, pl. Wecke, Wide.
Weckel, m., Schopf.
Weckel, f., Wickelſchnur.
Weckelditzche, n., eingewickelter Säugling.
weckele, durchprügeln, wickeln.
Weckschnapp, f., eine Vorrichtung in einem früher hier befindlichen Hungerthurme; an einer Schnur hing ein Brodlaib, und wenn der Hungernde darnach ſprang, berührte er eine Fallthüre, welche ſeinen tödtlichen Sturz in die Tiefe veranlaßte.
Weech, n., kleines Mädchen.
Weef, m., Bäckerei-Ofenwiſcher.
Weeth,* Wirth.
Weez, Bierwürze.
wedde, du wette, hä wett; wette, gewett, wetten.
Wĕg, Weg; der lange - lege, der Länge nach legen.
Wēg, Wiege.

wege, wiege.
węge, węgs, węg; węgte; beweg, gewęg, wegen.
Węgge, pl. von Weck, Weizenbrob.
Węgkrktzer, Wegarbeiter auf Landstraßen ꝛc.
Węgwieser, Wegweiser.
Węhr, en der - sin, bei der Hand, bei der Arbeit sein.
wehre, auch werre, wøh'sch, węh't, węh'te, gewęh't, wehren.
wehsele, wechseln.
Weiher, Fächer, Teig.
Weihquaas, Weihwasserwedel.
Wēk, f., (holl.: wiek), Pumpenbocht.
Wēkegaan, n., Dochtgarn.
weld, wild.
Welde, Wilder.
Weldfremde, ein Auswärtiger, ein ganz Unbekannter.
Węll, Welle.
Welle, Willen.
welle, ich woll; ehr wellt; ich woll; ich wöll; gewollt, wollen.
Wellem, Wilhelm.
Wellemche auch Wellmche, kleiner Wilhelm, holl. Centstück.
wollmüdig, muthwillig, übermüthig.
Wollmoth, Muthwille, Uebermuth.
wem, wem.
we'n, wie eine, we'ne, wie ein.
węnge, węngs, węngk, wandt, gewandt, wenden.
wenne, s. gewonne, Abkürzung für gewinnen und gewöhnen.
wennst'e gewinnest Du?
werfe, wirfs, wirf; worf; würf; geworfe, werfen.
Werk, Werf, Werg, kurze ausgehechelte Fasern von Hanf und Flachs.
Werkeldag, Werk-, Wochentag.
werre, auch wehre, weh'sch, wehrsch, węh't, auch wehrt;

weh'te, auch wehrte; gewęh't, auch gewehrt, wehren.
werve, wirvs, wirv; worv; geworve, werben.
Wess, Weste.
wesse, du und hä weiß; ehr wesst; woss; wöss; gewoss, wissen.
wessbegeerig, auch -begeeltg, wißbegierig.
Wętt, Wette.
wevll, wieviel.
wevllte, wievielen.
wevllte, wievielte.
wevve, wavvs, wäv; wävte; gewäv, weben.
Wervor, Weber.
wewahl, wiewohl.
wibbele, wibbeln, sich lebhaft bewegen.
Wibbelsteiz, unruhiger, unsteter Mensch.
wiche; wech; gewechn, weichen.
Wichen, n., große Bogennische der Festungsmauer, wie solche hierorts früher zur Unterbringung von Gerätschaften, auch zur Herstellung von Wohnungen vermiethet worden.
Wick, pl. Wigge, Weide.
wick, wickste, wigger, wiggeschter, weit, weiter.
wick ov breit, weit und breit.
Wickaasch, f., -futt, f., Jemand der häufig durch eine Thüre aus- und eingeht, ohne dieselbe zu schließen.
wickllaufig, weitläufig.
Wickte, Ferne, Weite.
widder, wieder, auf's neue, abermals.
Widderböusch, f., pl. -böuschte, struppige Haare, auch einzelne Büschel, die dem Wuchs der Haare entgegengewachsen sind.
Widderkicken, -sin, Wiedersehen.
Widderwopt, Widerwort.

Widderwolle, Widerwillen.
Wiel, (holl.: wiel), Nonnenschleier.
Wiel, Augenblick, Weile.
wiele, weilen.
wiese, do wies, hä wies; wess, gewese, (kurzes e), weisen.
Wiespresilje, f., naseweises Frauenzimmer, Vielwisserin.
Wiess, n., weißes Kölner-Bier.
wiess, weiß.
wiessaatig, weißfarbig.
Wiessblätt, f., Bäckereitisch, worauf die Bröbchen gemacht werden.
wiesse, weißlichen.
Wiessmann, Tüncher.
Wiessquass, Tüncherpinsel.
wigge, do wicks, hä wick; wickte; gewick, weilen.
Wigge, auch Wickte, Weile, Ferne.
Wigge, pl. von Wick, Weibe.
Wiggem, vun -, von Weitem.
wigger, wiggeschter, f. wick, weiter.
wih, weh.
Wihde, Geburtsschmerz, Wehe.
wihe, wehen.
Wihwiche, n., Abspr., kleine unbedeutende Wunde.
Windbüggel, Windbeutel.
windsch, schief sich winden, verzogen, krumm.
Wing, f., Winde.
Wing, m., Wein.
winge, wings, wingk; wung; wung; gewunge, winden.
Winget, Weinberg, -garten.
Wingetsaatsch, gelbe Grasmücke, kleiner Vogel mit gelber Brust.
winnih, auch wannih, wann.
Winkeleer, Krämer.
winnig, wenig.
Wipp, f., Wippe, Hebelbock zum Schmieren der Karren.
Wippcher, leere Ausreben, Flausen,

Lügen, Possen, Umstände, Umschweife.
wippe, hinwerfen, schleudern, auf und nieder bewegen, Jemanden vorjagen.
Wippeküttche, n., Raupenpuppe.
Wippstetz, m., Bachstelze, flinker, reglamer, unruhiger Mensch.
wirke, wirken, klöppeln.
Wirkesche, Spitzenklöpplerin.
Wirvel, Wirbel.
wirvele, wirbeln.
Wischos, kleines Häuschen, wie solche vielfach in den Bogennischen der alten Stadtmauer eingebaut waren, richtiger Wiebes, f. b.
Wisel, (kurzes i), Wiesel.
wisslig, (kurzes i), behende, flink, gewandt.
Wittfrau, auch Wittib, Wittwe.
Wittmann, Wittwer.
Wix, Wichse, eine Tracht Prügel.
wo, wo.
Wo ho?, Wo sin de Lück?, wtl.: Wo hier?, Wo sind die Leute?; Ruf beim Eintritte in ein fremdes Haus.
wöde, do wöths, hä wöth; ich wöthe; gewöth, wüthen.
Wöder, pl. von Wopt, Worte.
wödig, würdig, auch wüthend.
wödig vil, sehr viel.
wüdige Meng ober Hääd, große Menge.
wodran, moran.
wodrenn, morin.
wofKin, wofern.
wofür, wofür.
Wog, Wage.
woge, wagen, auch wiegen.
wohinger, wohinter.
wühle; wohlt; gewohlt, wühlen.
wohr, wahr.
Wohrheit, Wahrheit.

Wøhrwøpt, wahres Wort, ein guter Ausspruch.
Wolf, Schiebebesen zum Reinigen von Rohren.
Wolfsrache, Fehler am menschlichen Rachen, bei welchem derselbe nach oben hin offen liegt und das Anschlagen der Zunge beim Sprechen unmöglich macht oder doch sehr erschwert.
Woll, Wolle.
Wöllche, kleine wollige Theile, nem Wöllche krige, Jemanden beim Schopfe fassen, arretiren.
Wölle, Wollzug.
wölle, wollene, wollener, wollenes.
wölve, wölben.
wo'meer, wo wir.
wo'mer, wo man.
womet, womit.
wonevve, wonebem.
wonne, wons, wont, wonte; gewont, wohnen.
Wonnung, Wohnung.
wönnste, gewönnest Du?
wonst'e, wohnest Du?
wons, wont, s. wonne.
Woosch, Wurst.
Wooschbröht", Wurstbrühe.
Wooschkrückche, Wurstkraut.
wooschte, auch wooschtele, wursten, ohne Plan arbeiten, unordentlich zusammenbrechen.
Wooschtepen, m., pl. -penn, langer, dünner Holzstift zum Durchstechen der Bratwurst, damit sie in gerolltem Zustande zusammenhält.

Woofs, m., Haufen, Menge, Wust.
Wopt, pl. Wöder, Wort.
Woozel, Wurzel.
Wpp, Wöpche, Wamms, Rad, Jacke.
Wöppe, Warpen.
wør, do wørsch auch wø'sch, hä wør, meer wøre, ehr wørt, auch wø't, war, s. sin.
Wørbel, pl. Wørbele, Walbbeere.
Worfgaan, Fischer-Wurfnetz.
worenn, worin.
worüm, warum, worum.
worop, worauf.
woruner, worunter.
worürver, worüber.
Wösch, m., Kopf-Tragkissen.
wösch, wösch s. wäsche.
wø'sch warst, s. wør.
wösse, s. wesse, wüßte.
wüsse und wüste, m., u. f., unangenehm, unartig, wüst.
Wüstenei, Wüstenei.
wotege, wohingegen.
Woth", Muth.
wöth, wötha, s. wöde.
wovun, wovon.
wozo, wozu.
Wapptich, m., iron.: ein kleines Gläschen Liqueur zum raschen Umstürzen.
wupptich, plötzlich, rasch, schnell.
Wupptizität, Fertigkeit, Gelenkigkeit, Schnelligkeit.
Würgbeer, Würgbirne.
Wurmkruck, Wurmkraut.
Warmsøm, Wurmsamen.

Z, siehe Einleitung S. 26.

zaat, zart.
zabbele, zappele.

Zabel, Säbel.
Zäbelchesmann, iron.: ein Offi-

cirt von sehr schwächlicher Gestalt.
zabele, säbeln, Haare schlecht schneiden, auch zappeln.
Zachaies, Zacharias, auch Benennung für die Puppe, die früher an Kirmestagen herumgetragen wurde.
Zachaies, kromme -, Spottruf für eine kleine krummbeinige Person.
Zackerbletz, Spottname für Säbel.
Zackerjü, (frz.: sacre dieu),
Zackerlöt, (frz.: sacre bleu),
Zackermel, Zackerment, Ausruf der Freude, der Wuth, Fluch: Donnerwetter.
Zackermenter, verfluchter Kerl.
zackerments, m., f. und n., verflucht.
Zafferŭn, auch Zafryn, Safran.
Zäggelcher, Zäckchen.
zaggele, auszacken.
zälle, do zälls, hä zällt; zalt; gezalt, zählen.
Zalat, auch Schlot, n., Salat.
Zang, Zange, (iron.: ein keifiges Weib.
Zäng, pl. von Zant, Zähne.
Zänk, Zank.
Zänkesche, Zänkerin.
Zanping, auch Zantping, f., Zahnschmerz.
Zant, pl. Zäng, Zahn.
Zantläch, Zahnfläche: Steinhauerhammer mit spitzen scharfen Zähnen.
Zappe, Zapfen.
zappe, ausschenken, zapfen.
Zappermass, Zappermoot, (frz.: sacré mort), Ausruf der Erregung, der Freude und des Unwillens, im Sinne: Sapperment, Donnerwetter.
Zappsjung, Schenkjunge.
Zarg, cylindrischer Metallrumpf.

Zasserass, ne gode -, ein gutes Verdienst durch Gelegenheitskauf.
zaue, do zaus, zaut; zaute; gezaut, eilen.
Zaus, (frz.: sauçe), Brühe, Bratentunke.
ze auch zo, zu.
zebaschte, zum Bersten, in gen. Rede: zum Todtlachen.
Zeeg, f., Ziege, Kopfkissenüberzug.
Zeegkling, Ziehklinge zum Glätten des Holzes.
Zeegmoder, Ziehmutter.
zeere, zeerreh auch zee'sch, zeert auch zee't; zeerte auch zee'te; gezeert auch gezee't, zieren.
Zeerroth,* Zierde, Zierrath.
zehrsch auch zeh'sch, f. zerre.
zehrt auch zeh't, f. zerre.
Zellerei, f., Sellerie.
Zentûr, (frz.: ceinture), Gürtel.
zerbläue, (mhd.: zerbliuwen), durchprügeln.
zerbreche, f. breche.
zerdnn, f. dun, wichtig thun, Aufhebens machen, prahlen.
zerfroge, anhaltend fragen.
zerfröhele, anhaltend arbeiten.
zerge, necken, reizen, zanken.
Zerjett, (frz.: sayette), Strickgarn.
zeröschele, sich quälen, über Etwas Scrupel machen, nachdenken.
zerre, zehrsch auch zeh'sch; zehrt auch zeh't; zehrte auch zeh'te; gezehrt auch gezeh't, zehren.
zerschlage, f. schlage, durchprügeln, als adj.: ermattet.
zerschlpn, f. schlpn, durchprügeln.
zerschwade, durchprügeln.
Zertät, richtiger Serrtät, f. b.
Zervas, Servatius.
Zervelätwoosch, Cervelatwurst.

Zervljett, Serviette.
Zi, Zint, Zinter, (altköln.: sente, holl.: sint), Sanct, z. B.: Zi-Märje, Sanct Marien, Zint-Jakob, Sanct Jacob, Zinter-Vring, Sanct Severin.
Zibbedeies, Zebedäus; Arme -, Spottname für lange, feige, närrische, schwache Personen.
Zibbel, m., Ende, Fetzen, Zipfel; auch: feiger, lächerlicher Mensch.
zibbelig, bange, feige, unschlüssig.
zick, seit.
Zick, pl. Zigge, Zeit.
zicklervens, zeitlebens.
zickllch, manchmal, oft, öfters, zeitig.
Zickverdriev, Zeitvertreib.
Zidder, m., Zittern.
ziddere, zittern.
Ziesche, n., Zeisig.
zieslg sin, von einer Krankheit häufig befallen sein, empfindlich.
Zigar, Cigarre.
zigele, (kurzes I), ziegeln.
Zigelei, (kurzes i), Ziegelei.
Zigge, pl. von Zick, Zeiten.
ziggelich, zu Zeiten, zeitweise.
ziggig, zeitig.
zih, zähe.
Zihe, Zehe.
Zill, Zilje, n., Cäcilie.
Zimmdeckel, Schlagbecken, Timtam.
Zi-Märjensrepp, eine in der Vorhalle der Sanct-Marienkirche hängende Wallfischrippe; iron.: eine hagere Person.
Zimpatie, Sympathie.
Zimpelche, simpler, verrückter Mensch.
zinder, seit, seitdem.
Zing, auch Tinn, und Zinn, (franz.: tine), Tinne, Waisertübbel.

Zinnokesblädder, Sennisblätter.
Zint, Zinter, auch Zi, (holl.: sint), Sanct, Heiliger, z. B. Zint-Görres, St. Georg; Zinter-Vring, St. Severin; Zi-Märje, St. Maria.
Zinter, m., (holl.: sintel), Ofenschlade.
Ziprlläche, n., Taubenart mit roth beränderten Augen.
Zirop, Syrup.
Zissche, auch Zies, n., Franziska.
Zitterwpm, Wurmkraut in kleinen Zuckerkörnern.
Zitzekatung, geblümter Kattun.
Zizies, dünne Bratwurst.
Zizieseher, kleine Bratwürstchen.
zo, auch zo, zu.
Zöbbel, m., pl. Zöbbele, herunterhängendes Ende, Fetzen.
zöbbele, unordentlich hervorhangen, langsam, schlendernd gehen.
Zöbbelsmatant, f., ein schlampiges Frauenzimmer.
Zobingemann, z. Z. durchzog ein Mann die Stadt mit dem Rufe: Hat ehr nix zo blnge? Habt ihr nichts zu binden? Ihm auf diesen Ruf zugetragene zerbrochene Geschirre von Glas, Porzellan zc. band er mit Draht und kittete sie.
Zoböfa, Zubuße.
zoeesch, zoeets, zuerst.
zöcke, zucken, wanken.
Zofloch, Zuflucht.
Zofuhr, Zufuhr.
Zog, Aufzug, Durchzug, Zugwind.
Zog, am - han, Jemanden nicht leiden mögen.
Zog, am - sin, in der Arbeit gut fort kommen.
zogevve, s. gevve, zugeben, beistimmen, einräumen, willfahren.
zohingersch, zuhinterst.

zoglich, zugleich.
zoletz, zuletzt.
Zollholz, Korkholz.
Zollstoppe, Korkpfropfen.
zülvere, langsam trinken.
Zoo't. auch Zoort, pl. Zoorte, auch Zoote, Sorte.
Zopp, Zopf, Suppe mit Brodstücken ꝛc., eingeweichte, eingetunkte Brodstücke.
zoppe, tunken.
zoräkch, zurecht.
Zores, Prosit.
zorüste, zurichten, zurüsten.
zorteere, auch zp'teere, sortiren, ordnen.
zoschlon, s. schlon, Kauf abschließen, zuklappen, zusammenfalten, zuschlagen.
zoschmirre, s. schmirre, verkleben, zuschmieren.
zosins, zusehends, Angesichts dessen.
zostüre, bellegen, unterstützen, zusteuern.
zp'teere, auch zorteere, sortiren, ordnen.
zotrücke, s. trücke, nach sich ziehen.
zovil, zuviel.
zovür, zuvor.
zovüdderseh, zuvor.
zowähsch, durcheinander, entgegengesetzt, quer, schief, verkehrt.
Zowässchdrieser, -sche, Querkopf, Zänker, Zänkerin, Trotzkopf, Jemand der Alles in Unordnung bringt.

zowiele, zuweilen.
zowiese, zuweisen.
Zubbel, f., ein schlampiges, nachlässig gekleidetes Frauenzimmer, Fetzen.
zubbelig, schlampig.
Zubbelsmatant, f., eine schlampige Person.
Zucker-Allerhands, Abfälle von Zuckergebäck, wie die Kinder solches bei den Conditoren kaufen.
Zuckerei, w., (holl.: suckerei, engl.: succory), Cichorie.
Zuckergüts, Zuckergebäck.
Züff, auch Zuffel, Sophie.
Züg, Zeug.
zunder, (holl.: zonder) ohne, sonder.
Zungestück, Halsfleisch beim Rindvieh.
Zupp, Suppe.
zuppe, zupfen.
Zwecke, Heftzwecke.
zwecke, zwiden, knausern, abbingen.
Zween, Zwirn.
Zwesn, blö, iron.: Schnaps.
zwelf, zwölf.
Zweierlingcher, Zwillinge.
zwette, zweite.
Zwettmädche, Zweitmädchen.
Zwiefel, Zweifel.
zwiefele, zweifeln.
Zwig, (kurzes i), Zweig.
Zwing, Pfeifenbüchse.
zwinge, zwang, zwäng, gezwunge, zwingen.
zwor, zwar.

Noßwoot.

Ju, Goltjedank! Dat Boch bat eß ju wick! —
Ich ben wahrhaftig fruh, bat et am Enk;
Itz, wo et fäbig, ben ich drop gespannt,
Do och e Minsch meer jet zum Noßbrag bräng!.

Wann Fehler noch drenn ston geblevve sin,
Un wann e Woot falsch usgelaht üch schingk:
Schlneet üch nit, un schedt meer Alles en,
Domet em Noßbrag Ehr et richtig fingk.

Ich han en allem Käns mich drop gespetz,
Dat Jeder, dä et en de Fingre kritt,
Un dem de kölsche Sproch am Hetze litt,
Meer och e Fäuzche noch zum Noßbrag gitt.

Et Schikanceren, dat eß Kinderspill,
Dat schött ich av grab we der Hungk der Räßn,
Doch wer met Roth un Dhot mich ungerwies,
Dat eß mie Mann; beleh't eß Jeder gädn.

Köln, Juni 1877.

Fritz Hönig.